JULIA KASTEIN / SEBASTIAN HESSE-KASTEIN

GREAT AGAIN?

REPORTAGEN AUS EINEM ZERRISSENEN AMERIKA

mitteldeutscher verlag

Für Flöckchen und Anton

GREAT AGAIN?

Inhalt

I

Die gelähmte Supermacht, oder: Wie die Corona-Krise Trumps Kulturrevolution ausbremste

SEBASTIAN HESSE-KASTEIN

Wir waren seit neun Monaten zurück in den Vereinigten Staaten, als die Corona-Krise begann. Wir waren mit dem festen Vorsatz angereist, aus unserem Aufenthalt möglichst einen einzigen ausschweifenden Roadtrip zu machen. Wir wollten uns dem veränderten Amerika auf die einzige Weise nähern, die dem unendlich weiten Sehnsuchtsland wirklich entspricht: on the road. Bald zwanzig Jahre war es her, dass wir das erste Mal in die USA gezogen waren. Damals, von 2000 bis 2005, für fünf Jahre. Damals hieß der Präsident George W. Bush. Diesmal heißt er Donald J. Trump. Und dem Hörensagen nach sollte das Land ein anderes sein als damals. Wir wollten es bis in die letzten Winkel abklappern, um diesen Veränderungen nachzuspüren. Doch neun Monate nach unserer Ankunft war das reichste, mächtigste und vitalste Land der Erde zum Stillstand gekommen. Und damit auch wir.

Während unserer ersten Korrespondentenzeit war das prägende Ereignis der Terror vom 11. September 2001. Dieses Mal sollte es die Corona-Krise sein. 9/11 und die Folgen hatten wir vor Ort in Washington DC, dem zweiten Anschlagsziel neben New York City, hautnah miterlebt. Und jetzt standen wir die Corona-Krise im Lockdown und unter »Stay-at-home«-Order in der Vorstadtidylle von Glen Echo, Maryland, durch. Wir waren in ein Amerika zurückgekehrt, in dem ein richtungsweisender Kulturkampf tobt. Wie bei jeder erbitterten Auseinandersetzung geht es auch hier um Vorherrschaft: um die Deutungshoheit darüber, was es heißt, amerikanisch zu sein. Und um die gesellschaftlichen und politischen Weichenstellungen, die die jeweilige Idee von Amerika materialisieren sollen. In diesem Kulturkampf ist die Figur des Donald Trump vor allem Posterboy der aufbegehrenden Partei. Wie eine Monstranz tragen sie ihn, die Ikone der Vernachlässigten, vor sich her. Daher dominiert Trump das öffentliche Erscheinungsbild. Er gestaltet die Tagespolitik. Vor allem aber ist er das Instrument, das Vehikel, eines lange ignorierten Amerika, das im Verborgenen ausharrte und jetzt mit dem Kulturkampf, den es angezettelt hat, den Aufstand probt. Die Gräben, die sich in dem zerrissenen Land schon vor Trump aufgetan hatten, hat dieser Präsident vertieft.

Der Corona-Lockdown hatte zunächst ein eigentümliches Wir-Gefühl hervorgebracht, zumindest für kurze Zeit. Ähnlich wie nach dem 9/11-Terror suchte Amerika Trost darin, zusammenzurücken. Urplötzlich saßen alle im selben Boot. Damals, weil der Angriff dem ganzen Land galt. Diesmal, weil auf einmal alle gleich verletzlich schienen. Nach dem 11. September hatte George W. Bush seine größte Stärke ausgespielt, seine Fähigkeit zu Empathie und Mitgefühl, und Amerika für eine Weile geeint. Wer weiß, wie die Geschichte über Bush urteilen würde, wenn er nicht seinen neokonservativen Einflüsterern nachgegeben und mit fadenscheiniger Begründung einen Krieg angezettelt hätte. Donald J. Trump sah durch die Corona-Krise zunächst einmal seine Wiederwahl bedroht. Und lief erst wieder zu Hochform auf, als er das Potenzial im Krisenmanagement erkannte, eine neue Rolle für sich selbst zu kreieren: die des Kriegspräsidenten, der den Angriff eines unsichtbaren Feindes abwehrt. Anfang Juli, ausgerechnet als der Präsident mit aller Macht zur Vor-Corona-Normalität zurückkehren wollte, schnellten die Fälle vielerorts dramatisch in die Höhe. Statt seinen Lockerungskurs zu überdenken, heizte Trump umgehend einen weiteren Konflikt an. Der Kriegspräsident wurde zum »Law and Order«-Präsidenten, der mit harter Hand gegen gewalttätige Demonstranten und Bilderstürmer vorgeht. Nach dem Tod von George Floyd eskalierten mancherorts die Demonstrationen gegen Rassismus und Polizeigewalt.

Und der militantere Teil der »Black Lives Matter«-Bewegung begann, Denkmäler und Standbilder historischer Persönlichkeiten zu stürzen. Statt Mitgefühl mit Opfern zu zeigen, machte Trump alle Protestierenden zu Tätern. Neben dem »unsichtbaren Feind« gab es stets auch eine immer länger werdende List an sichtbaren Gegnern: »Black Lives Matter«, die Chinesen (Trump nennt Covid-19 gerne »Kung Flu«), die Medien, die Demokraten ... Die erste Jahrhundertkrise (9/11) brachte die Stärken des damaligen Präsidenten zum Vorschein. Die zweite Jahrhundertkrise (Corona) offenbarte die Schwächen des späteren Präsidenten. Trump, der Spalter, funktioniert nur in einem zerrissenen Amerika. Und das ist nach seiner Logik nur dann GREAT, wenn ausreichend Konflikte schwelen, aus denen er als strahlender Sieger hervorgehen kann. Unmittelbar nach Ausbruch der Corona-Krise haben Julia und ich um das Zustandekommen dieses Buches gebangt. Wir dachten, unter den Bedingungen des Lockdowns könne man es nicht beenden. Doch dann wurde uns allmählich klar, dass die Ausnahmesituation wie unter einem Brennglas all das schärfer und konturierter vor Augen führen würde, was wir ohnehin als Gradmesser für Amerikas »greatness« anlegen wollten.

Wie so viele amerikanische Familien vertrieben wir uns die Zeit mit »binge watching«, dem exzessiven Konsum leichtverdaulicher TV-Kost. Netflix verzeichnete Rekord-Klickzahlen für den visionären Pandemie-Thriller »Contagion« aus dem Jahre 2011. Das ans Haus gefesselte Amerika staunte, wie präzise Regisseur Steven Soderbergh vorausgesehen hatte, was in Amerika passiert, wenn ein unbekanntes Virus aus China eingeschleppt wird. Den größten Suchtfaktor hatte dann aber eine neuartige Reality-TV-Serie. Wie alle Amerikaner klebten auch wir allabendlich am Fernsehschirm, wenn die POTUS-Show lief. POTUS – das ist die in den USA gebräuchliche Abkürzung für »President of the United States«. Mit dem Lockdown war auch zum Stillstand gekommen, was für ihn am meisten Stimulanz und Lebenselixier mit sich bringt, wobei er sich Rückhalt holt und als Entertainer zu Höchstform aufläuft: seine unnachahmlichen Wahlkampfveranstaltungen! Im Amerikanischen sagt man »Rallies«. Eine politische Rally hat nichts mit Autorennen zu tun. Gemeint ist eher ein politischer Wanderzirkus. Die Trump-Show, immer on the road. Diese großinszenierten Rallies dienen weniger dem Stimmenfang. Sie bieten dem Selbstdarsteller Trump die Bühne, die er braucht, um sich ganz ungeniert auszuleben. Volle Breitseite gegen seine Gegner feuern. Eimerweise Eigenlob über sich selbst auskübeln. Und von Zehntausenden im unmittelbaren Kontakt gefeiert werden. In seinem Vorleben als Kasino-Betreiber hatte Trump Box- und Wrestling-Spektakel für johlende Fans inszeniert. Die Trump-Rallies waren die Polit-Variante davon. Amphetamin für den Narzissten, das ihm durch die unerwartete Zwangspause entzogen worden war. Nach den ersten live übertragenen Pressekonferenzen mit seiner Corona-Task-Force dämmerte Trump jedoch, wie er die entstandene Lücke füllen könnte.

Donald Trump, der sein Talent zur telegenen Selbstinszenierung mit seinem TV-Hit »The Apprentice« verfeinert hatte, Trump, der Reality-TV-Star also, hatte nach holprigem Start seine neue Rolle gefunden: der omnipräsente Krisenmanager, der souveräne Kriegspräsident, umgeben und beraten von den besten Gesundheitsexperten des Landes, jeden Abend zur gleichen Einschaltzeit live auf den Bildschirmen der Nation. Die Krise war noch ganz am Anfang, da trompetete Trump schon verzückt, dass seine Corona-Show die höchsten Einschaltquoten aller Zeiten hätte, besser als die Dating-Show »The Bachelor«, besser als Football am Montagabend. Die meisten Zuschauer schalteten die allabendlichen Briefings natürlich an, weil sie das Neuste über die Pandemie wissen wollten. Andere suchten Trost oder aufmunternde Worte. Durchhalteparolen. Doch mehr und mehr wurden die Epidemiologen, Virologen und andere Mitglieder des Krisenstabes zu Statisten. Hilflos mussten sie miterleben, wie der Präsident sich Schlagabtausch nach Schlagabtausch mit den anwesenden Reportern lieferte. Trump wollte Claqueure, wie bei den Rallies und den Aufzeichnungen von »The Apprentice«. Gekommen waren Journalisten mit kritischen Fragen, was

Trump von jeher als Majestätsbeleidigung empfindet. Auch in der Krise blieb er sich treu: leicht reizbar, dünnhäutig, immer im Angriffsmodus, nie selbstkritisch, stets voller Eigenlob. Regelmäßig, wenn der Präsident aufgebracht aus den Briefings kam, legte er auf Twitter nach. Etwa am 10. April, als er schrieb:»Weil die Einschaltquoten für die Pressekonferenzen des Weißen Hauses die höchsten überhaupt sind, tun die Opposition, die lahmarschigen Medien, die radikale Linke, die nichtstuerischen Demokraten und die paar verbliebenen RINOs alles in ihrer Macht stehende, um sie zu verunglimpfen und zu beenden.«

RINO, das steht für »Republicans in name only«, Republikaner nur dem Namen nach. So nennt Trump alle Parteifreunde, die ihn zu kritisieren wagen. Keine echten Republikaner, denn die bejubeln ihn ja. Doch auch in seiner eigenen Partei erntete Trump spätestens in dem Moment Kopfschütteln, als er während eines dieser Briefings allen Ernstes Lichttherapie und injizierte Desinfektionsmittel gegen Covid-19 in die Diskussion brachte. Tagelang hagelte es Hohn und Spott. Am 25. April riss dem POTUS der Geduldsfaden. Er twitterte:»Was ist der Sinn von Pressekonferenzen im Weißen Haus, wenn die lahmarschigen Medien nichts anderes tun, als feindselige Fragen zu stellen? Wenn sie sich dann weigern, die Wahrheit oder Fakten akkurat zu berichten? Die Medien bekommen Rekord-Einschaltquoten, und die Amerikaner kriegen nichts als Fake News. Das ist die Zeit und den Aufwand nicht wert!« Drei Tage lang hielt Trump es aus ohne die Corona-Show. Dann flimmerte sie, leicht verändert, wieder über die Fernsehschirme der Nation. So auch bei uns.

Wir leben in einer typischen amerikanischen Vorort-Idylle. »Mohican Hills« nennt sich das Wohnviertel, Mohikaner-Hügel. Die Straßen tragen allesamt indianische Namen. Hier, in der waldigen Hügellandschaft am Potomac, nördlich von Washington DC, ist alles unverändert während der Corona-Krise. Kinder spielen Basketball in den Driveways der McMansions. Die Anwohner führen ihre Hunde aus. Sie bleiben auf ein Schwätzchen stehen, mit Sicherheitsabstand. Das »social distancing« ist das Einzige, was anders ist als sonst. Meine Nachbarn fahren mit ihrem Subaru Outback oder ihrem Toyota Prius zum Einkaufen in die kleine, nahe gelegene Shopping-Mall. Für ein paar Tage steht dort auf dem Parkplatz ein Zelt, wo man »drive by« aus dem Auto heraus einen Corona-Test machen kann. Im »Safeway«-Supermarkt gibt es alles, auch Klopapier. Radiobeiträge für die ARD kann man auch aus dem Home-Office machen. Aber um über die zu berichten, die es deutlich härter getroffen hat als einen selbst, muss man die Komfortzone seiner Vorortidylle verlassen.

Am 33. Tag, nachdem der Bundesstaat Maryland seine »Stay-at-home«-Order« erlassen hatte, eine weitreichende Ausgangssperre, stehen wir in Frederick, eine knappe Autostunde nördlich von Washington, vor der »Francis Scott Key Mall«. Auf einem gewaltigen Parkplatz, der sich allmählich füllt. Ein Autokorso soll lautstark hupend und fahnenschwenkend von Frederick, nahe Baltimore, über die Kent Island nach Salisbury im Süden von Maryland rollen. Um für ein sofortiges Aufheben der Einschränkungen zu demonstrieren. »ReOpen Maryland« nennt sich dieser Ableger einer immer stärker werdenden Protestbewegung, die es mittlerweile in allen Bundesstaaten gibt. Ein blecherner Lindwurm formiert sich, der in ganz Maryland zu sehen sein soll. Alle Demonstranten geschützt in ihrem Blechkokon. Wie bei den Gottesdiensten in Autokinos, die es seit einiger Zeit wieder überall dort gibt, wo diese nostalgische Art des Filmgenusses noch möglich ist.

Kaum angekommen, begegnet uns eine Frau mit einem Hakenkreuz-Plakat. Das Nazi-Symbol ist auf ihrem Protestposter mit der deutschen Reichskriegsflagge verschmolzen. Und wir zucken natürlich zusammen: Diese Symbolik taucht in den USA sonst bei Aufmärschen von Rechtsextremen auf. Doch die Frau in Frederick propagiert keine »White Supremacy, sondern warnt im Gegenteil vor antidemokratischen Tendenzen: »Shut up and obey – Germany began this way!« – »Haltet die Klappe und gehorcht – so begann das damals in Deutschland!« Wir kommen ins Gespräch.

Natalie Brown ist Mitte vierzig, stammt aus der Gegend von

Frederick und ist seit sechs oder sieben Wochen ans Haus gefesselt. Und Natalie ist stinksauer auf den Gouverneur von Maryland, Larry Hogan, einen Republikaner. Hogan ist die Hassfigur schlechthin auf dem Parkplatz in Frederick:»Lawless Lockdown Larry! You're killing US!!«, steht auf einem Plakat. Hogan hatte einen der striktesten Lockdowns in den USA in Kraft gesetzt. Und immer wieder scharf kritisiert, wenn Präsident Trump erste Lockerungen in Aussicht gestellt hatte. Natalie nennt Hogan einen Tyrannen.»Klappe halten und gehorchen, keine Fragen stellen, nicht selbstständig denken, tut, was wir euch sagen: So hat der Holocaust begonnen!«, schimpft sie. Dieses Gefühl der Ohnmacht gegenüber staatlicher Willkür hat die Demonstranten in ganz Amerika in Rage gebracht.»America – Land of the Free?« – fragt ein Banner. Misstrauen gegenüber Obrigkeiten und eine tiefsitzende Abscheu gegen staatliche Gängelei sind ganz tief verankert in der amerikanischen DNA. Jetzt vom Staat auf unabsehbare Zeit in Hausarrest versetzt worden zu sein, zur Untätigkeit verdammt, entmündigt:»Dagegen lehnen wir uns auf«, sagt Natalie.

Hinzu kommen existenzielle Ängste. Maryland hat wie alle anderen Bundesstaaten definiert, was»essential business« ist, essenziell für die Gesellschaft. Alle Betriebe, Geschäfte und Unternehmen, die nicht»essential business«, systemrelevant, sind, mussten dichtmachen. Natalie Brown betreibt ein kleines Reisebüro. Das hat natürlich zu. Aber selbst, wenn es aufhätte, würden die Kunden ausbleiben:»Die müssen zusehen, dass sie irgendwie Geld verdienen, ihre Rechnungen bezahlen und Lebensmittel kaufen können!« Natalie muss sich nicht ganz so existenzielle Sorgen machen. Ihr Mann geht einer»essenziellen« Tätigkeit nach und generiert weiterhin ein Einkommen.»Ich demonstriere hier für alle anderen, die nicht so viel Glück haben«, sagt Natalie.»Ich habe auch mal als alleinerziehende Mutter von der Hand in den Mund gelebt. Ich weiß, wie sich das anfühlt. Das wird man niemals mehr los!«

So geht es Graham, der mit seiner Mutter aus dem Nachbarstaat West Virginia zum Demonstrieren nach Frederick gekommen ist. Graham ist 23 Jahre alt und hat bis vor kurzem als Verkäufer bei »Yankee Candle« gearbeitet, einer Kerzenhandlung. Die Filiale musste vor 45 Tage dichtmachen. Seither hat er keinen Job und kein Einkommen mehr. So gnadenlos hat es viele durch den Lockdown erwischt: Von einem Tag zum anderen ohne Existenzgrundlage. Kein engmaschiges soziales Netz, das einen auffängt. So brutal ist der amerikanische Arbeitsmarkt. Leute wie Graham erwischt es mit voller Härte. Er findet es unfair, dass große, finanzstarke Ketten wie »Walmart« geöffnet bleiben dürfen, aber kleine Geschäfte wie seine Kerzenhandlung geschlossen wurden. »Bei uns gibt es niemals lange Schlangen mit vierzig Leuten, die an der Kasse anstehen«, sagt Graham, »bei uns kann man gut den Sicherheitsabstand wahren.« Überhaupt sei es unamerikanisch, anderen Vorschriften zu machen, sie zu entmündigen. Amerikaner könnten eigenständig verantwortungsbewusste Entscheidungen treffen, sagt er, so sei man schließlich erzogen. »Ich jedenfalls gehe lieber ein Risiko ein, als dass ich obdachlos werde und nichts zu essen habe!«

Viele der Teilnehmer am Autokorso empfinden so. Und viele wissen derzeit nicht, wie sie finanziell über die Runden kommen sollen. »Wir sind alle essenziell! Wir müssen uns gegenseitig vertrauen! Unsere Leben, unsere Entscheidung!«, steht auf einem Banner. So sieht es auch ein älterer Herr, 65 Jahre alt, der uns seinen Namen nicht nennen will. »Wenn Sie ein gesunder Amerikaner sind«, sagt er, »dann gibt es keinen Grund, weshalb Sie nicht so leben sollten, wie es in diesem Land vorgesehen ist!« Freiheit, Eigenverantwortung, Unabhängigkeit, Selbstständigkeit: Amerika verkümmert, wenn man ihm sein Fundament nimmt. Und ganz pragmatisch: Maryland ist nicht New York. Hier gäbe es nicht annähernd so viele Fälle. Natürlich müsse man die Gefährdeten schützen: »Meine Mutter lebt in einem Pflegeheim. Die besuchen wir im Moment nicht. Sie ist 95 und hat kein besonders gutes Immunsystem.« Ansonsten werde sich die Pandemie genau wie jede Grippe irgendwann von selbst erledigen. »Die Politik hat das maßlos aufgeblasen«, schimpft er, »das ruiniert unser Land! Das ist eine Form von Sozialismus!«

»Facts not Fear!« – ist auf einem der rund 200 Fahrzeuge, die an dem Autokorso teilnehmen, zu lesen. Wir blicken der davonrollenden Blechlawine hinterher und unterhalten uns darüber, dass es eigentlich überraschend ist, wie lange sich die Amerikaner während der Corona-Krise geduldig in ihr Schicksal gefügt haben. Und dass insgesamt doch so wenige auf die Straße gegangen sind, weit weniger als in Deutschland. Staatliche Anordnungen als Gängelei und Schikane zu empfinden, das ist ein natürlicher Reflex in einer Gesellschaft, in der Eigenverantwortung Staatsraison ist. Und dass sich Menschen kritische Fragen stellen, denen das Wasser finanziell bis zum Hals steht, gehört zu jeder freien Gesellschaft. Und dass sich auch solche zwischen die Protestierenden mischen, die ihr Sonderanliegen dazumogeln wollen, ist wohl unvermeidbar. In Frederick stand ein Waffennarr neben uns. Er hatte eine Flagge über der Schulter, die ein gewaltiges Sturmgewehr zeigt. Darunter stand: »Come and take it!« – »Hol sie dir doch!« Das ist ein Standardspruch derjenigen, die sich erbittert gegen schärfere Waffengesetze wehren. Von denen wird in diesem Buch noch ausführlich die Rede sein. »Hol sie dir doch!« – das geht an die Adresse derjenigen, die auf die Idee kommen könnten, gesetzestreue Bürger zu entwaffnen. Das ist die Verbindung zu den Corona-Protesten: Überschreitet der Staat seine schmalen Befugnisse, dann setzt sich der freie Mensch zur Wehr!

Demonstrationen wie die von Frederick bekamen dann recht schnell sprachgewaltige Argumentationshilfe aus den rechten, Trump-nahen Medien. So titelte die *Washington Times* am 28. April: »Der Coronavirus-Hype ist der größte politische Schwindel aller Zeiten!« – »Political Hoax«, damit setzte das Trump-treue Blatt bewusst einen Lieblingsbegriff des Präsidenten ein. In dem Artikel heißt es: »In der Tat wird Covid-19 in die Geschichtsbücher eingehen als eine der weltgrößten, am meisten schamlos aufgeblasenen, überhypten, irrational aufgeblasenen und irreführenden fehlerhaften Antworten in einer Gesundheitsfrage in der amerikanischen Geschichte. Eine, die überwiegend aus den Mündern von Medizinern stammt, die keinerlei Ahnung davon haben, wie man eine Regierung oder ein Wirtschaftsunternehmen führt!« Am nächsten Tag, dem 29. April, war diese Schlagzeile zu lesen:»Covid-19 stellt sich heraus als von den Medien angerichteter Schwindel!« Wieder das Trump-Wort: Hoax! Und wieder das rechte Narrativ: Die Medien haben die Gefahr durch das Virus maßlos übertrieben. Und damit fahrlässig die amerikanische Wirtschaft in die Knie gezwungen. Corona sei nicht einmal so schlimm wie die Grippe in einem schlechten Jahr. Und: Die Einschaltquoten der Medien seien »in die Höhe geschnellt, weil sie allen Amerikanern eine Scheißangst eingejagt haben, so dass diese jetzt vierzig Tage das Haus nicht verlassen haben. Und wenn, dann höchstens, um Klopapier zu kaufen. Und selbst dann haben sie sich hinter Masken versteckt und konnten vor Angst nur noch auf Zehenspitzen gehen.« So polemisch ist von den Demonstranten, mit denen wir in Frederick gesprochen haben, keiner geworden.

Seltsamerweise kommt in keiner dieser Argumentationen vor, woher die verhassten Verhaltensmaßregeln kamen. Nämlich aus der Task-Force von Donald Trump. Von den Gesundheitsexperten, Epidemiologen und Virologen, die für den Präsidenten die Situation analysierten, Maßnahmen vorschlugen und Warnungen aussprachen. Und dass es Präsident Trump höchstpersönlich war, der diese Maßregeln in Kraft setzte. Es waren zwar nur »Guidelines«, Richtlinien, an denen sich die eigentlichen Entscheidungsträger, die Gouverneure, zu orientieren hatten. Doch niemand anderes als Trump schärfte sie den Amerikanern in jeder Folge seiner POTUS-Show ein. Dass bei den Protesten gegen die Corona-Maßnahmen massenhaft »Trump/Pence«-Flaggen wehten, scheint auf den ersten Blick widersinnig. Heldenverehrung für Leute, gegen deren Politik man auf die Straße geht?

Da war es auch während der Krise wieder: das Trump-Paradoxon! Der Staatschef soll helfen beim Kampf gegen den Staat. Zum Heilsbringer wird, wer das Unheil zu verantworten hat. Kulturkampf paradox. Gewürzt mit einer ordentlichen Prise Verschwörungstheorie. Denn so lautet das rechte Narrativ: Eine gewaltige Verschwörung zur Umerziehung Amerikas konnte gerade noch rechtzeitig aufgedeckt werden. Zu den Mitverschwörern gehören Washingtoner Bürokraten, Linke, Progressive und deren Sprachrohr: die Medien. Trump kam dieser Konspiration auf die Schliche und führt seither den Widerstand dagegen an. Entsprechend versuchen seine Gegenspieler, ihn mit allen Mitteln zu vernichten: mit haltlosen Behauptungen wie angeblicher russischer Wahlmanipulation. Mit konstruierten Affären wie beim Impeachment. Und jetzt das Endspiel: mit der Zerstörung von Trumps größter Errungenschaft, dem beispiellosen Wirtschaftsboom. Das, so die Verschwörungstheorie, ist das eigentliche Ziel der maßlosen Angstkampagne.

Diese Mär verbreitete, wenig überraschend, auch der legendäre ultrarechte Radiotalkshow-Host Rush Limbaugh. Dem hatte Trump gerade erst die höchste staatliche Auszeichnung, die »Presidential Medal of Freedom«, ans Revers geheftet. »Das Virus ist nichts anderes als eine ganz normale Erkältung«, behauptete Limbaugh. Für ihn waren Lockdown und die »Stay-at-home«-Verordnungen nichts als ein weiterer Versuch, Präsident Trump zu Fall zu bringen. »Viele derjenigen, die die anhaltende Stilllegung der Wirtschaft befürworten, tun das nur, weil sie glauben, es könne Präsident Trump schaden.« Ins gleiche Horn blies Trish Regan, Moderatorin des Fox-News-Ablegers Fox Business. Sie sah im Coronavirus nur »einen weiteren Versuch, den Präsidenten des Amtes zu entheben, ihn zu dämonisieren und zu zerstören!« Eine Erhebung des »Pew Research Centers« ergab, dass 79 Prozent der Fox-News-Zuschauer der Meinung sind, dass die Medien die Bedrohung durch das Virus übertreiben. Wer so tickt, der sucht den Befreiungsschlag.

Besonders beängstigend war die Aktion, die schwer bewaffnete Demonstranten am 30. April, einen Tag vor dem Autokorso von Maryland, in Michigan durchzogen. Die Bewaffneten stürmten das Parlamentsgebäude in der Hauptstadt Lansing, in militärischem Camouflage-Outfit, mit Palästinensertüchern vorm Gesicht und Sturmgewehren im Anschlag. Sie bezogen Stellung vor dem Büro der demokratischen Gouverneurin Gretchen Whitmer. Sie ist neben ihrem Amtskollegen in Virginia, Ralph Northam, eines der wirkungsvollsten Feindbilder für die Rechte in den USA. Beiden wird vorgeworfen, sie hätten den Corona-Ausnahmezustand dazu missbraucht, in die Schutzmaßnahmen Einschränkungen einzuschmuggeln, die ideologisch motiviert waren und nichts mit dem Schutz vor Ansteckung zu tun hatten. In Virginia hatte Northam die Gun-Shops schließen lassen, da Waffenkäufe nicht systemrelevant seien. Von Northams Dauerfehde mit der Waffenlobby wird später in diesem Buch noch die Rede sein. Und in Michigan wurde Gretchen Whitmer angefeindet, weil sie den Verkauf von Saatgut, das die Farmer dringend benötigen, untersagt hatte.

Die vielgescholtene Gouverneurin war zwar nicht im Haus, als die Bewaffneten das Parlamentsgebäude stürmten, dafür aber eine Reihe von Abgeordneten. Einige von ihnen zogen kugelsichere Westen an, nachdem die Nachricht von der Stürmung die Runde machte. Gegen das Gesetz verstoßen hatten die martialischen Protestierer übrigens nicht. Das Waffentragen in Regierungsgebäuden ist in Michigan legal.

Als zwei Wochen zuvor rund 3000 Aufgebrachte mit Sturmgewehren, anderen Feuerwaffen, Konföderiertenflaggen und »Trump/ Pence«-Plakaten ebenfalls durch Lansing zogen, auch da schon aus Protest gegen Whitmers Ausgangsbeschränkungen, da twitterte Trump: »Das sind sehr gute Menschen, aber sie sind zornig. Die wollen ihr altes Leben zurück, in Sicherheit!« Ende Mai dann, nach dem gewaltsamen Tod des Schwarzen George Floyd in Minneapolis, als landesweit gegen rassistische Polizeigewalt demonstriert wurde, nannte Trump die Protestierer in einem Tweet: THUGS! Schläger! In landesweit über 140 Städten gingen die Menschen auf die Straßen. Dabei wurde auch geplündert und randaliert. Dieser Volkszorn ließ sich für Trump nicht instrumentalisieren.

Am 16. April 2016 erschien in der *Washington Times*, der Hauspostille des republikanischen Amerikas, ein Kommentar mit der Überschrift: »Ziviler Ungehorsam kann die Coronavirus-Dummheit beenden.« Dazu gestellt hatten die Redakteure das Foto eines der Demonstranten von Lansing, der eine Stars-&-Stripes-Flagge schwenkt. In ihrem Text argumentierte die Kolumnistin Cheryl K. Chumley, die besten Nachrichten dieser Coronavirus-Wochen seien in Gestalt von Videobildern aus Michigan gekommen. Darauf seien gute Bürger zu sehen, »die die Nase voll haben von ihrer tyrannischen Gouverneurin, die in Massen und ohne Masken auf die Straße gehen, um ein Ende der Tyrannei zu verlangen«. Die Kolumnistin appelliert an ihre Leserschaft, der Bevormundung mit zivilem Ungehorsam zu begegnen.

Mir ist nicht nach Aufbegehren zumute, als ich während der Corona-Krise bei strahlendem Sonnenschein über die M Street in Georgetown schlendere. Dort reiht sich Shop an Shop, Pub an Pub und Restaurant an Restaurant. Um diese Jahreszeit, wenn das Leben nach dem kurzen, aber oft heftigen DC-Winter wiedererwacht, wimmelt es üblicherweise nur so von Menschen auf der beliebten Flaniermeile. Jetzt, im März 2020, ist die M Street fast leer. Ich überlege, wann ich das letzte Mal eine derart gespenstische Ruhe und irritierende Menschenleere erlebt habe. Es war kurioserweise auch hier auf der M Street, in den Tagen nach dem 11. September 2001.

Mir geht durch den Kopf, dass ich alle drei Male in meinem Leben, bei denen ich vor Corona mit Unbehagen und Verunsicherung zu kämpfen hatte, ebenfalls hier in Georgetown war. Am 11. September 2001. Eine Woche danach, als ab dem 18. September ein Unbekannter begann, tödliche Milzbranderreger per Post zu verschicken. Und dann im Oktober 2002, als die Sniper im Großraum Washington wahllos Menschen erschossen. Drei Mal innerhalb eines Jahres lag Angst über der Stadt.

9/11 konnte ich zwar nicht mit eigenen Augen sehen, wie die gekaperte Passagiermaschine in das Pentagon einschlug. Das US-Verteidigungsmuseum liegt vom Georgetowner ARD-Studio aus auf der anderen Seite des Potomac, mehrere Meilen flussabwärts. Aber die Gerüchte, die Panik verursachten, verbreiteten sich rasend schnell. Von einer radioaktiven »dirty bomb« im State Department, dem Außenministerium, wurde gemunkelt. Blechlawinen quälten sich in Zeitlupe aus der Stadt. Wie in einem Katastrophen-Thriller aus Hollywood.

Und dann die Anthrax-Sendungen. Ein Unbekannter hatte den Milzbranderreger in Briefumschlägen verschickt, erst an zwei demokratische Senatoren, dann wahllos in mehrere Stadtteile. Fünf Menschen kamen ums Leben. In meiner Straße klebten die Nachbarn die Briefschlitze ihrer Haustüren mit Isolierband ab. Die Briefverteilzentren wurden zwischenzeitlich aus Sicherheitsgründen geschlossen. Der Hauptverdächtige des FBI, der in einem staatlichen Biowaffenlabor arbeitete, beging Selbstmord, bevor ihm die Anschlagserie nachgewiesen werden konnte. Sie gilt bis heute als »cold case«, als ungeklärter Fall.

Ein gutes Jahr später begangen die sogenannten Sniper eine der irrwitzigsten Mordserien aller Zeiten. John Allen Muhammad, damals 41 Jahre alt, und Lee Boyd Malvo, damals minderjährig, waren zwischen dem 2. und dem 24. Oktober im Großraum Washington unterwegs und schossen wahllos und willkürlich aus ihrem Auto auf Passanten. Zehn Menschen kamen dabei ums Leben, drei weitere wurden schwer verletzt. Ihr Fahrzeug, einen Chevrolet Caprice Kombi, hatten sie so umgebaut, dass der Schütze bäuchlings ausgestreckt in dem Wagen liegen und durch eine Öffnung im Heck seine Opfer mit einem Bushmaster-Scharfschützengewehr töten konnte. Einer ihrer Morde fand an einer Tankstelle auf der Wisconsin Avenue, in unmittelbarere Nähe zu unserem damaligen Haus, statt. Julia war zu diesem Zeitpunkt mit dem Auto unterwegs. Und hat an dieser Tankstelle getankt.

Bei meinem nostalgischen Bummel, anderthalb Jahrzehnte später, bin ich zwar fast allein auf den Straßen von Georgetown, aber es fühlt sich nicht so an. Mich fasziniert der Gedanke, dass in diesem Moment rund um den Globus unzählige andere Menschen in der genau gleichen Situation sind. Ich frage mich, ob uns die gemeinsame Corona-Erfahrung als Weltgemeinschaft zusammenrücken lässt. Dann denke ich, welche Ironie darin liegt, dass die USA ausgerechnet in diesen Tagen einen Präsidenten haben, der wenig von internationaler Zusammenarbeit und globalen Perspektiven hält. Auf dem Höhepunkt der Pandemie hat Trump die Zusammenarbeit der USA mit der WHO, der Weltgesundheitsorganisation, beendet. »America first« galt auch in der Krise. Im Alleingang zurück zu alter Glorie. Ein Teil von Trumps Landsleuten glaubt, die »greatness« ihrer Nation unterliege konjunkturellen Schwankungen. Sonst müsste man die USA nicht immer mal wieder »great again« machen.

»Great again?« – so lautet dann auch die Frage, die dieses Buch dem Sehnsuchtsland Amerika stellt. Den Slogan »Make America Great Again« hat Donald Trump nicht erfunden. Ronald Reagan hat ihn benutzt – für Wahlkampfreden und auch auf Plakaten, mit denen er in den 1980er Jahren seine Landsleute aufforderte: »Let's make America great again!« Auch Bill Clinton hat die Parole verwendet – in den 1990er Jahren. Donald Trump hat MAGA also nur aufgegriffen. Aber er hat den Slogan, wie es Geschäftsleute so tun, für sich schützen lassen. Das war im Jahr 2012, unmittelbar nach Barack Obamas Wiederwahl, als sich Trump noch gar nicht sicher war, ob er in die Politik wechseln sollte. Die Wirkmacht des Kampfrufes hatte er instinktsicher erkannt. Und sich den erst einmal unter den Nagel gerissen. Zur Wiederwahl hieß es dann bereits: »Keep America great!« So, als sei die Frage nach dem »great again« längst beantwortet. Wir, die Autoren dieses Buches, wollen so vorschnell nicht sein.

II

Nach der Kohle in West Virginia, oder:
Wie Künstler eine Bergbaustadt wiedererwecken

JULIA KASTEIN

Die Stimmung ist gepflegtes Moll an einem kalten Winterabend Ende Februar in der »Purple Fiddle« in Thomas, West Virginia. Ein knappes Dutzend Männer und Frauen in den besten Jahren sitzt in der Konzertkneipe und lauscht den kurzen, melancholischen Songs von »June Star«, einer dreiköpfigen Country-Rock-Americana-Band aus Baltimore. Vor jedem einzelnen Stück macht Sänger Andrew Grimm, ein beleibter, vollbärtiger Mittvierziger mit Walle-Mähne, die gleiche lakonische Ansage:»Das ist ein Song über die Liebe.« Auch Sebastian und ich sitzen im Publikum und lachen und klatschen mit.

Die »Purple Fiddle« ist ein ungewöhnlicher Ort. Genau wie Thomas selbst. Wie so viele ausgebeutete Bergbaureviere im einstigen Kohleland West Virginia schien die Kleinstadt vor ein paar Jahren noch zum langsamen Sterben verurteilt. Stattdessen erlebte Thomas eine zweite Blüte: als Kulturtreff mit einem halben Dutzend Galerien und noch mehr Ateliers. Und dem Musikclub »Purple Fiddle«. Wir sind zufällig hier gelandet: Thomas liegt am Rande des Canaan Valleys, einer der wenigen Wintersportregionen im Großraum Washington. Knapp drei Stunden dauert die Fahrt. Also gleich um die Ecke, nach amerikanischer Lesart. An einem trüben Februarnachmittag fällt hier – wie in den vergangenen Jahren wegen des Klimawandels häufig – nur Regen und kein Schnee. Skifahren macht so keinen Spaß. Also erkunden wir Thomas.

Die Bergarbeiterstadt schmiegt sich terrassenförmig an den Osthang über dem Blackwater River. Entlang der Hauptstraße und parallel zum Fluss reihen sich imposante dreistöckige Backsteingebäude mit Zierfassaden aus Blech. Städtebaulich irgendwo zwischen Westernstadt und altem Industrieviertel. Auf der anderen Flussseite: Wald. Der »Monongahela National Forest« gehört – wegen der enormen Höhenunterschiede in diesem Teil der Appalachen – zu den artenreichsten Wäldern der USA.

Wir spazieren die historische Ladenzeile entlang und sind verblüfft: Hier eine Galerie mit Grafiken und Kinderbuchillustrationen, dort eine mit experimenteller Fotografie. Noch eine mit Malerei. Dazwischen das »Cotrill's Opera House« mit den bodentiefen Fenstern mit Rundbögen im zweiten Stock. Sogar ein Opernhaus, das gleichzeitig Varieté und Restaurant war, konnte sich Thomas in seiner Blütezeit leisten, lernen wir vom Schild davor. Jetzt residiert in dem notdürftig sanierten Gebäude das Büro von »Art Spring«. Die Künstlergemeinschaft ist mit ihrem jährlichen Festival und vielen Veranstaltungen und Ausstellungen für die erstaunliche Renaissance von Thomas mitverantwortlich. Doch den entscheidenden Impuls gab ein Mann namens John Bright, wie ich Wochen später erfahre: der Besitzer der »Purple Fiddle«.

Das Konzert mit den vielen melancholischen Liebesliedern von »June Star« ist eines der letzten in der »Fiddle«. Ab Mitte März 2020 ist Schluss. Die Corona-Pandemie hat auch Thomas erreicht. Weniger das Virus selbst: Im ganzen Landkreis gibt es in den ersten drei Monaten der Pandemie nur vier Infektionsfälle. Aber auch Thomas muss, wie die gesamten USA, in den Lockdown. Und wie in vielen Gegenden sind die wirtschaftlichen Auswirkungen verheerend.

Ende Mai fahre ich noch einmal nach Thomas. In den USA, wie im Rest der Welt, tobt längst die Diskussion, ob die Maßnahmen zur Eindämmung der Pandemie nicht völlig übertrieben waren. Ob der wirtschaftliche Schaden, der dadurch angerichtet wurde, nicht schlimmer ist als Erkrankungen und Tote. Wie sieht man das wohl in der amerikanischen Provinz?

In West Virginia mit seinen knapp 1,8 Millionen Einwohnern gab es bis Anfang Juni nur gut 2000 Covid-19-Fälle. Und 78 Tote. Zum Vergleich: In Hamburg mit nur wenig mehr Einwohnern waren es über 5000 Fälle und über 200 Tote. Schon vor Corona war dieser dünn besiedelte ländliche Bundesstaat der viertärmste in den USA. Im Februar lag die Arbeitslosenquote hier bei 5 Prozent. Im Mai waren es 15 Prozent. In Tucker County, zu dem auch Thomas gehört, sind es sogar 18 Prozent.

Ich treffe John Bright, den Besitzer der »Purple Fiddle« auf der Terrasse der Kneipe. Die Picknicktische stehen in großem Abstand. Werktags ist immer noch geschlossen.

Die »Purple Fiddle« ist ein rostroter Bau mit lila Holzsäulen und einer langen Geschichte. Sie war nicht immer Konzertkneipe, erzählt John stolz. 1915 wurde das Gebäude von der Familie DePollo gebaut. Die DePollos waren Einwanderer aus Italien, die wie so viele in dieser Zeit in der boomenden Bergbauregion ihren amerikanischen Traum verwirklichten. Bis in die frühen 1990er Jahre betrieb die Familie, inzwischen in der dritten Generation, in Thomas einen »General Store«. Der riesige schwarze Safe von damals, mit geschwungenen Füßchen und Messingbeschlägen, steht immer noch neben der Eingangstür. »Das hier war der *Walmart* von Thomas. Hier gab es alles: Lebensmittel, Bier, Stiefel, Helme, Lampen«, erzählt John.

Ein Laster mit Baumstämmen dröhnt vorbei. Die pittoreske Hauptstraße von Thomas ist offiziell ein Highway. Der gesamte Verkehr, der von Westen in Richtung Ostküste will, donnert hier durch. Früher waren auch viele Kohlelaster dabei. Die Zeiten sind lange vorbei: Die Flöze unter dem Stadtgebiet sind längst erschöpft. In ganz Tucker County gibt es nur noch einen einzigen aktiven Bergbau.

Der Niedergang kam langsam: In den 1910er Jahren, als nach einem Stadtbrand die meisten Häuser entlang der East Avenue, der Hauptstraße, neu gebaut wurden, lebten 2500 Menschen in Thomas. 1940 waren es noch rund 1400, zwei Jahrzehnte später dann nur noch 800 Menschen. Um die Jahrtausendwende schien sich der Trend kurzfristig zu drehen: Von 450 stieg die Einwohnerzahl wieder auf 580.

In dieser Zeit ließ sich auch John Bright in Thomas nieder:»Das war kurz nach dem 11. September 2001, also der letzten nationalen Krise. Ich habe damals in Charleston, West Virginia, gelebt. Da gibt es viel Chemieindustrie. Und ich hatte Angst, dass es ein Terrorziel werden könnte. Auf dem Land schien es mir und meiner damaligen Frau viel sicherer. Deshalb haben wir uns hier umgesehen.«

John, der früher als Fotojournalist für den Gouverneur von West Virginia arbeitete, zieht eine Grimasse:»Also, eigentlich war es natürlich total idiotisch, einen sicheren Job aufzugeben und stattdessen so was hier zu riskieren. Aber man lebt nur einmal und hat nur eine Chance, seinen Lebenstraum zu erfüllen.«

Mit seinem Kurzhaarschnitt, der getönten Brille und dem blau gemusterten kurzärmeligen Hemd sieht der 56-Jährige so gar nicht aus, wie ich mir einen musikverrückten Aussteiger in der Provinz vorgestellt habe. Er sei auch kein Musiker, sagt John, sondern nur Musikliebhaber.»Ich würde alle Eltern davor warnen, ihren Kindern etwas ausreden zu wollen. Als ich fünfzehn war, habe ich all mein Taschengeld in Alben investiert. Meine Mutter hat mich dann immer ausgeschimpft: Warum verschwendest du so viel auf die Musik. Und jetzt habe ich eine Konzertkneipe und buche die Bands, die hier spielen.«

Über zehn Jahre hat John gebraucht, um aus der »Purple Fiddle« einen überregional bekannten Musiktreff zu machen, der Bands und Publikum von der gesamten Ostküste anzieht. Jetzt fürchtet er um sein Lebenswerk:»Wir sind eigentlich als Konzertschuppen bekannt. Und wir haben keine Ahnung, wann wir wieder Konzerte, Livemusik machen können.« Zwar darf John die Terrasse seit ein paar Wochen wieder bewirtschaften, aber noch sind die Touristen nicht zurück, die hier im malerischen Canaan Valley im Sommer wandern und im Winter Ski fahren. Um über die Runden zu kommen, jobbt John nebenher als Pizzalieferant. Und er hat die laufenden Kosten so weit wie möglich gesenkt: Statt neun Kühlschränken laufen nur noch zwei. Auf Satellitenradio und -fernsehen verzichten er und sein 17-jähriger Sohn jetzt auch erst einmal. Und seine zwölf Mitarbeiter musste John gehen lassen: »Die Regierung zahlt den Leuten gerade mehr, um zu Hause bleiben, als ich ihnen hier an Lohn geben kann. Sie kriegen sechshundert Dollar zusätzlich Arbeitslosenhilfe. Also warte ich, bis diese Programme auslaufen, damit ich wieder mehr Leute einstellen kann.«

John ist es ganz recht, dass noch nicht so viele Leute kommen: Er hat Angst, dass sich jemand anstecken könnte. »Ich glaube nicht, dass wir vorsichtig genug sein können. Sonst müssen wir nur wieder in den Lockdown gehen. Ich weiß, viele Leute sagen: ›Wir hätten nie alles dicht machen sollen, der Schaden für die Wirtschaft ist zu hoch.‹ Aber kann man wirklich ein Leben in Dollar aufwiegen?«

Seth Pitt sieht das ganz ähnlich. Der Mittdreißiger in kunstvoll verknautschtem Lederhut und Designerleinenhemd würde perfekt in den Biergarten der Leipziger Baumwollspinnerei passen. Stattdessen lebt der Künstler und Galerist seit fünfzehn Jahren in Thomas. »Ich bin aus einer Laune heraus hier gelandet: Irgendjemand hat mir erzählt: ›Du wirst es lieben. Die Mieten sind niedrig. Es gibt einen guten Job.‹ Und als ich herkam, haben mir die Leute so gut gefallen. Die Landschaft ist schön. Aber vor allem ist es einfach eine tolle Gemeinschaft hier.«

Inzwischen hat Thomas eine Kunstszene, die man eher in einem urbanen Hipster-Viertel als in der Provinz vermuten würde. Die Galerien, eine Textildesignerin, ein Laden mit Kunstbedarf. Auch der Fotograf John Ryan »J. R.« Brubaker, der in Belgien Kunst studiert hat, lebt jetzt hier. Dabei wollte er ursprünglich nur einen Freund besuchen: »In den ersten 72 Stunden hier habe ich mich zu Hause gefühlt und Freunde gefunden. Es ist eine unheimlich kreative und inspirierende Umgebung und noch dazu mitten im Wald.« J. R., mit grau werdendem Vollbart und Fidel-Kappe, spielt mit der Stoffmaske um seinen Hals. »Damals war hier noch gar nichts los. Und auch das hat mich angezogen. Ich habe vorher in einer Stadt gelebt und brauchte mehr Platz für ein Atelier. Und ich wusste: Ich will nicht nur Kunst machen, sondern sie auch zeigen.«

Die Michigan-Connection – viele der rund dreißig Kreativen in

Thomas stammen wie Seth und J. R. aus dem mittleren Westen – dominiert nicht nur optisch das Bild der historischen Altstadt von Thomas. Die Künstler sind auch wirtschaftlich wichtig für den Ort: Die Ausstellungen und Rundgänge ziehen hunderte Besucher an. Kundschaft für die Trödelläden und das »Tip-Top«-Café, in dem der Cappuccino mit Sojamilch so schmeckt und so viel kostet wie in Brooklyn oder Pacific Heights. Und die Künstler investieren: Seth und J. R. haben die Häuser gekauft. Sie arbeiten im Erdgeschoss und wohnen oben drüber. »Wir wollen damit auch das übliche Narrativ vermeiden: Dass erst die Künstler kommen, dann die Gentrifizierung einsetzt und die Kreativen sich dann die Mieten nicht mehr leisten können«, erklärt Seth.

Bis zum Corona-Lockdown schmiedete das Künstlerkollektiv schon den nächsten Plan: Gemeinsam wollen sie das Haus kaufen, in dem sie den »White Room« eingerichtet haben, gleichzeitig Atelierhaus und Galerie. Das Geld dafür sollte auch beim jährlichen »Art Spring«-Festival verdient werden. Doch das wurde abgesagt. Noch lassen Seth, J. R. und die anderen niemand Fremden ins Atelier.

Zum Interview treffen wir uns deshalb an einem Picknicktisch am Rail Trail, der ehemaligen Bahnstrecke zwischen dem Black Water River und der Hauptstraße. Früher dampften hier die Kohlezüge durch. Die Schienen sind längst verschwunden. Jetzt summen ein paar Hummeln über der Wiese.

»Zwischen Mai und September ist unsere Hauptsaison, da verkaufen wir am meisten. Also ist schon eine schwierige Zeit, geschlossen zu sein«, sagt J. R. »Aber mir fällt es echt schwer zu sagen: Wir machen unsere Kunsträume auf, wenn das irgendein Risiko birgt.«

Die Künstler haben ihr Konzept umgestellt. Wir spazieren die paar Meter hoch zu Seths Galerie: Abstrakte Grafiken hängen neben fast naiven Aquarellen und experimenteller Fotografie – ein stilistischer Wildwuchs von verschiedenen Künstlern aus dem Ort. Eine Schaufensterausstellung, für die wenigen Besucher, die sich schon her trauen. Aber vor allem eine Online-Show, sagt Seth: »John Ryan hat eine Seite gebaut, dort stellen wir jetzt aus. Und versuchen uns mit den sozialen Netzwerken anzufreunden – was wir bislang eigentlich vermieden haben.«

Im Umgang mit der Pandemie spiegelt sich in Thomas die Zerrissenheit der Nation. Die zugezogenen liberalen Künstler in der historischen Altstadt tragen Maske und sind sehr vorsichtig. Aber nur zweihundert Meter weiter den Hang hinauf ist von Corona-Ängsten nichts mehr zu sehen oder zu spüren.

Im »Country Roads Saloon« herrscht um die Mittagszeit schon reger Betrieb. Die Blockhütte auf dem Gelände einer ehemaligen Tankstelle mit einer kleinen Musikbühne, den schlichten Holztischen, den Jagdtrophäen und den gerahmten Aphorismen (»Alkohol! – Weil keine gute Geschichte je mit einem Salat begonnen hat.«) ist der Treff der Alteingesessenen. Eine Familie mit zwei Kindern macht sich über Burger und Pommes her. Mit meiner Maske werde ich von den Gästen halb belächelt, halb misstrauisch beäugt – weil außer mir niemand eine trägt. Selbst Wirt Gary Riggs, mit Baseballkappe und grauem Bart, verzichtet auf einen Gesichtsschutz. Obwohl er ihn gebrauchen könnte, wie er mir verrät: »Ich bin in der Hochrisikogruppe, 63 Jahre alt, hatte schon drei Herzinfarkte. Aber wenn ich das Virus jetzt bekäme, würde ich nicht sagen: ›O Gott, warum ich?‹ – Sondern: ›Okay, ich bin jetzt dran.‹«

Auch für Gary waren die vergangenen Monate im Lockdown schwer. Er versuchte vergeblich, einen Kredit aus einem der Hilfsprogramme für Kleinunternehmer zu bekommen: »Zwei Monate lang habe ich immer wieder dort angerufen und musste jedes Mal wieder einer anderen Person die gleichen Informationen geben. Und dann haben sie es schließlich abgelehnt, weil wir keine ›Credit History‹ haben.«

Credit History ist das US-Äquivalent der Schufa-Auskunft. Mit einem entscheidenden Unterschied: Kreditwürdigkeit bekommt man hier erst bescheinigt, wenn man schon mal einen Kredit hatte oder wenigstens eine Kreditkarte, die man regelmäßig abbezahlt. »Aber wenn man eine Bar in West Virginia aufmacht, dann bekommt man von keiner Bank einen Kredit.« Gary schüttelt genervt den Kopf.

Die politischen Entscheidungen während der Corona-Pandemie sieht Gary kritisch: »Manches hat einfach keinen Sinn gemacht: Dieses Rigorose und wie dann die Regierung entschieden hat, was systemrelevant ist und was nicht.«

Obwohl Gary das »watering hole«, also die Bar für die Einheimischen betreibt: der ehemalige Polizist selbst zog erst vor sechs Jahren aus Florida hierher. Gemeinsam mit seiner Frau, die aus West Virginia stammt: »Das Leben hier ist ein bisschen langsamer und alle achten aufeinander. Als diese ganzen Unannehmlichkeiten wegen Corona anfingen, da haben wir zusammengehalten. Anderswo wurde das Toilettenpapier knapp. Hier hat irgendeine gute Seele immer Klopapier vor das Postamt gelegt. Und wer eine Rolle gebraucht hat, hat sich bedient. Und wer es nicht brauchte, hat es liegen lassen. So ist das hier. Wie kann man das nicht lieben?«

Die Leute in diesem Landstrich seien anders, sagt Gary: »Uns ist es egal, mit wem du ins Bett gehst. Uns ist es wurscht, ob du einen Titel hast oder wen du wählst. Wir nehmen die Leute, wie sie sind. Und wir kommen miteinander aus.«

Im Rest der USA gilt West Virginia als »Trump Country«. 68,5 Prozent der Menschen stimmten für den Republikaner; nirgendwo sonst war der Vorsprung vor Hillary Clinton so groß wie hier. In Tucker County holte Donald Trump sogar 73 Prozent. Auch Gary Riggs machte sein Kreuzchen für den Präsidenten. Jetzt bereut er das – aber nur ein bisschen: »Er hat für ziemlich Verwirrung gesorgt. Er twittert einfach zu viel. Aber das war ja von Anfang sein Problem. Und je nachdem, welchen Kanal man wann guckt, hat er entweder einen guten Job gemacht oder total versagt. Anfangs sah es so aus, als ob er bei Corona zu schnell handelt. Und jetzt, im Rückblick hat er nicht schnell genug gehandelt.« Gary zuckt mit den Schultern: »Ich bin froh, dass ich nicht Präsident bin.«

Noch hat sich Gary nicht entschieden, für wen er im November stimmen wird. Aber er ist sich trotzdem ziemlich sicher, dass Trump auch ohne seine Unterstützung wiedergewählt wird: »Man sieht hier immer noch viele Trump-Fahnen.«

Seth, der Künstler aus Michigan, warnt davor, alle Bewohner von West Virginia über einen Kamm zu scheren. »Natürlich gibt es hier viele Trump-Unterstützer, das sieht man ja an den Zahlen. Aber in diesem Staat gibt es auch sehr viele unabhängige Geister. Und ich glaube, viele haben Trump gewählt, weil er der Anti-Establishment-Kandidat war. Und das Gleiche gilt für alle Staaten, in denen die Leute schlecht behandelt und ausgebeutet wurden. Die Menschen misstrauen der Politik. Aus gutem Grund, denn sie sind schon so oft enttäuscht worden.«

Eine Anti-Corona-Maßnahme war in West Virginia – wie in den gesamten USA – besonders umstritten: das Verbot von Gottesdiensten. In West Virginia galten religiöse Einrichtungen zwar als »systemrelevant« und durften theoretisch Messen und Andachten abhalten, aber auch für Kirchen galt die Obergrenze von maximal zehn Teilnehmern. Im Mai wurde dieses Gebot wieder aufgehoben. Und Jay Bunting konnte wieder fast wie gewohnt seiner Arbeit nachgehen: als Pfarrer der Methodistenkirche von Thomas.

Die drei Kirchen des Ortes thronen auf dem Hang über der Stadt. Das Gotteshaus der Methodisten ist ein schlichter weißer Holzbau. Jay, der mit seinem langen roten Bart an Rübezahl erinnert, betreut nicht nur diese Gemeinde, sondern auch drei weitere in der Region.

Bevor wir hineingehen, ziehe ich mir meine Maske auf. Jay winkt ab: »Von mir aus müssen Sie keine Maske tragen.« Rechts neben dem Eingang steht die US-Flagge. Links an der Wand hängt die Fahne von Israel. Unter dem Holzpult lehnt ein Schild mit der Aufforderung: »Bete!« Wir setzen uns auf eine der stoffbezogenen Kirchenbänke. Auch auf Abstand legt Pfarrer Jay keinen Wert – obwohl er zugibt, dass seine Ärzte das nicht gerne sehen: »Ich hatte Krebs. Aber ich sage mir: ›Wenn Gott mich jetzt zu sich holen will, dann ist das eben so.‹ Ob man nun an Covid-19 stirbt oder durch einen Blitzschlag oder bei einem Autounfall. Wenn die Zeit gekommen ist, ist die Zeit gekommen.«

Im Gottesdienst aber hält sich auch Jay aus Rücksicht auf die Gemeinde an die vom Bundesstaat empfohlenen Vorsichtsmaßnahmen.

Keine Gesangbücher, weil Singen wegen der fliegenden Tröpfchen zu gefährlich ist. Abstand auf den Kirchenbänken. »Wir mussten uns was Neues ausdenken. Unser Pianist hat einfach ein paar von den alten Hymen angespielt. Und die Gemeinde musste raten. Er hat uns ganz schön zum Grübeln gebracht. Ein paar von den älteren Frauen meinten: ›Was spielt er da?‹ Ich habe auch nicht alle erkannt ...«

Jay, der aus dem Nachbarstaat Maryland stammt und wie Seth an den Menschen in West Virginia ihre Neigung zum Widerspruch schätzt, macht aus seiner Meinung zu den Anti-Corona-Maßnahmen kein Hehl: Alles völlig übertrieben. »Ich bin seit 25 Jahren Pfarrer. Ich habe Gemeinden während SARS betreut, während der Schweinepest. Und das war viel schlimmer. Wenn man H1N1 bekommen hat, dann war das ein Todesurteil. Aber bei Covid hat man eine Überlebenschance von 98 Prozent.«

Ich widerspreche Jay nicht. Aber die Fakten tun es. Laut »Centers for Disease Control« gab es in den USA im ersten Jahr der Schweinepest 12 000 Tote. An Covid-19 starben allein in den ersten drei Monaten über 100 000 Menschen. Und auch die Sterberate ist bei Covid-19 deutlich höher: 1,3 statt 0,001 Prozent.

Doch der wirtschaftliche Stillstand und die Lockdown-Regeln seien mindestens so gefährlich wie das Virus selbst, findet Jay: »Wenn man so lange ans Haus gefesselt ist und nichts mehr machen darf, dann ist dies das Todesurteil für Leute, die sowieso schon an Depressionen leiden.« Erst vor ein paar Tagen habe ihn eine Frau angerufen, deren Sohn sich deshalb das Leben genommen habe.

Jay fürchtet, dass das Corona-Virus dem Ort endgültig den Todesstoß versetzen könnte – ohne, dass überhaupt viele Menschen hier erkrankt sind: »Der Tourismus ist nach dem Ende der Kohle das Einzige, was die Gegend am Leben hält. Eines der letzten großen Sägewerke hat gerade dichtgemacht. Dadurch drohen auch die verbliebenen Druckereien einzugehen. Wenn die Jobs weg sind – wo sollen die Familien dann hin?«

Angst vor dem Virus. Und Angst vor den wirtschaftlichen Folgen der Pandemie. Nicht nur in Thomas wird das von vielen als Gegensatz gesehen. Umfragen zeigen: Republikaner haben mehr Angst um die Wirtschaft. Und Demokraten mehr Angst um die Gesundheit.

John von der »Purple Fiddle« hat Angst vor beidem: dem Virus und was es für seine Zukunft bedeutet. Zu Beginn der Pandemie sei er völlig verzweifelt gewesen, erzählt er mir. Inzwischen ist sein Kampfgeist zurückgekehrt. Auf seiner Webseite bewirbt er immer noch Konzerte, von denen er nicht weiß, ob sie stattfinden können. Aber er ist sich sicher: »Wir werden überleben.«

III

Zerrissenes Land, oder:
Warum Nancy und Dick nur selten über Politik
diskutieren

SEBASTIAN HESSE-KASTEIN

»Da sind sie: die widerlichen Fake-Fake-News-Journalisten!«, brüllt der Präsident der Vereinigten Staaten. Und zeigt mit dem Finger direkt auf mich.

Es ist kurz vor Weihnachten 2019, genauer gesagt der 17. Dezember. Es ist der Tag, an dem der Kongress in Washington das Amtsenthebungsverfahren gegen Trump auf den Weg bringt. In demonstrativer Geringschätzung seiner Ankläger verbringt der Präsident den Abend lieber dort, wo man ihn feiert und wo man bedingungslos zu ihm steht: auf einer »Rally«, einer seiner berüchtigten Wahlkampfveranstaltungen. Dieses Mal in einer Kleinstadt im Bundesstaat Michigan, deren Name passender nicht sein könnte für diesen historischen Abend: Battle Creek. Trump redet sich in Rage, teilt aus, zieht alle Register seiner Reality-TV-geschulten Entertainer-Kunst. Die Menge johlt. Trump ist in seinem Element. Alles ist so, wie er es mag. Hier kann er genüsslich austeilen gegen die »Enemies of the people«; Feinde des Volkes, so nennt dieser Präsident die Medien. Die Lügenpresse, die ihm nicht ausreichend huldigt. Immer wieder im Verlauf seiner Ansprache hetzt Trump gegen die anwesenden Journalisten, die am hinteren Ende der Halle in einem abgesperrten Bereich hinter Metallzäunen eingepfercht sind. Jedes Mal, wenn Trump zur Medienschelte ausholt, drehen sich 5000 Menschen um, blicken feindselig zum Medienpferch, schreien: »Buh!«, »Fuck off!«, und drohen mit dem Stinkefinger.

Es ist kalt auf den Straßen von Battle Creek, Michigan, bitter kalt. Es ist kurz vor Weihnachten und man sollte meinen, dass sich die Einwohner der 50000-Einwohner-Stadt in einer Dezembernacht wie dieser zu Hause einmummeln. Doch 20000 Menschen haben sich aus nah und fern auf den Weg gemacht zur »Kellogg Arena«, der größten Veranstaltungshalle weit und breit. Alles ist Kellogg in Battle Creek. Der Cornflakes-Hersteller ist der größte Arbeitgeber weit und breit. Und Kultursponsor. In der »Kellogg Arena« treten sonst Def Leppard, Fleetwood Mac oder Kiss auf. Und hier finden Basketball- und Eishockeyspiele statt. Die heutige Attraktion toppt alle anderen: »Ist ein Trump-Wahlkampfauftritt nicht der großartigste Ort, auf dem man auf Erden sein kann?«, fragt der Präsident die Teilnehmer von Battle Creek. Tausende Neugierige sind an diesem Dezemberabend gekommen, um die Trump-Show zu sehen. Die Allermeisten sind trotz stundenlangen Anstehens nicht in die Halle gekommen. Erstaunlich viele bleiben trotz der Eiseskälte. Der Auftritt wird vor den Arena-Toren auf Großbildleinwände übertragen.

Obwohl ich zu den »very, very dishonest people« (Trump über Berichterstatter, die kein Dauerloblied auf ihn singen) gehöre, genieße ich das Privileg eines separaten Presseeingangs, was mir das Bibbern in der Adventsnacht erspart. In der Halle, kurz bevor Trump unter tosendem Beifall den Saal betritt, stehle ich mich aus dem Pressepferch hinaus und mische mich unter die Teilnehmer. Tippelschritt für Tippelschritt arbeite ich mich vor in Richtung Rednerpult. Um mir die volle Dröhnung der Trump-Performance abzuholen. Um mich zwischen die Hardcore-Fans zu mogeln, die es zu Füßen ihres Idols geschafft haben. Mit ihnen, die den New Yorker Immobilienhai ins Weiße Haus gebracht haben, möchte ich ins Gespräch kommen.

Doch kaum habe ich mein Mikrofon gezückt, da taucht wie aus dem Nichts ein Secret-Service-Mann auf. »Sir, Sie müssen hier weg«, sagt er, »Sie dürfen den Pressebereich nicht verlassen!« Ich protestiere, halte dem Mann entgegen, dass ich nur hier, wo die Fans sind, meinen Job machen kann. Doch er bleibt unerbittlich.

»Sir, es ist zu Ihrem eigenen Wohl!« Zunächst bin ich sauer. Was fällt ihm ein, mich bei der Recherche zu behindern? Es reizt mich, ihm einen Vortrag über Pressefreiheit und Demokratie zu halten. Doch das verkneife ich mir dann. Kurze Zeit später ereilt mich dann der Gedanke, dass der Sicherheitsmann vielleicht recht haben könnte. Dann nämlich, als der Präsident seinem Wutausbruch gegen meinen Berufsstand freien Lauf lässt. Ich hatte diese Tiraden vorher schon im Fernsehen gesehen. Und Trumps Formulierungen, seine Stanzen sind ja immer dieselben. Aber unmittelbar dabei zu sein, die ganze Wucht der Aggression frontal abzukriegen, das ist ein ganz anderer Schnack. Über 5000 Augenpaare, die dich hasserfüllt anstarren. Der ohrenbetäubende Lärm der Buhrufe. Der Hass, den dieser Präsident schürt, ist auch ohne direkten Körperkontakt physisch spürbar. Auf einmal bin ich dankbar für den hüfthohen Aluminiumzaun, der mich von der wütenden Menge trennt. Der erinnert mich an Haikäfige, die Taucher schützen vor tödlichen Raubfischattacken. Womöglich sind die Personenschützer Trumps, die unzählige Mal dabei waren, wenn der Präsident die Massen gegen anwesende Journalisten aufhetzte, tatsächlich ernsthaft besorgt, dass es irgendwann nicht bei Beschimpfungen bleiben könnte. Sondern dass sich Trump-Anhänger bemüßigt fühlen, das Unrecht, das ihrem Idol durch feindselige Berichterstattung widerfährt, auf handgreifliche Weise zu sühnen.

Feindseligkeit gegenüber Journalisten war mir auch vor Battle Creek begegnet. Dafür muss man dieser Tage nicht mehr über antidemokratische Regime schreiben oder sich mit Diktatoren anlegen. In den Jahren vor der Rückkehr in die USA hatte ich mich als Reporter mit dem Themenkomplex Rechtspopulismus, AfD, Pegida und auch Rechtsterrorismus beschäftigt. Mein Berufsstand ist nicht gerade populär bei den Neuen Rechten. »Lügenpresse, Lügenpresse« – das Geschrei kenne ich von ostdeutschen Marktplätzen und vor allem von Dresdener Demonstranten. Bei einem Pegida-Aufmarsch auf der Dresdener »Cockerwiese« musste ich erleben, was Sportreportern gelegentlich von ultragewalttätigen Hooligans widerfährt: Das sogenannte Ü-Wagen-Schütteln. Der verharmlosende Begriff meint tätliche Angriffe auf Übertragungswagen. Das Demolieren der Fahrzeuge, aber auch physische Angriffe auf Tontechniker und Reporter. An jenem Abend in Dresden hatten uns äußerst aggressive Pegidisten umzingelt. Hatten versucht, unser Fahrzeug umzuwerfen. Hatten uns Prügel angedroht. In den USA habe ich Handgreiflichkeiten zwischen Trump-Anhängern und Journalisten nie erlebt. Auch nicht davon gehört. Aber es sagt viel aus über eine Gesellschaft, wenn nicht ein Freizeitagitator wie Lutz Bachmann in Dresden seine Anhänger gegen Reporter aufhetzt, sondern der Präsident der Vereinigten Staaten das tut. Wie in Battle Creek. Fühlt sich nicht gut an.

Auf der Trump-Rally in Battle Creek habe ich es nur kurz im sicheren Journalistengehege ausgehalten. Schließlich war ich hierhergereist, um mit Anhängern des polarisierenden Präsidenten ins Gespräch zu kommen. Ging nicht in der Halle, geht vielleicht außerhalb, in den Gängen mit den Bierständen und den Souvenirbuden. Das ist einen Versuch wert: Hier müssen die Menschen Schlange stehen, hier müssen sie Zeit totschlagen und hier würden sie vielleicht erfreut sein über eine kleine Abwechslung. Ich stelle mich also bei den Wartenden als Reporter aus Deutschland vor. »Ach, von so weit sind Sie gekommen?« – »Nein, nein, ich bin ja als USA-Korrespondent in DC stationiert.« – »Ach so ...«

Zunächst komme ich mit Christin ins Gespräch. Die Mittvierzigerin ist extra aus dem Nachbarstaat Indiana angereist. »Ich liebe ihn!«, sagt Christin über Trump, »weil er den Sumpf trockenlegt. Nicht nur zum Wohle Amerikas, sondern für die ganze Welt!« Den Sumpf trockenlegen: »Drain the Swamp!« Das hört man immer wieder, wenn außerhalb von Washington DC die Rede auf Politik kommt. »The Swamp«, der Sumpf, das ist das faulige, modrige Politmilieu. Der »Deep State«: eine Verschwörung aus korrupten Bürokraten, die sich seit Jahr und Tag auf Kosten des übrigen Amerikas bereichern. Die nicht das Allgemeinwohl im Sinne haben, sondern ausschließlich ihre eigenes und das ihrer Subkultur. Elitär sind die, und Globalisten, keine Patrioten. »Globalist elitists« – das ist unter Trump-Anhängern das vernichtendste Schimpfwort. Sogar noch vor Fake News. Den »globalistischen Eliten« hat Trump, der politische Quereinsteiger, den Kampf angesagt: »Drain the Swamp!« Und wie recht er damit hat, zeige sich am erbitterten Widerstand des »Deep State«, findet Christin. Die Demokraten seien die Partei der elitären Globalisten. Elitär, weil sie auf Leute wie Christin herunterblicken. Globalisten, weil sie an der Globalisierung verdienen, während Leute wie Christin ihre Jobs verlieren. Trump hole die Jobs zurück nach Amerika. Deshalb wollten die Globalisten ihn vernichten. »Was mich am meisten stört, was mich mehr als alles andere wütend macht«, sagt Christin, »ist, dass die unseren Präsidenten als russischen Spion anklagen wollten, wegen Hochverrats!« Gemeint ist die Untersuchung wegen angeblicher russischer Wahlmanipulation zugunsten Trumps. »How dare they?«, fragt Christin an die Adresse von Trumps Widersachern, »how dare they?« Eine bewusste Anspielung auf die berühmte Greta-Thunberg-Phrase. »Wir sind wütender denn je!«, sagt sie. Wie Greta.

Ein älterer Herr, ein paar Schritte weiter, hat weniger Schaum vor dem Mund als Christin. »Gegen Erfolg lässt sich schlecht argumentieren«, sagt er mir. Gemeint ist Trumps Wirtschaftsbilanz. Das Jobwunder, das Amerika unter diesem Präsidenten erlebt hat. Die Corona-Krise ist zu diesem Zeitpunkt noch lange nicht abzusehen. Weiter hinten in der Schlange steht ein jüngerer Mann. »Das ist der am härtesten arbeitende Präsident aller Zeiten«, schwärmt er. »Eine ehrliche Haut!« Ehrlich? Wirklich? Ausgerechnet Trump, der sich die Realität so gerne zu seinen Gunsten zurechtbiegt? »Der macht aus seinem Herzen keine Mördergrube«, sagt mir Lisa, eine ältere Dame aus Battle Creek. Trump sei authentisch. Man wisse immer, was er denkt! Und seine Tweets seien eine prima Sache: Wann hatte man je einen derart tiefen Einblick in das, was der Präsident der Vereinigten Staaten gerade denkt. Was ihn umtreibt. Etwas kleinlaut frage ich, ob es Lisa nicht stört, wie zornig und hasserfüllt Trump gegen seine Gegner austeilt. »Ich finde es gut, dass er so gradeheraus ist«, kontert Lisa. Das Impeachment-Verfahren jedenfalls sei eine völlige Zeitverschwendung; darin sind sich alle, mit denen ich in Battle Creek spreche, einig. Seit 2016 würden der Sumpf und der »Deep State« versuchen, Trump aus dem Amt zu befördern und die Wahl ungeschehen zu machen. Das sei ein Dauerangriff auch auf sie, die Trump-Unterstützer. »Je härter sie zuschlagen«, sagt Christin, »desto stärker werden wir!« Und wer nicht in völlige Verzückung über Trump gerät, der rechnet mir ganz nüchtern dessen Erfolgsbilanz vor: »Was haben denn die Demokraten in all den Jahren unter Obama erreicht?«, fragt mich ein älterer Herr. Und hat gleich auch die Antwort parat: »Nichts!« Trump habe in kürzester Zeit so viel geschafft: »I want more of it!« Davon habe er noch lange nicht genug. Authentisch sei dieser Präsident: Der hält, was er verspricht. »Promises made, promises kept!«

Ich schlendere wieder zurück in den Pressepferch. Trump steht noch immer am Rednerpult. Rechts und links davon stehen Weihnachtsbäume, auf deren Spitzen Wahlkampfkappen mit dem »Make America Great Again«-Logo, MAGA, thronen. Gerade erklärt Trump, dass man es ihm persönlich zu verdanken habe, dass Amerika wieder »Merry Christmas!« wünschen dürfe. Und nicht mehr politisch korrekt »Happy Holidays!« sagen müsse, wie es die säkularen Eliten eingeführt hätten. »Ihr seid die Elite!«, brüllt Trump seinen Fans zu. Die Halle kocht.

Zum Ausklang des Abends plärrt wie immer »You can't always get what you want!« von den Rolling Stones aus den Lautsprechern. Keine Ahnung, warum Trump ausgerechnet an diesem Song einen Narren gefressen hat. Ich kann mir kein Motto vorstellen, das noch weniger zu seiner Person passt. Während der Trump-Show läuft eine Handvoll von anderen Songs in Dauerschleife: »Sympathy for the devil«, noch ein Stones-Titel. Und »Macho man!«, von den Village People. Bei dem singen fast alle mit. Trumps Dauer-Tournee bringt die immer gleiche Show auf die Bühnen. Variationen gibt es je nach tagespolitischer Themenlage. Aber das Kerngerüst bleibt gleich. Trump teilt aus. Verletzend, gehässig, unter der Gürtellinie. Dem

Publikum stockt der Atem. Na, der traut sich was! Eine Mischung aus Befremden und Bewunderung entsteht bei seinen Zuhörern. Ein bisschen wie bei Dieter Bohlen in Deutschland. Dann breitet Trump seine Arme aus. Geschickt versteht er es, sich zum Anwalt und Interessenwahrer seiner Unterstützer zu stilisieren. Seine Kulturrevolution: Das ist kein Egotrip. Das ist eine Massenbewegung! Sie kommt eigentlich aus der Mitte des Volkes. Trump hat sie lediglich entfesselt. Nun ist es ein Gemeinschaftsprojekt. Weil Trump selbstlos vorausschreitet, lässt man ihm auch so manches durchgehen. Das endlose, eitle Eigenlob? Geschenkt! »Everything he does is for the American people«, hatte mir ein Teilnehmer in Battle Creek erklärt. »We the people!« Mit diesen drei Worten – »Wir, das Volk« – beginnt die Präambel der Verfassung der Vereinigten Staaten.

Seit jenem Winterabend in Battle Creek habe ich immer wieder nachgedacht über die Menschen, denen ich dort begegnet bin. Landauf, landab gibt es Legionen von ihnen. Als Publikum der Trump-Shows sind sie auf einmal sichtbar. Sie feiern ihr Idol. Aber noch mehr feiert er sie. Wie konnte es passieren, dass einer wie Trump kommen musste, um diese Menschen aus dem Verborgenen ins Rampenlicht zu holen? Wo waren die vorher? Warum wurden sie übersehen? Klar ist, dass Trump ihnen Würde verspricht und Aufmerksamkeit verleiht. Der *Working Class Hero* des 21. Jahrhunderts: ein habgieriger und selbstverliebter Immobilienmogul. Wer hat dieser Revolution den Boden bereitet? Wer hat diesen Kulturkampf provoziert? Ein Name fällt auffällig häufig, wenn man Amerikaner nach der Verkörperung des Elitären in der Politik fragt: Hillary Clinton, Trumps unterlegene Gegenspielerin von 2016.

Am 9. September des schicksalhaften Wahljahres beging die demokratische Präsidentschaftskandidatin den vielleicht schwerwiegendsten Fehler ihrer politischen Karriere. Die Szene war aus der Sicht eines republikanischen Wahlkampfstrategen eigentlich zu gut, um real zu sein. Hier passte alles. Als habe Donald Trump sich die Situation für eine polemische Wahlkampfrede zusammenspintisiert. Wenn es noch Zweifel daran gab, dass Clinton die Kandidatin einer abgehobenen, arroganten Küstenelite war: Sie hatte sie selber ausgehoben. Hier ist die Szene:

Ausgerechnet von einer LGBTQ-Versammlung (LGBTQ, das steht für »Lesbisch, Gay, Bisexuell, Transgender, Queer«) ließ sich Clinton dafür feiern und beklatschen, dass sie Teile der Trump-Verehrer als Bemitleidenswerte oder auch Klägliche schmähte. In einen »basket of deplorables«, einen »Korb für Bedauernswerte«, gehöre die halbe Anhängerschaft Trumps. Das Etikett saß: Nach anfänglicher Entrüstung konterten die Geschmähten strategisch klug. Sie funktionierten den Schmähbegriff in sein Gegenteil um: in ein selbstbewusst geführtes Markenzeichen. *Wir sind* die *Deplorables!* Ihr da oben mögt auf uns herabschauen, uns verachten, uns für vernachlässigbar halten! Aber wir sind viele! Wir sind die Mehrheit, die bislang schwieg, jetzt aber ihr Schicksal in die eigene Hand nimmt. *Deplorables!* So, wie Schwarze sich manchmal selbst als »Nigger« bezeichnen. Oder Homosexuelle sich »Schwuchteln« nennen. Schmähbegriffe entwerten, indem man sie sich aneignet. Bis heute veranstalten republikanische Frauenorganisationen, wie »Women for Trump«, sogenannte »DeploraBalls«. Also Partys, Bälle, bei denen das ländliche, konservative, gottesfürchtige Mittelklasse-Amerika selbstbewusst seinen eigenen Lebensstil feiert. Und sich nicht mehr verschämt kleinmacht gegenüber metrosexuellen Jetsettern, die Amerikas Mainstreamkultur so lange idealisierte. »DeploraBalls« für »deplorables«. Kampfbegriffe, die eine ungeheure Wucht entfalteten. Viel wirkungsvoller noch als das deutsche »Wir sind das Volk!«, das in der Pegida-Umdeutung etwas ganz Ähnliches meint. Oder die AfD-Ankündigung: »Wir holen uns unser Land zurück!« An Sprachwitz sind die Amerikaner ihren deutschen Seelenverwandten bisweilen überlegen: »Adorable Deplorable« ist auf T-Shirts mancher Trump-Fans zu lesen, »bewundernswerter Bedauernswerter«. Das amerikanische »deplorables« stiftet als Selbstbezeichnung nicht nur ein starkes Gemeinschaftsgefühl. Es führt gleichsam noch den Nachweis für die Arroganz der anderen mit sich.

Der Begriff hat sich schnell verselbstständigt. Clinton hat die Wirkung ihrer Worte unterschätzt, als sie das Bild vom »basket of deplorables« in die politische Debatte einführte. Ein Gefäß zur Entsorgung von denjenigen, die man aufgegeben hat, die man politisch ohnehin nicht mehr erreichen kann. Die verloren sind. »Deplorable«, das lässt sich mit »bedauernswert« übersetzen, mit »bedauerlich«, »kläglich« oder auch »verurteilungswürdig«. Klingt im Deutschen noch ein wenig nach Mitgefühl, im Englischen aber herablassend. Klanglich irgendwie nach Deportieren. Bei einer Spendengala in New York hatte Hillary Clinton den »basket of deplorables« erstmals eingesetzt: eine Art Abfallbehälter für Trump-Anhänger, die, so Clinton wörtlich, »rassistisch, sexistisch, homophob, xenophob, islamophob« sind. Volle Keule! Und um alle Klischees zu komplettieren, bestand diese Gala aus Spendern und Clinton-Unterstützern aus der LGBTQ-Community. Was in den liberalen Küstenstädten längst eine kulturell bedeutsame und politisch einflussreiche Lobbygruppe ist, das steht im konservativ-ländlichen Amerika für etwas ganz anderes: Sinnbild des gesellschaftlichen Umsturzes, der Menschen mit traditionellerem Lebensstil an den Rand drängen soll. Clinton mag nur extreme, hasserfüllte Rassisten gemeint haben, aber die Instinktlosigkeit ihrer Wortwahl hatte effektvoll ihr eigenes Negativimage als arrogante Klientelpolitikerin bestätigt – und die dramatische Spaltung des Landes weiter vertieft.

Der Riss quer durch das Land, dem Trump seine einstige »greatness« zurückzugeben versprach, verläuft nicht entlang einer klar gezogenen Linie. Der Spalt trennt nicht einfach progressive Metropolen und traditionelle Landregionen. Der Frontverlauf im amerikanischen Kulturkampf ist so komplex, dass er sich sogar durch die kleinste gesellschaftliche Einheit zieht: die Familie. Trump spaltet sogar im Mikrokosmos. Einer Umfrage zufolge sagen 39 Prozent der Ehepaare in den USA, dass Trump in ihrer Beziehung, ihrer Partnerschaft, für Stress gesorgt hat. Was massenhaft im Verborgenen geschieht, hat ein prominentes amerikanisches Ehepaar zur öffentlichen Inszenierung gemacht: die notorischen Conways. Kellyanne

Conway (Jahrgang 1967) ist Trumps Chefberaterin und hat seine Wahlkampagne im Jahre 2016 geleitet. Ehemann George T. Conway III. (Jahrgang 1963), Verfassungsrechtler, ist einer von Trumps schärfsten Kritikern. Die Conways sind Amerikas kuriosestes Ehepaar. Ihren politischen Rosenkrieg hat die *New York Times* treffend als die »George and Kellyanne Conway Show« beschrieben.

Die frühe Liebesgeschichte der Conways ist auf bizarre Weise mit Donald Trump verknüpft. Sie beginnt in New York City. Im Sommer 1999 begegneten sich Kellyanne und George zum ersten Mal, im Trump-Tower auf der Fifth Avenue. Conway war Partner in einer New Yorker Anwaltskanzlei. Fitzpatrick, so Kellyannes Mädchenname, war Kampagnenmanagerin für die Republikanische Partei. Zwei Jahre später heiratete das Powerpaar, das sich wunderbar ins Personeninventar eines Tom-Wolfe-Romans einfügen würde. Das sprichwörtliche »Fegefeuer der Eitelkeiten« hüllte diese Liebesgeschichte in stimmiges Licht. Die Conways bezogen ein Luxusapartment im Trump-Tower in Manhattan. Im Foyer des glamourösen Skyscrapers sind sie erstmals dem Erbauer und Eigner des Towers über den Weg gelaufen: Donald Trump. Eine schicksalshafte Begegnung. Der Beginn einer eigenartigen Freundschaft. Im Trump-Tower haben die vier Conway-Kinder ihre ersten Lebensjahre verbracht. Nach Trumps Wahlsieg wurde Kellyanne Conway Trumps Chefberaterin im Weißen Haus. Die Familie zog um nach Washington DC, in ein 8-Millionen-Dollar-Haus. George Conway hatte dem Vernehmen nach auf einen gutdotierten Posten im Justizapparat gehofft. Er ging leer aus.

Kaum jemand aus dem konservativen Lager in Washington schießt so scharf und unerbittlich gegen Präsident Trump wie George Conway. Trump sei der »Idiot-in-Chief«, ein pathologischer Lügner, ein Krimineller, findet George. Und twitterte an die Adresse Trumps: »Sobald man versteht, was eine narzisstische Persönlichkeitsstörung ist, versteht man Sie! Und man versteht, warum Sie nicht geeignet und unfähig sind für die angesehene Stellung, die Sie vorübergehend innehaben.« Gleichzeitig verteidigte Kellyanne ihren Boss mit unnachgiebiger Hartnäckigkeit. Von einem Conway geschmäht, vom anderen Conway gestützt: Trump versucht den Spaltkeil anzusetzen. George, ein »absoluter Versager«, sei nur eifersüchtig auf den Erfolg von Kellyanne, spottet Trump. An anderer Stelle nennt er ihn den »Ehemann aus der Hölle«. Doch während nur wenige Paare die ständige Spannung aushalten könnten, andere Ehen längst zerbrochen wären über eine derart dramatische Differenz, kommen die Conways offenbar damit klar. Gelegentlich lassen sie durch einen öffentlichen Schlagabtausch Druck aus dem Kessel. So hat George seine Frau vorgeworfen, sie sei hirngewaschen von einem Kult. Kellyanne leide am Stockholm-Syndrom, an einem Übermutterkomplex, um einen selbstzerstörerischen Kind-Mann zu beschützen. Die Gemahlin schießt zurück: »Niemand kennt mich nur wegen meines Ehemanns. Aber viele Leute kennen meinen Mann nur wegen mir!«

Mitte Mai 2020 sorgt dann eine Gruppe von Republikanern für Aufsehen, die sich »Lincoln Project« nennt. Es ist die Woche, in der sich Trump vor der pompösen Kulisse des Washingtoner Lincoln-Memorials von seinem Haussender *Fox News* zur Pandemie befragen lässt. Das »Lincoln Project« lässt zeitgleich ein TV-Video ausstrahlen, das sich ästhetisch bewusst an Wahlkampf-Spots von Ronald Reagan, dem republikanischen Übervater, anlehnt. In dem Video heißt es unter anderem: »Dank Donald Trumps Führung ist unser Land schwächer, kränker und ärmer.« Mit der Wortwahl machen sich die Initiatoren über Vizepräsident Mike Pence lustig, der Trumps Corona-Task-Force geleitet hat und bei den TV-Briefings jeden zweiten Satz unterwürfig mit den Worten begann: »Dank der großartigen Führung von Präsident Trump ...« Treibende Kraft des »Lincoln Projects« ist George Conway.

Trump tobt. Und feuert per Twitter voll unter die Gürtellinie: »Ich weiß nicht, was Kellyanne ihrem geistesgestörten Loser von einem Ehemann, Mondgesicht, angetan hat«, so der Präsident der Vereinigten Staaten, »aber das muss ziemlich schlimm gewesen sein!« Trump liebt es, seinen Gegnern nicht nur gehässige Beinamen zu verpassen (*Sleepy* Joe Biden, *Crazy* Nancy Pelosi, *Shifty* Adam Schiff, *Mini* Mike Bloomberg etc.), er verteilt gerne auch herabwürdigende Spitznamen (etwa *Alfred E. Newman*, nach der Witzfigur aus den *MAD*-Heften, für Pete Buttigieg). Jetzt also *Moonface*, Mondgesicht, für George Conway. Und der lässt erwartungsgemäß nicht locker und legt am 7. Mai in der *Washington Post* nach: »Extreme Narzissten überhöhen ihre Leistungen und Befähigungen – und so hat Trump sein ganzes Leben damit verbracht, ein falsches Bild seiner selbst zu schaffen – nicht nur für andere, sondern für sich selber, um sein zutiefst zerbrechliches Ego zu schützen.«

Die »George and Kellyanne Conway Show« ist ohne Ende unterhaltsam. Der »Never Trumper« (das ist die gängige Bezeichnung für diejenigen, die nie ein gutes Haar an dem Präsidenten lassen) und die Chef-Propagandistin: US-Journalisten schlecken sich die Finger danach, eine Homestory über die zwei machen zu können. Um herauszukriegen, was hier Inszenierung ist und was echt. Conways konservativer Rosenkrieg triff auch deshalb einen Nerv, weil viele Amerikaner aus Erfahrung wissen, wie sich ein Trump-gemachter Riss durch die eigene Familie anfühlt.

In Julias und meinem engsten Freundeskreis gibt es auch ein Paar, das politisch nicht auf gleicher Wellenlänge liegt. Wenn man Nancy Flinn und Dick Weiss besucht, dann liegen immer zwei Tageszeitungen auf dem Wohnzimmertisch. Die *Washington Post* und die *Washington Times*. Nancy liest die *Post*. Dick liest die *Times*. Die *Post* ist das Leib- und Magenblatt der weltoffenen Liberalen. Die *Times* dagegen bedient das andere Lager. Mehr Reagan als Trump. Aber während der Corona-Krise (wie im ersten Kapitel erwähnt) rückte das Blatt stramm auf die Linie der sogenannten »Alt-Right«, der ultrakonservativen »alternativen Rechten«, der jegliches staatliche Handeln ein Gräuel ist und die entsprechend scharf gegen die Corona-Schutzmaßnahmen schoss. Liest man die beiden Washingtoner Zeitungen parallel, dann gewinnt man schnell den Eindruck, die Blätter schildern unterschiedliche Realitäten aus getrennten Paralleluniversen. Doch Nancy und Dick sind ein zauberhaftes Beispiel dafür, dass gegensätzliche politische Philosophien der Liebe nicht im Wege stehen müssen.

Beide leben in Nancys Haus auf der Poplar Street in Georgetown. Das ist eher ein Seitengässchen als eine wirkliche Straße. Nancys Backsteinhäuschen im Kolonialstil hat die kuriose Hausnummer 2714½, wie in einem Harry-Potter-Roman. Das Townhouse ist so schmal und hutzelig, dass es wohl keine vollwertige Hausnummer verdient. Es verfügt zwar über drei Stockwerke, ist aber gerade einmal drei Meter breit. Wenn überhaupt. Das Wohnzimmer, in dem wir sitzen, ist wie ein Schlauch geschnitten und wunderbar vollgestopft mit allerhand kuriosen Dingen. Den meisten Platz nehmen ein altes Karussellpferd aus Holz, dessen Farbe weitgehend abgeblättert ist, und ein Stutzflügel ein. Auf dem Kaminsims stehen hölzerne Sakralfiguren, die aus mittelalterlichen Kirchen in Südfrankreich und Katalonien stammen. Im nordspanischen Girona lebt Nancys Sohn Jason. Dort züchtet er mit seinem Partner Appaloosa-Pferde und handelt mit Antiquitäten. Hin und wieder schickt er Nancy einen seiner Funde. Als Wohnzimmertisch fungiert eine alte Seemannskiste. Darauf liegt das Einzige, was Nancy und Dick trennt: die *Washington Post* und die *Washington Times*. Kein anderer Haushalt in Washington DC dürfte beide Blätter gleichzeitig beziehen.

Julia und ich haben Nancy Flinn im Jahre 2000 kennengelernt. Nancy war frisch verwitwet. Ihr zweiter Mann Rick, den sie heute noch »die Liebe meines Lebens« nennt, war im Alter von 56 Jahren gestorben. Nancy lebte allein mit Winston, einem kalbgroßen Labradoodle, in dem kleinen, schmalen Townhouse auf Georgtowns Poplar Street, das sie einst mit Rick teilte und jetzt mit Dick. »Ich besitze elf Toiletten«, erzählte sie damals. Ansonsten sei sie »hausarm«. Beides Anspielungen darauf, dass sie in Washington, auf Cape Cod und in Vermont Immobilien besaß. Allerdings mit hoher Hypothekenbelastung. Unsere erste Begegnung fand im Hundepark statt, im Rose Park, in dem allabendlich die Hundebesitzer von Georgetown zusammenkamen, die Hunde spielen ließen, ausgelesene Bücher austauschten und einem Sundowner niemals abgeneigt waren.

Am 13. März 2002 lernte Nancy Dick Weiss kennen. Das genaue Datum blieb deshalb im Gedächtnis, weil das Kennenlernen über ein Dating-Portal im Internet zustande kam. Nancy war 61, Dick 62, und ebenfalls verwitwet. Nach drei Jahren platonischer Freundschaft funkte es dann richtig: Auf einem gemeinsamen New-York-Trip wurde erstmals ein Hotelzimmer geteilt. Vom Temperament her ergänzen sich die beiden bestens: Sie leicht chaotisch, auffallend, redselig und extrovertiert; er kontrolliert, zurückhaltend, eher schweigsam und in sich gekehrt. Für ein Biopic würde ich sie mit Diane Keaton besetzen, ihn mit Tommy Lee Jones. Achtzehn Jahre nach ihrem Kennenlernen sitze ich mit den beiden bei unserem Lieblings-Mexikaner in Georgetown, bei »Don Lobo's«. Und staune unvermindert, wie sich zwei so zusammenraufen können, die aus so unterschiedlichen Vorleben kommen. Nancys leichten Hang zum Chaos gleicht Dick mit Engelsgeduld aus. Ein symbiotisches Paar. Wenn da nicht die Politik wäre. Dick ist Erz-Republikaner. Nancy durch und durch progressiv. Knallt's da nicht oft? »Mir gefällt ein gepflegter Streit!«, lacht sie. Er schweigt. Am 3. November 2012, als Barack Obama wiedergewählt wurde, waren die beiden bei Nancys Buchklub-Freundinnen eingeladen, allesamt leidenschaftliche Demokratinnen. Es ging hoch her an diesem Abend. »Für mich grenzte das an Missbrauch«, erinnert sich Dick grummelnd an diesen Abend. Und erzählt kopfschüttelnd von einer Freundin von Nancy, die gelegentlich vorbeischneit, die Zeitung aufschlägt und ihn anfaucht: »Dann wollen wir doch mal schauen, was deine Republikaner uns heute wieder angetan haben!«

Dass ein politischer Riss durch ihre Familie geht, ist Nancy von Kindesbeinen an gewöhnt. Ihr Vater war Republikaner, ihre Mutter Demokratin. Kein einfaches Elternhaus, aus dem sie stammt. Nancys Vater, Herausgeber mehrerer Zeitungen in Vermont, fiel einem Gewaltverbrechen zum Opfer. Unter Mordverdacht stand Nancys Mutter, eine Alkoholikerin, deren Trinken ständiger Anlass für erbitterten Streit war. Die Tat wurde nie aufgeklärt. Nancys Vorfahren, die Belknaps, sind familiengeschichtlich so etwas wie amerikanischer Adel. »Meine Großmutter hat immer voller Stolz betont, unsere Familie sei auf der Mayflower in die Neue Welt gekommen«, erzählt sie. Im Jahre 1620 hatte das mythische Schiff 102 Pilger aus Plymouth im Hafen von Provincetown, heute Massachusetts, abgesetzt. Die Mayflower wurde zu einer amerikanischen Ikone. In den Adern waschechter Mayflower-Nachfahren fließt blaues Blut. Nancys Großmutter war aufgrund dieses Stammbaumes Mitglied der ebenso prestigeträchtigen, wie elitären Frauenorganisation »Daughters of the Revolution«. Doch die hat sie später aus Protest gegen deren Rassismus verlassen. Nancys Großeltern väterlicherseits waren aus Irland eingewandert, während der Großen Hungersnot auf der Grünen Insel. Wie so viele Iren ließen sie sich in Boston nieder. Später zogen die Belknaps weiter nach Vermont, wo Nancys Großvater mehrere Lokalzeitungen herausgab.

So verwurzelt Nancy schon lange in Washington ist, sosehr ist sie doch Vermonterin geblieben. Bis heute hat sie ihren Führerschein, der in den USA auch als Personalausweis dient, nicht auf Washington umgeschrieben. Niemals würde sie die Vermont-Kennzeichen von ihrem Mercedes abschrauben. Vermont, sagt sie, sei eben eine ganz andere Art zu leben als im Rest des Landes. Vermont war immer linker, liberaler, ökologischer als der Rest der USA. Kein Zufall, dass das politische Urgestein Bernie Sanders, ein selbsterklärter »demokratischer Sozialist«, aus Vermont stammt.

Dick stammt aus Chicago und weiß nur wenig über seine Familiengeschichte. Die war in seinem Elternhaus kein Thema. »Ich bin im gleichen Krankenhaus geboren wie Ernest Hemingway«, erzählt er gerne. Seine Geschwister kamen in Philadelphia und in Boston zur Welt. Die Eltern waren Arbeitsmigranten. Dick hat als Lobbyist für die Agrarindustrie Karriere gemacht. Lange Jahre war er beruflich auf Puerto Rico stationiert. Spanisch gelernt hat er als Student im spanischen Salamanca. Bei politischen Debatten hält er sich zurück.

Anders Nancy: Politisches Engagement zieht sich wie ein roter Faden durch ihr Leben. Nancys erste Ehe mit einem kanadischen

Architekten scheiterte daran, dass diesem ihr Engagement in der Kommunalpolitik nicht passte. »Paul wollte, dass ich daheim am Herd bleibe«, erzählt Nancy, »und nichts anderes tue, als unsere vier Söhne aufziehen.« Aus dieser Ehe brach sie aus, brannte durch nach Europa, wo sie sich einige Zeit herumtrieb, in Jugendherbergen übernachtete, in Hameln dem Rattenfänger nachspürte und in Lübeck ihre Lieblingssüßigkeit entdeckte: Marzipan von Niederegger. Nancy war 38 Jahre alt, als sie von ihrem Selbsterfahrungstrip zurückkam.

Es folgten die kreativsten und energiegeladensten Jahre ihres Lebens. Nancy beriet Haftanstalten darin, Gefängnisgärten anzulegen. Und schrieb ein Buch darüber: »The Prison Garden Book«. Sie heiratete Rick Douglas, der mit 24 an multipler Sklerose erkrankt war und im Rollstuhl saß. Mit ihm arbeitete sie an der bahnbrechenden Gesetzgebung »Americans with Disabilities Act«, kurz ADA, die bis heute Menschen mit Behinderung das Leben leichter macht. Rick starb, kurz bevor wir Nancy kennenlernten.

Knapp zwanzig Jahre später sitzen wir gemeinsam an Nancys Grab. In Vermont. Wo sonst? »Douglas/Flinn« steht auf dem Grabstein. Rick liegt dort bestattet. Nancys Namen hat der Steinmetz schon hinzugefügt. Nach ihrem Tod will sie bei Rick liegen. Doch das hat sie verfügt, bevor sie Dick kennenlernte. Nancy sieht sich selbst als Katze. Mit neun Leben. Weil sie mehrere schwere Krebserkrankungen überstanden hat. So chaotisch und lebensuntüchtig sie manchmal erscheint: Nancy liebt das Leben. Und das Leben lässt sie nicht los.

Dick ist ein Republikaner der alten Schule. Er befürwortet einen schlanken Staat, niedrige Steuern, wenig Wohlfahrt und ausgeglichene Haushalte. Ein Reagan-Republikaner. Konservativ in Haushaltsangelegenheit, in sozialen Fragen eher liberal. Die Spaltung des Landes besorgt ihn mehr als alles andere. Gleichzeitig hat Dick »seinen Frieden damit gemacht, heute deutlich weiter links zu sein als in jüngeren Jahren«. »Ist das wegen mir so?«, will Nancy gleich wissen. »Nein!«

Für Republikaner ist nichts ehrenrühriger, als sich für sein Land zu entschuldigen; »to apologize«, das bedeutet im konservativen Jargon, sich anderen gegenüber kleinzumachen. Schwäche zu zeigen. Ich frage Dick, warum Barack Obama so ein rotes Tuch für ihn ist. Er habe sich ständig entschuldigt für Amerika, findet Dick. Den Vorwurf kenne ich: »Er war acht Jahre auf Entschuldigungstour«, schreiben rechte Publizisten gerne über Obama. Acht Jahre lang habe der Amerika kleingemacht. Dick nennt das Beispiel Klimapolitik: »Wir zerstören unsere eigene Kohleindustrie«, argumentiert er, »und lassen China oder Indien ihre krasse Umweltverschmutzung durchgehen!« Und Michelle Obama, die habe bei der Amtseinführung ihres Mannes gesagt: Zum ersten Mal im Leben sei sie stolz, eine Amerikanerin zu sein. »Dafür habe ich kein Verständnis!«, schnaubt Dick. Amerikas Patrioten sind allergisch dagegen, wenn die USA schlechtgemacht werden. »Wir entschuldigen uns nicht dafür, wer wir sind und wie wir leben!«, hört man häufig. Auch das meint Trump mit »great again«: Ohne Relativierung stolz sein auf Amerika. Dick hat als Konservativer kein Problem mit Patriotismus. Als Gentleman-Republikaner ist Vaterlandsliebe für ihn jedoch verknüpft mit althergebrachten Tugenden wie Anstand, Aufrichtigkeit, guten Manieren, Bescheidenheit und ehelicher Treue. Deshalb ist ihm Trump zuwider, der auf diese Ideale pfeift. So wenig Dick Obama mochte (»Er gehörte zur Elite«), dessen Nachfolger findet er noch schlimmer. »Trump ist verrückt«, sagt er.

Dick ist zwar ein »Never Trumper« der ersten Stunde. Dennoch mochte er 2016 nicht die arrogante Hillary Clinton wählen. Also hat er auf dem Wahlzettel den Namen Donald Trump durchgestrichen und durch Jeb Bush ersetzt, seinen Favoriten bei den Vorwahlen. Je länger Dick Trumps Regierungsstil beobachtet, desto mehr kommt er in Versuchung, zum ersten Mal im Leben demokratisch zu wählen. Die Abscheu vor dem Prahlhans im Weißen Haus hat Nancy und Dick, anders als die Conways, politisch zusammenrücken lassen. »Wenn Mickey Mouse der Gegenkandidat zu Trump wäre, würde ich mein Kreuz bei Mickey Mouse machen!«, scherzt Dick. Ich frage die beiden, was sie all den Familien raten, die sich über Trump in die Wolle kriegen. »Macht weiter damit!«, sagen die beiden wie aus einem Munde. Und so ist die Trump-Präsidentschaft doch nicht nur spalterisch. Zumindest in der Abscheu gegen seine Person ist dieser Präsident durchaus in der Lage, das Land zusammenzubringen.

IV

Basisdemokratie auf Amerikanisch, oder: Irgendwo in Iowa

JULIA KASTEIN

Um kurz vor 7 Uhr schon eine Textnachricht von Linus: »Was für ein Schlamassel in Iowa«. Es ist der Morgen nach dem »Caucus«, den ersten Vorwahlen im Präsidentschaftswahlzyklus, Anfang Februar 2020 in Iowa. Die ganze Nation will wissen, welchem demokratischen Kandidaten die Wähler in diesem ländlichen Bundesstaat im Mittleren Westen zutrauen, US-Präsident Donald Trump im November aus dem Amt zu treiben. Aber obwohl seit Ende der Parteiversammlungen schon über zehn Stunden vergangen sind, liegt noch kein Ergebnis vor. Linus kann es nicht fassen: »Das ist total verrückt, Sweetie«, hat er mir schon am Abend getextet.

Linus Solberg ist Farmer aus dem Nordwesten von Iowa. Für die überregionalen Medien ist seine Heimat nur sporadisch und nur aus zwei Gründen interessant: wegen Iowas Sonderrolle bei den Präsidentschaftswahlen oder wenn es um die wirtschaftliche Misere der Landwirte geht. Häufig ergänzen sich die beiden Themen.

Ich habe Linus schon 2004 kennengelernt, bei einer Reportagereise zum Thema »Swing States«. Iowa gehört zu der guten Handvoll Staaten in den USA, die sich bei Präsidentschaftswahlen mal für den demokratischen, mal für den republikanischen Kandidaten entscheiden. Und deshalb besonders hart umkämpft werden. 2008 und 2012 machte Barack Obama hier das Rennen. 2016 dann Donald Trump.

Linus züchtete damals noch Schweine, so wie schon seine Eltern vor ihm. Auch politisch pflegte er lange die Familientradition, machte sein Kreuzchen fast reflexartig beim republikanischen Kandidaten. Dann erlebte er, wie die Industrialisierung der Landwirtschaft seine Heimat veränderte. Agrarkonzerne übernahmen, unabhängige kleine Landwirte wie er hatten kaum noch eine Chance. »Die meisten Farmer sind doch heute nur noch die Hausmeister für die Großkonzerne«, klagte Linus schon damals. Und wählte aus Protest dann 2000 den grünen Kandidaten Ralph Nader. Seit 2004 wählt er demokratisch.

Die Schweinezucht hat Linus inzwischen aufgegeben. Im Stall neben dem schmucklosen Farmhaus aus den 1970er Jahren wohnen jetzt Katzen. Doch die Schweineindustrie ist immer noch ein großes Thema für Linus, einen großen hageren Glatzkopf, der mit Anfang achtzig wirkt wie ein vitaler Sechzigjähriger.

Als ich Linus im Januar 2020, ein paar Wochen vor den Vorwahlen in Iowa besuche, rollt er als Erstes eine Karte auf dem runden Küchentisch aus: Zu sehen ist der Landkreis Palo Alto, gespickt mit hunderten rosa Punkten, für jeden Schweinstall einen. In Palo Alto leben zwar nur 9000 Menschen, aber rund 800 000 Schweine. Mit über 22 Millionen Tieren ist Iowa der größte Schweinefleischproduzent in den USA.

»Früher hatten wir hier über 8000 unabhängige Schweinefarmer. Heute sind es nicht mal mehr 5000. Die großen Konzerne haben sie verdrängt«, sagt Linus. »Jetzt haben wir hier mehr Schweinemastanlagen als alle Landkreise um uns rum. Wir haben diese Regel, dass kein Schweinestall näher als eine halbe Meile an Häusern gebaut werden darf. Na ja, das scheint den Konzernen zu gefallen – weil sie wissen, solange sie sich daran halten, lässt man sie in Ruhe.«

Das Telefon klingelt: ein Kunde. Linus hat sich inzwischen auf den Handel mit Saatgut verlegt, betreibt das Geschäft aus dem Keller seines Farmhauses. Aber vor allem engagiert er sich inzwischen aktiv politisch: Er ist County Supervisor von Palo Alto, eine Art ehrenamtlicher Landrat. Eins der Hauptthemen für die Leute: Wasser. »Das eine Problem ist das Abwasser aus diesen ganzen Schweineanlagen. Aber auch, wie viel Wasser sie überhaupt verbrauchen.« Doch es sei schwierig, die Konzerne strenger zu regulieren und zu kontrollieren. »Die haben so viele Lobbyisten. Sie haben das Geld und sie nutzen es. Viele Parlamentarier wollen sich nicht mit ihnen anlegen.« Linus zuckt mit den Schultern. »Too bad,« meint er trocken, »Schade, dass die Abgeordneten nicht auf der Seite der Farmer stehen.«

Linus' Frust über die Politik ist groß – egal, ob es um die Regierung in Iowas Hauptstadt Des Moines oder um die im fernen Washington geht. »Die kriegen doch nichts hin«, klagt er.

Das Gefühl, abgeschirmten, korrupten Eliten ausgeliefert zu sein, die sich nicht für die Probleme und Bedürfnisse ihrer Wähler interessieren – dieses verbreitete Gefühl war ein Grund für den Wahlerfolg von Donald Trump 2016. Und Linus hat dafür größtes Verständnis: »Wenn ich nicht für die Demokraten im Landkreis sitzen würde, dann hätte ich bei den Vorwahlen 2016 auch für ihn gestimmt«, sagt er. »Ich hatte es einfach so satt, dass sich in Washington nichts bewegt. Ich dachte, er ist ein Geschäftsmann. Er ist sehr intelligent. Ich glaubte, er macht es wie Kennedy damals und holt sich Experten dazu, die ihm beim Regieren helfen.« Linus verzieht das Gesicht: »Tatsächlich ist dieser Präsident eine einzige Peinlichkeit. Ich denke oft an meinen Vater: Egal, ob er den amtierenden Präsidenten gewählt hatte, er hat ihn akzeptiert. Weil er eben der Präsident war. Aber dieser hier ... er hat das Niveau dafür verdorben, was es heißt, Präsident zu sein.«

Das weitläufige Farmhaus von Linus ist vollgepfropft mit Nippes-Variationen zum Thema Schwein: eine Vitrine mit Kaffeegeschirr in Ferkelform, lächelnde Sauen aus Porzellan, ein Briefhalter aus Holz in Form eines Schweins. Linus lebt hier mit seinem Enkel, der im örtlichen Community College Agrarwirtschaft studiert. Seine Frau Paddy ist vor ein paar Jahren an Lungenkrebs gestorben. Ganz schnell sei es gegangen, sagt Linus.

»Ich war ganz sicher, dass ich vor ihr sterbe«, erzählt der Farmer bei der Fahrt durch die nahegelegene Kreisstadt Emmetsburg. Er steuert seinen roten SUV durch ein Wohngebiet und zeigt auf ein schlichtes weißes Haus mit grünem Blechdach. »Hier, das Haus habe ich ihr gekauft, damit sie in der Stadt wohnen kann, wenn ich nicht mehr bin.« Vor dem im Schnee versunkenen Stadtpark im Zentrum von Emmetsburg steigt Linus aus und deutet auf einen Gedenkstein zu Ehren seiner Frau. Paddy war Irin, kam wegen einer Städtepartnerschaft Ende der Sechzigerjahre nach Emmetsburg, im Gepäck einen sogenannten »Blarney Stone«, ein Stück Kalkstein aus dem Fundament der gleichnamigen Burg in ihrer Heimat Cork.

Als ich Linus 2004 zum ersten Mal besuchte, lernte ich auch Paddy kurz kennen: eine quirlige Rothaarige, im früheren Leben Stewardess, die Kette rauchte. Und schon damals fand, dass Linus doch selbst in die Politik gehen sollte.

2012 kandidierte Linus dann tatsächlich erstmals für das Amt des County Supervisors. Und gewann gegen die republikanische Amtsinhaberin mit deutlicher Mehrheit. 2018 wurde er im Amt bestätigt.

Linus war schon damals einer der wenigen demokratischen Parteigänger in einem zutiefst konservativen Landstrich im Nordwesten von Iowa. Daran hat sich wenig geändert: Während US-Präsident Trump 2016 in ganz Iowa 51 Prozent der Stimmen holte, waren es in Palo Alto satte 65 Prozent. Und auch 2012 konnte sein Amtsvorgänger Obama die Wähler in Palo Alto nicht mehr mehrheitlich überzeugen – nachdem er hier 2008 genau 50 Prozent der Stimmen geholt hatte.

Zum Abendessen hat Linus ein paar Freunde hinzugebeten. Wir treffen uns im besten – und im Grunde einzigen – Restaurant in der Kreisstadt Emmetsburg. Die schummrig beleuchtete Baracke mit den schlichten Holztischen, der grün gestrichenen Decke und der irischen Flagge über der Theke versprüht den Charme eines Sportlerheims. Aber wer keinen fettigen Burger von einer Fast-Food-Kette möchte, sondern ein solide gebratenes Rib-Eye-Steak mit Backkartoffel, eine Fettucine Alfredo oder ein Lachsfilet und noch dazu ein Bier oder gar ein Glas Wein, der geht ins »Dublin's«.

Während wir auf seine Freunde warten, bestellt Linus schon mal einen Scotch und flachst mit der blonden Kellnerin über seine

Trinkgewohnheiten. Alkohol, das wird schnell klar, ist für Linus etwas für besondere Anlässe. Wir kommen auf den Handelskrieg mit China zu sprechen. Iowa ist nicht nur führend in der Schweinefleischproduktion. Hier wird auch so viel Soja angebaut wie nirgends sonst in den USA. Ein Großteil der Produktion wurde bislang direkt an die Schweine verfüttert oder nach China exportiert. Doch durch Trumps Handelskrieg ist das Geschäft zusammengebrochen. Zwar haben Washington und Peking zum Zeitpunkt unserer Unterhaltung gerade eine erste Teileinigung erzielt, aber Linus glaubt nicht, dass die viel ändern wird. »Man kann niemand zwingen, etwas zu kaufen. Sie haben es zwar unterschrieben, aber es wird nichts passieren. Es ist Fake News.«

US-Waren im Wert von 200 Milliarden Dollar sollen die Chinesen bis Ende 2021 zusätzlich importieren. Gut 30 Milliarden Dollar davon für Agrarprodukte wie Soja und Schweinefleisch. Linus bezweifelt das: Die Chinesen bräuchten doch gerade gar kein Soja aus den USA – weil sie wegen der Schweinepest gar nicht so viel Bedarf an Futter haben. »Ich hoffe es natürlich, es wäre gut für meine Kunden. Aber es ist doch nur mehr Rhetorik.«

Wegen des Handelskrieges hätten schon mindestens drei seiner Saatgutabnehmer in den letzten drei Jahren das Handtuch geschmissen. »Sie haben aufgegeben. Manche sind in den vorzeitigen Ruhestand gegangen. Andere haben sich einen ganz anderen Job gesucht.«

Inzwischen haben sich auch Ruth und Mike Brown hinzugesellt. Die Mitfünfzigerin in modischem Strickpulli und Kurzhaarfrisur betreibt in einer entweihten Backsteinkirche mitten in Emmetsburg ein Geschäft mit Brautmoden – das einzige in einem Radius von hundert Meilen. Mike, ein schlanker großer Mann, der eher nach Bürojob als Feldarbeit aussieht, hat vor einigen Jahren die Farm seiner Vorfahren übernommen. 1880 wurde der Familienbetrieb gegründet. Er selbst arbeitete lange im mittleren Management für einen großen Mischkonzern in Colorado, erzählt Mike. Aber dann zog es die Familie zurück in die Heimat, aufs Land in Iowa, auch der Kinder wegen. Außerdem lockte ihn die Aussicht auf Selbstständigkeit. Damit ist es längst vorbei: Die 10 000 Schweine in seinen Ställen mästet er für einen Großkonzern. Genau wie die meisten seiner Kollegen in der Region.

Die letzten beiden Jahre waren wegen des Handelskrieges mit China besonders schwer, klagt Mike: »Es war stressig. Wir arbeiten gerade noch kostendeckend. Ich bin fast sechzig, eigentlich würde ich gerne was zurücklegen, damit ich mich bald zur Ruhe setzen kann. Aber stattdessen muss ich drauflegen. Ich guck mir die jungen Kollegen an und frage mich, wie die das stemmen wollen. Die Zahl der Insolvenzen steigt. Viele verkaufen heimlich einen Teil ihres Landes, um sich finanzieren zu können.«

In den gesamten USA haben 2019 fast 600 Landwirte Insolvenz angemeldet – ein Viertel mehr als im Jahr zuvor. Die Suizidrate unter Landwirten ist mittlerweile so hoch wie in keiner anderen Branche.

Familie Brown geht es vergleichsweise gut, weil Mikes Frau Ruth mit ihrem Brautmodengeschäft zum Familieneinkommen beiträgt. Aber auch sie leidet jetzt unter dem Handelskrieg. Die bereits geltenden Sonderzölle auf chinesische Waren bleiben trotz Teileinigung erst einmal in Kraft: »All meine Kleider wurden in China hergestellt. Und jedes Kleid, das ich reinkriege, hat in der Rechnung diese Zollgebühr drauf. Und mich schaudert.« Ihre Brautkleider kosten jetzt 25 Prozent mehr. Ihre Kundinnen würden das schlucken – noch. Wohl weil sie gar nicht merken würden, dass sie auf einmal mehr bezahlen müssten, vermutet Ruth. Die meisten kaufen in ihrem Leben ja nur ein Brautkleid.

Trotz aller Härten: Viele US-Farmer unterstützen Präsident Trump und dessen Handelspolitik. Mike Brown kann das nicht verstehen: »Ich habe viele Freunde, die stehen voll hinter Trump. Und die sagen dann: ›Man musste was machen, wegen China.‹ Und ich denke dann: Echt jetzt? Warum denn? Wir hatten Rekordexporte nach China. Und jetzt verkaufen wir so wenig wie nie dorthin. Und es wird Jahre dauern, diesen Markt wieder aufzubauen.«

Linus und seine Freunde sind sich über das Wahlziel im November einig: Trump muss weg. Aber wer aus dem großen Bewerberfeld soll es richten? Zu Beginn der Wahlkampfsaison 2020 ist gleich ein Dutzend hoffnungsfroher Kandidaten im Rennen: so viele wie nie bei den Demokraten. Darunter beispielsweise Pete Buttigieg, der ehemalige Bürgermeister von South Bend, Indiana. Der 38-Jährige ist nicht nur der mit Abstand Jüngste im Rennen. Er ist auch mit einem Mann verheiratet. Vor zwanzig Jahren noch, bei unserem ersten Aufenthalt in den USA, wäre seine Kandidatur eine Sensation gewesen. Jetzt spielt seine Homosexualität im Wahlkampf nur eine sehr untergeordnete Rolle – so untergeordnet, dass einige Schwulen- und Lesbenverbände sich beschweren, Buttigieg sei kein guter Lobbyist für ihre Anliegen.

Ruth will sich zwei Wochen vor der Vorwahl noch nicht festlegen. Sie findet Buttigieg gut. Und Joe Biden, den ehemaligen Vizepräsidenten – der am Ende ja auch das Rennen machen wird. Ihr Mann Mike meint sogar, ihm sei eigentlich egal, wer es letztlich wird: »Hauptsache er kann Trump besiegen.«

Auch Linus mag sich noch nicht festlegen. Zumal er als Mitglied im Bezirksvorstand der Demokraten dabei hilft, die Wahlkampfveranstaltungen in seiner Region zu organisieren. Bei den Präsidentschaftsbewerbern ist er deshalb sehr gefragt: »Ich kriege gerade jeden Tag zwei bis drei Anrufe. Und sie wollen alle, dass ich sie unterstütze. Ich frage dann immer: ›Wart ihr schon in Palo Alto? Könnt ihr kommen?‹«

Tatsächlich kommen in den Wochen bis zur Vorwahl die meisten Kandidaten in seinem County vorbei. Genau wie in den 98 anderen Counties. In Iowa, so jedenfalls das Klischee, müssen sich die Wähler schon sehr anstrengen, wenn sie die Bewerber *nicht* persönlich treffen wollen. Denn bislang galt: Wer die Präsidentschaftskandidatur bekommen will, muss bei den Vorwahlen in Iowa mindestens unter die ersten drei kommen. Um das Scheinwerferlicht der landesweiten Medien zu nutzen, um sich aus dem Bewerberfeld hervorzutun. Vor allem wenn sich, wie 2020, anfangs noch so viele Kandidaten um Aufmerksamkeit, Bekanntheit und letztlich Stimmen drängeln.

Wie die meisten seiner Mitbewerber ist Pete Buttigieg monatelang quasi Dauergast in Iowa – stets begleitet von einem Tross Reporter aller großen US-Medien, die jedes Detail, jede Abweichung, jede Nuance des Wahlkampfs beobachten – und darüber berichten. Wahlkampberichterstattung ist in den USA eine Kunst und eine Qual für sich – schon 1972 glänzend beschrieben von Hunter S. Thomspon in seinem Klassiker »Angst und Schrecken im Wahlkampf«.

An diesem Sonntagabend wird Buttigieg im Landesmuseum in der Hauptstadt Des Moines sprechen, ein 70er-Jahre-Betonpalast im weitläufigen Regierungsviertel. Es ist bitterkalt, der Schnee stürmt waagerecht. Trotzdem stehen schon eine gute Stunde vor Beginn der Veranstaltung hunderte Menschen, vom Kleinkind bis zum Rentner, in der Schlange und warten auf Einlass. Die 58-jährige Cindy ist auch dabei: »Ach, wir leben in Iowa, so ist das eben hier. Das gehört dazu. So ist das immer vor den Vorwahlen.« Die Gerichtsvollzieherin zieht ihre rote Winterjacke noch ein bisschen fester um sich. Noch vor ein paar Jahren wäre es für sie undenkbar gewesen, mal bei einer Vorwahl für einen Demokraten anzustehen: »Ich bin eigentlich Republikanerin, schon immer. Aber mein Weltbild passt überhaupt nicht zu dem der jetzigen Regierung.«

Auch die Rentnerin Barb Miller, Buttigieg-Sticker der auf karierten Winterjacke, steht an diesem Abend in der Schlange und preist ihren Favoriten: »Er ist das genau Gegenteil von Trump! Am meisten mag ich an ihm, dass er so pragmatisch ist. Er versteht, dass wir große Veränderungen brauchen. Aber er versteht auch, dass wir nicht gleich das Kind mit dem Bade ausschütten dürfen. Wir brauchen dafür das ganze Land. Und das heißt auch, die Republikaner mit einzubinden.«

Die Kandidatur von Pete Buttigieg ist ein gutes Beispiel für den fast mythischen Status, den Iowa im Vorwahlkampf genießt.

Als der damals 37-Jährige seine Ambitionen im Frühjahr 2019 erklärte, kannte ihn kaum jemand – oder konnte seinen Namen aussprechen. Doch dank des intensiven Wahlkampfs in Iowa galt der Afghanistanveteran zwischenzeitlich als aussichtsreicher Kandidat, lag in US-weiten Umfragen unter den Top vier – neben Ex-Vizepräsident Joe Biden und den beiden Senatoren Bernie Sanders und Elizabeth Warren.

An einem kalten Nachmittag sitzt Gordon Fischer im »Prairie Lights Bookstore«, einem Buchladen in der liberalen Uni-Stadt Iowa City. Auch Gordon habe ich schon 2004 bei der Reportagereise kennengelernt. Damals war er noch Chef der demokratischen Partei von Iowa. Die dunkle Intellektuellenbrille ist geblieben. Doch das Haar ist inzwischen deutlich länger und grau geworden. Der Anwalt hat sich schon vor Jahren aus der aktiven Politik zurückgezogen, konzentriert sich jetzt ganz auf seine Kanzlei. Es sei alles ein bisschen viel geworden, sagt er beim Cappuccino im Café des Buchladens. Er habe einfach mal eine Pause gebraucht. Doch jetzt, meint Gordon, sei es wohl langsam Zeit, sich wieder einzumischen. Nur für wen – das will er vom Ergebnis der Vorwahl abhängig machen. Hauptsache, Trump wird nicht wiedergewählt. Und der Demokrat räumt ein, dass seine Partei auch ein Stück Mitschuld ist am Wahlsieg von Trump: »Hillary Clinton war einfach keine populäre Kandidatin. Und ihre Kampagne war auch nicht toll. Viele Demokraten haben dann gedacht: ›Ach, dieser Trump, der gewinnt doch sowieso nicht.‹ Mir ging es auch so. Erst ganz kurz vor der Wahl, als eine Umfrage ihn mit großem Vorsprung vorne sah, hat es mir gedämmert: Der könnte wirklich gewinnen. Aber viele Demokraten sind einfach nicht wählen gegangen. Diesmal wird das anders sein: Trump wird die Demokraten diesmal motivieren, gegen ihn wählen zu gehen, vor allem viele junge Leute.«

In seiner aktiven Zeit organisierte Gordon den sogenannten »Caucus«, wie die spezielle Form der Vorwahlen hier heißt, selbst mit – er ist also Fachmann. Um zu erklären, warum ausgerechnet Iowa im Präsidentschaftswahlzyklus ein solches Gewicht bekommen konnte, muss der Mittfünfziger ziemlich ausholen: »Bis Ende der Sechzigerjahre wurden die Präsidentschaftskandidaten von Parteifunktionären in Hinterzimmern gekürt«. Das änderte sich erst in den Siebzigerjahren: Die Wähler bestimmten bei den Vorwahlen nicht nur ihren Favoriten für die Kandidatur, sondern nach einem komplizierten – und in jedem Bundesstaat anderen – System die Delegierten, die dann beim Nominierungsparteitag für die jeweiligen Kandidaten stimmen. Ähnlich läuft es auch bei den Republikanern. Anders als bei der Präsidentenwahl stimmen die Delegierten eines Staates nicht geschlossen für den Kandidaten, der insgesamt die meisten Stimmen bekommen hat, sondern sie repräsentieren und wählen ihren Kandidaten. Es kommt also darauf an, möglichst viele Stimmen und somit möglichst viele Delegierte zu gewinnen.

Für die Demokraten schickt Iowa nur 49 Delegierte – von insgesamt 3979. Rein rechnerisch hält sich das Gewicht des Bundesstaates also in Grenzen. Aber weil Iowa den Anfang macht, ist das Interesse der Medien besonders groß. Um sich diese Sonderstellung auf das nationale Geschehen zu sichern, beschloss das Parlament von Iowa auch gleich ein Gesetz, laut dem ihre Vorwahlen immer die ersten in den USA sein müssen. Das war 1976. Und ein damals im Land noch weitgehend unbekannter Erdnussfarmer aus Georgia witterte seine Chance: »Jimmy Carter fing an, in Iowa herumzufahren. Und er übernachtete buchstäblich bei seinen Anhängern, weil seine Wahlkampagne kaum Geld hatte. Er hatte entschieden, den Iowa-Caucus als Sprungbrett für die nationale Bühne zu nutzen. Und es funktionierte. Und seit 1976 und Jimmy Carter sind die Vorwahlen hier so hart umkämpft und immer wichtiger geworden«, erzählt Gordon.

Auch Barack Obama gewann erst die Vorwahl in Iowa. Und dann die Präsidentschaftswahl. Von den zwölf Kandidaten, die Mitte Januar noch im Rennen sind, sind zwei schon aus vorigen Wahlkämpfen bekannte Gesichter: Joe Biden, der 2008 antrat und beim Iowa-Caucus nicht mal ein Prozent Unterstützung bekam. Und Bernie Sanders, der 2016 nur ganz knapp gegen Hilary Clinton unterlag – erst in Iowa und letztlich dann auch beim Nominierungsparteitag. Damit es diesmal klappt, hat Sanders genau wie die meisten seiner Konkurrenten ein gewaltiges Heer aus tausenden ehrenamtlichen Helfern in den Wahlkampf geschickt.

Eine Handvoll Sanders-Anhänger ist an diesem kalten Montagmorgen ins Wahlkampfbüro des Senators am Stadtrand von Iowa City gekommen. Ein lebensgroßer Bernie-Pappkamerad lehnt an einer Wand, an langen Tischreihen stehen Telefone, an den Wänden hängen handgemalte Poster mit Bernie-Zitaten und seinen Wahlversprechen. Isabel Henderson, das Gesicht halb versteckt unter ihrer mintfarbenen Mütze und einem dicken Schal, ist Studentin am renommierten »Iowas Writer's Workshop«, den auch Literaten wie Raymond Carver, Ann Pratchett, T. C. Boyle und John Irving absolviert haben. Die 27-Jährige gehört zu den vielen jungen Leuten, die sich für Sanders begeistern. Denn obwohl der legendär bärbeißige Senator mit seinen 77 Jahren der älteste Bewerber ist, liegt er in Umfragen zu diesem Zeitpunkt bei Jungwählern stets vorn. Isabel sagt: Es kommt nicht auf das Alter an, sondern auf die Energie und die Ideen. Sanders könne junge Leute mobilisieren – auch sie: »Das ist das erste Mal, dass ich mich so stark ehrenamtlich für einen Kandidaten engagiere. Es fühlt sich diesmal so dringend an, so nötig. Ich bin mindestens einmal die Woche für ihn unterwegs, rede mit Leuten, versuche aktiv alles dafür zu tun, dass er diesmal gewählt wird.«

Isabel will an diesem Tag ein paar Stunden lang »canvassing«, also Haustürwahlkampf machen. Im Sanders-Büro bekommt sie eine Adressliste, die sie nun abklappern will. Im Kandidatenfeld gilt Sanders, der sich selbst als demokratischer Sozialist beschreibt, als besonders links – und manchen sogar als radikal. Isabel hat dafür wenig Verständnis: »In jedem anderen Land würde Bernie Sanders als moderater Kandidat gelten. Deshalb kommt es mir auch so absurd vor, dass Dinge wie Krankenversicherung für alle oder freie Bildung oder eine progressive Klimapolitik als radikal abzustempeln. Das sagt mehr über unser politisches Klima als über ihn als Kandidaten.«

Auch John McClure schaut an diesem Tag im Wahlkampfbüro vorbei. Der 67-Jährige hat wohl die mit größtem Abstand weiteste Anreise hinter sich: Von der Olympic-Halbinsel am Pazifik im Bundesstaat Washington ist der pensionierte Software-Ingenieur hergefahren: Über 3000 Kilometer in drei Tagen.»Ich habe noch zwei Bernie-Unterstützer dabei. Das nennt sich eine Bernie-Journey und wir haben im Internet zweitausend Dollar dafür gesammelt. Die Energie ist greifbar.«

Auch John will alles tun, damit Bernie gewählt wird – in seinem Fall, verrät der schlaksige Mann mit dem graublonden Seehundschnauzer, heiße das viel Kartenspielen.»Ich spiele Bridge, sogar ziemlich gut. Und deshalb werde ich in all den Bridge-Clubs hier in der Gegend politisieren. Sie haben Montag bis Donnerstagnachmittag Spiele – und da werde ich dann meinen politischen Aktivitäten nachgehen.«

Für die Kandidaten sind überzeugte Helfer wie John oder Isabel unbezahlbar. Und das liegt auch an einer weiteren Besonderheit der Vorwahl in Iowa.

Denn der Caucus – für den im Deutschen gar keinen treffenden Begriff existiert – gibt auch Teilnehmern mit jahrzehntelanger Übung Rätsel auf. Anders als sonst bei einer Wahl ist es beim Caucus nicht mit einem Kreuzchen auf einem Stimmzettel getan. Sondern … – um das zu erklären, muss Ex-Landesparteichef Gordon Fischer mehrfach ansetzen.

Im Grunde, so der Anwalt, sei der Caucus eine Art Nachbarschaftstreffen, bei dem die Wähler zu einer bestimmten Zeit an einem bestimmten Ort zusammenkommen und für ihren Kandidaten buchstäblich aufstehen.

Klingt einfach, ist aber kompliziert. Denn jeder Kandidat braucht bei diesen Treffen eine Mindestzahl von Unterstützern – 15 Prozent der Teilnehmer. Anhänger von Kandidaten, die drunter bleiben, müssen sich neu entscheiden – und dann wird es spannend.»Dann wird gefeilscht – mit Keksen oder mit Reiswaffeln. Aber vor allem gibt es ernsthafte Debatten um Inhalte. Als Parteichef habe ich den Caucus ja öfter geleitet. Und ich war oft überrascht davon, wie gut die Leute informiert sind. Da ging es dann nicht nur darum: Unterstützt du diesen oder jenen Vorschlag zum Thema Gesundheit – sondern: Was hältst du von Gesetzentwurf Nummer so und so viel.«

Amber Gustafson aus Ankeny, einem schnell wachsenden Vorort im Norden von Iowas Hauptstadt Des Moines, ist so eine überzeugte Caucus-Teilnehmerin. Auch wenn die Vorstadtmutter durchaus ein Gespür für die Absurdität der Veranstaltung hat: »Den Caucus haben sich ein paar Demokraten mitten im Winter ausgedacht. Nach dem Motto: Es ist kalt, lasst uns treffen und über Politik reden. Wir haben sonst nichts zu tun. Denn im Winter in Iowa, da kann es einem schon ziemlich langweilig werden.«

Manchmal könne es bei einem Caucus-Treffen schon ganz schön ruppig zugehen, sagt Amber. »Die Leute werden zwar nicht richtig gewalttätig. Aber manchmal werden sie schon sehr laut, und das kann sich bedrohlich anfühlen.« Denn anders als bei einer geheimen Wahl müssen sich die Caucus-Teilnehmer öffentlich erklären. »Spannend wird es, wenn man sieht wie sich Familien verhalten. Wenn der Mann sich für den einen und seine Frau für den anderen entscheidet. Oder wenn man auf einmal seinen Nachbarn trifft und sagt: ›Ach, du bist auch Demokrat? Wow, ich hatte ja keine Ahnung.‹ Das schafft ein Gefühl von Stärke und Solidarität.«

Um den Ablauf etwas fairer und transparenter zu machen, gelten beim Caucus 2020 zum ersten Mal neue Regeln: Jede Gruppe muss alle Zwischenergebnisse schriftlich festhalten – und nicht nur das Endergebnis. Und außerdem gibt es zusätzlich Caucus-Orte, um es Minderheiten einfacher zu machen.

Einer dieser Orte ist das islamische Zentrum »An-Noor« im Nordwesten von Des Moines. Sabriya Khan betet hier. Ich treffe die zarte Frau, in gepunktetem schwarzem Kleid und mit den Schlangenlederstiefeln, gleich nebenan, im Büro der »Interfaith Alliance«, einer Organisation, die sich für Religionsfreiheit einsetzt. Die 42-jährige Khan ist dort Vorstandsmitglied. Ihre Moschee, erzählt sie, sei eine von dreien in Iowa, in denen jetzt zum ersten Mal ein Caucus stattfindet. »Das macht den Caucus für Muslime sicherer und einfacher. Weil sie dort hinkommen können, egal was sie anhaben oder welche Sprache sie sprechen. Und weil viele sich nicht so auskennen oder zum ersten Mal dabei sind, wird jemand extra kommen und den Prozess erklären. Und es werden Übersetzer für verschiedene Sprachen da sein.«

In Iowa sind 90 Prozent der drei Millionen Bürger weiße Christen. Und nur rund ein Prozent Muslime. Minderheiten spielen im öffentlichen Diskurs entsprechend nur eine geringe Rolle. Ein Grund, warum viele Demokraten in multikulturellen, urbaneren Bundesstaaten nicht verstehen können, warum Iowa bei den Vorwahlen trotzdem ein so überproportionales Gewicht hat.

Sabriya ist in Des Moines geboren und aufgewachsen. Und sie findet, dass es höchste Zeit ist, dass Muslime als Wähler ernster genommen werden. Schließlich gäbe es seit Gründung der Vereinigten Staaten auch Muslime hier. Die älteste noch existierende Moschee in den USA wurde 1934 in Cedar Rapids, Iowa gebaut, von syrischen und libanesischen Einwanderern. »Der Caucus in unserer Moschee ist ein erster Schritt, um zu zeigen, dass wir für diese Wahlen wichtig sind – und das auch sein müssen, weil unsere Bedürfnisse in der Vergangenheit oft vernachlässigt wurden«, sagt Sabriya.

Ein großer Fan des Caucus ist Sabriya trotzdem nicht: »Dieser ganze Debattenprozess, das ist nicht für jeden was. Es ist ganz schön einschüchternd. Ich finde es nicht so toll.«

Aber bei aller Kritik: Auch Sabriya sieht die Vorteile: »Bei regulären Vorwahlen, da wissen die Leute oft einfach nicht genug über die Kandidaten. Sie wählen ein bisschen blinder. Der Caucus erlaubt es, wirkliche Argumente auszutauschen. Man lernt viel mehr über die Themen, für die jeder steht.«

So spannend der Vorwahlkampf bei den Demokraten allein wegen der schieren Menge an Kandidaten ist – so langweilig läuft es diesmal bei den Republikanern. Vor vier Jahren war das noch ganz anders: Da hatten konservative Wähler das gleiche Problem wie jetzt die Demokraten: die Qual der Wahl in einem großen Bewerberfeld. Donald Trump landete damals auf Platz zwei. Und nutzte, wie einst der Demokrat Jimmy Carter, das Momentum von Iowa, um sich schließlich als Kandidat durchzusetzen.

Doch wenn auch chancenlos und von der republikanischen

St.-John's-Kirche, gegenüber vom Weißen Haus, Washington DC

Kirschblütenfest in Washington, während der Corona-Krise

Glen Echo, Maryland, während der Corona-Krise

Fairfax, Virginia, während der Corona-Krise

Protestkundgebung in Maryland gegen den Corona-Lockdown

Protestkundgebung in Maryland gegen den Corona-Lockdown

Wandmalerei in Brooklyn, New York

Fourth of July 2019 in Washington DC

Tilney Mansion, Flint Hill, Virginia

Fourth of July 2019 in Washington DC

Women's March 2019, Manhattan, New York

Trump Tower, Manhattan, New York

Thomas, West Virginia

Memorial Day 2019, National Mall, Washington DC

Partei weitgehend ignoriert: Auch 2020 hat Trump innerparteiliche Konkurrenz. Beim Caucus tritt der ehemalige Gouverneur von Massachusetts, Bill Weld, gegen ihn an. Grob verkürzt lautet seine Botschaft an die Wähler: Versöhnen statt Spalten.

Ein einflussreicher Weld-Fan in Iowa ist Jim Leach. Der 77-Jährige war dreißig Jahre lang Kongressabgeordneter in Washington. Inzwischen lehrt er Politik an der University of Iowa in Iowa City. Für die einen ist Leach mit seiner jahrzehntelangen Erfahrung und Integrität republikanischer Adel. In der Ära Trump sind Mitglieder wie er selten geworden und müssen sich als »RINO«, »Republican in name only« schmähen lassen. Über Datteln im Speckmantel beim schicken Italiener gegenüber dem Campus erklärt Leach, was er an Weld schätzt: ein brillanter Kopf sei der, ein Philanthrop.

Leach, der aus Protest gegen die Nahostpolitik der Republikaner 2008 Obama wählte und 2016 nicht für Trump stimmen mochte, kann nicht verstehen, warum es in seiner Partei kaum Widerstand gegen den amtierenden Präsidenten gibt. »Es ist erstaunlich, dass so viele Republikaner diesen Präsidenten unterstützen. Ich hätte gedacht, dass es mehr Konkurrenz geben wird. Im Moment ist das noch nicht der Fall. Das kann sich über Nacht ändern. Aber ob das auch passiert ...?«

In Iowa ist Leach eine politische Legende – und zwar über Parteigrenzen hinweg. Das wird mir erst klar, als Leach mich zu meinem nächsten Termin begleitet: mit Gordon Fischer, dem Ex-Landesparteichef der Demokraten. Der ist hin und weg davon, Leach mal persönlich kennenzulernen, und versichert ihm mehrfach, wie dankbar er für alles sei, was Leach in seiner langen Karriere für seinen Heimatstaat getan hat.

Als ehemaliger Außenpolitiker macht sich Leach vor allem Sorgen um das Ansehen der USA in der Welt. Er war einer der wenigen Abgeordneten, die sich 2003 vehement gegen den Krieg im Irak aussprachen. Er bewies Mut. Und bedauert, dass nicht mehr seiner Parteifreunde sich gegen Trump aufzulehnen getrauen. Auch wenn er es nachvollziehen kann: »Ich bin nicht gerade beeindruckt davon, wie die Republikaner im Kongress sich gegenüber diesem Präsidenten verhalten. Ganz offensichtlich haben sie Angst davor, ihm zu widersprechen. Weil er sie dank seiner großen Unterstützung an der Parteibasis ganz schnell ersetzen kann. Also widersprechen sie ihm nicht, auch wenn sie das unbedingt müssten. Und das hat außen- wie innenpolitische gewaltige Konsequenzen.«

Tatsächlich ist Trumps Rückhalt in seiner eigenen Partei überwältigend. In einigen Bundesstaaten wie South Carolina haben die Republikaner die Vorwahlen deshalb ausfallen lassen. Auch Ryan Hurley hat sich schon entschieden: Der 19-Jährige ist großer Fan von Donald Trump. Wir treffen uns an einem bitterkalten Tag auf dem Campus der State University of Iowa, der großen staatlichen Universität mit Sitz in der Kleinstadt Ames. Ein paar Studenten, dick verpackt, flüchten vor dem beißenden Wind so schnell es geht ins Memorial-Union-Gebäude, ein gewaltiger neoklassizistischer Bau mit Säulen und Freitreppen. Ursprünglich war das Memorial Union als Denkmal für die Gefallenen des Ersten Weltkrieges gebaut worden.

Ryan, der trotz der Minusgrade keine Jacke, sondern nur ein kurzärmliges verwaschenes T-Shirt und schlabbrige Stoffhosen trägt, hat es nicht so eilig. Gemächlich führt er mich durch die gewölbten, verwinkelten Gänge, vorbei an der Mensa mit ihren Fastfood-Verkaufsständen, einem unübersichtlichen Buchladen und schließlich in einen riesigen Salon mit Kassettendecke, Ledersesseln und Sofas – einer der vielen Studienräume. Wir setzen uns fürs Interview in eine einigermaßen ruhige Ecke. Ryan erzählt kurz, dass es gerade jede Menge Ärger gäbe auf dem Campus, zwischen links- und rechtsgerichteten Studentengruppen, zu seinem Lieblingsthema: Meinungs- und Redefreiheit.

Ryan stammt aus Boston, seine Eltern sind geschieden. Die Mutter arbeitet an der Rezeption eines großen Krankenhauses, der Vater ist nach einem Unfall Frührentner. 2018 hat Ryan mit dem Studium angefangen – sein Hauptfach ist Politik. Und als Erstes habe er eine Veranstaltung der republikanischen Präsidentengruppe besucht.

Inzwischen ist er ihr Präsident. Trump-Fan war er da längst. Aber warum?

»Er sagt, was Sache ist. Er ist gegen Eliten. Und von denen halten wir auch nichts. Wir wollen einen Präsidenten, der zuerst an Amerika denkt.«

Seine Eltern, sagt Ryan, hätten ihm beigebracht, immer zuerst an andere zu denken: »Deshalb bin ich Republikaner. Das ist es, was echte Republikaner ausmacht.«

Ich frage noch mal nach, ob er wirklich findet, dass der Präsident jemand ist, der zuerst an andere denkt? »Für ihn kommt das amerikanische Volk immer zuerst. Iran ist ein gutes Beispiel. Er hat keinen Krieg erklärt oder so, sondern Sanktionen verhängt. Weil das amerikanische Volk keinen Krieg will. Junge Leute – egal ob rechts oder links – wollen keinen Krieg. Wir sind im Nahen Osten, seit ich ein Jahr alt bin. Immer noch. Und es ist für uns nicht gut, weil es nur dazu führt, dass noch mehr Amerikaner sterben.«

Trumps Sprache, die Tweets – all das stört Ryan wenig: »Okay, manchmal ist er ein bisschen unprofessionell. Aber in letzter Zeit hat er sich echt verbessert. Er ist viel präsidialer geworden.«

Dann erzählt Ryan mir noch kurz von seinen vielen Freunden in Europa, in Deutschland, in Thüringen. »Ich habe Freunde, die haben für die AfD gearbeitet. Sie sind von der CDU dorthin gewechselt, weil sie das Gefühl hatten, dass die CDU nicht mehr die einfachen Leute repräsentiert. Und weil sie Angst haben, dass die CDU nicht hart genug in der Einwanderungsfrage ist.«

Einwanderung, sagt Ryan, das sei doch »ein Angebotsproblem«. »Wenn man die Zahl der Arbeiter dramatisch erhöht, dann gehen die Löhne runter. Und da kommen die stagnierenden Löhne her. Und das führt zu ganz viel sozialem Aufruhr, in Amerika und in Deutschland. Wenn man einfach Millionen Leute reinlässt – waren es nicht 400000 in Deutschland dieses Jahr? –, dann zerstört das den sozialen Frieden.« Und deshalb, glaubt Ryan, wird Trump wiedergewählt und die AfD mehr Zulauf bekommen.

Ein paar Wochen ein später, Anfang Februar, bin ich wieder in

Iowa. Es ist das Wochenende vor dem Caucus. Sämtliche Direktflüge nach Des Moines sind seit Monaten ausgebucht. Ich fliege über Chicago. Im Flugzeug viele Kollegen aus aller Welt, auf dem Gepäckband eine große Kiste mit Kamera-Equipment nach der anderen – das mediale Interesse ist riesig.

Die Kandidaten sind natürlich auch alle in Iowa, nutzen diese letzten beiden Tage, um möglichst viele Auftritte zu absolvieren. Ich fahre mit dem Auto zwei Stunden schnurgerade nach Osten, nach Cedar Rapids. Dort absolviert Bernie Sanders sein Wahlkampf-Finale. Der Senator aus Vermont hat eine Arena im Kongresszentrum angemietet – und sich prominente Unterstützung geholt: Der Filmemacher Michael Moore ist da, um die Menge aufzuwärmen, dann spielt die Indie-Rockband Vampire Weekend. Die rund 3000 überwiegend jungen Leute in der Halle sind begeistert: vom Gratiskonzert – aber auch vom Senator aus Vermont. »Guter Deal«, ruft mir Elizabeth über den Lärm zu: »Ich bin Fan von Vampire Weekend – und von Bernie Sanders.« Beim Caucus will die Mitzwanzigerin wieder für den Senator stimmen – wie schon 2016. Diesmal, da ist sie ganz sicher, wird er es schaffen. »Das Land muss sich ändern. Und ich mag an Bernie, dass er sich treu geblieben ist – er vertritt noch genau die gleichen Dinge wie schon vor Jahrzehnten: Soziale Gerechtigkeit, Krankenversicherung für alle. Er hat das Zeug, Trump zu schlagen!«

Aber längst nicht alle in der Halle sind sich da so sicher. Ryan, Lehrer aus der Kleinstadt Cedar Falls, schwankt zwischen Sanders und der Senatorin Elizabeth Warren. Weil beide ähnliche Ideen vertreten: höhere Steuern für die Reichen und Großunternehmen, Energiewende weg von fossilen Brennstoffen, eine staatliche Krankenversicherung für alle. Und den Erlass von Studiengebühren.

Elizabeth Warren ist in diesem Wahlkampf ein besonderes Phänomen: mit ihren siebzig Jahren versprüht die Ökonomin die Energie eines Duracell-Häschens. Und eine Begeisterungsfähigkeit, der man sich nur schwer entziehen kann. In Umfragen liegt die Senatorin eine Zeit lang ganz vorne – doch in den Tagen vor Iowa scheint ihre Kampagne an Zugkraft verloren zu haben. Bei ihrem Auftritt am Tag vor dem Caucus in Indianola, einer Kleinstadt im Speckgürtel von Des Moines, ist davon aber nichts zu spüren: Rund 600 Leute stehen geduldig Schlange in der kalten Mittagssonne auf dem Campus des Simpson-College. Doch der Hörsaal ist schon eine Stunde vor Beginn brechend voll.

Warren will so kurz vor dem Caucus keine Wähler enttäuschen – und improvisiert noch eine zweite Rede vor den draußen Gebliebenen: Helfer bringen eine Kiste, damit die kleine zarte Frau von der Menschentraube überhaupt gesehen werden kann. Dann legt sie los: »Wir brauchen große Veränderungen, um unsere Demokratie zu retten«, ruft sie der Menge zu, spult in nur fünf Minuten ihre wichtigsten Wahlversprechen runter, erzählt auf die Frage eines kleinen Mädchens, wer ihr wichtiges Vorbild ist, und lässt möglichst viele Leute Selfies mit ihr machen.

Kelly, zweifache Mutter aus Des Moines ist begeistert: »Mir gefällt, dass sie progressive Ideen hat – und dass sie eine Frau ist. Mir ist es unheimlich wichtig, dass endlich mal eine Frau an die Macht kommt. Als Rollenmodell für meine Töchter.«

Die Demokraten, das wird in den vielen kurzen Gesprächen bei den Wahlveranstaltungen klar, sind gespalten: Die einen wollen nicht nur Trump besiegen, sondern auch tiefgreifende Reformen. Die anderen wollen einfach nur, dass wieder ein Demokrat an die Macht kommt – und dabei kein Risiko eingehen. Minou beispielsweise: »Ich will einfach eine sichere Bank.« Die Controllerin steht an diesem Tag in einer langen Schlange vor einer Turnhalle in Des Moines. Hier wird gleich Ex-Vizepräsident Joe Biden auftreten. Vor allem ältere Menschen haben sich eingefunden, schauen sich zur Einstimmung einen Schwarz-Weiß-Film mit getragener Musik an, ein Best-of der schönsten Bilder aus Bidens Zeit als Ex-Vize an der Seite von Barack Obama. Anders als bei Sanders oder Warren ist die Stimmung eher verhalten – vielleicht weil das Schwelgen in der Vergangenheit wenig Aufbruch vermittelt. Biden hat zum Auftritt seine Frau und seine jüngere Schwester mitgebracht: Die erzählt, was für ein toller älterer Bruder ihr Joe gewesen sei. Als Biden dann endlich selbst das Wort ergreift, klatscht die Menge zwar pflichtbewusst, aber der Kandidat selbst wirkt müde, verhaspelt sich häufig.

Biden ist das Paradebeispiel, warum Iowas Einfluss auf die Kandidatenkür sich entweder überholt hat – oder schon immer deutlich überschätzt wurde: Der Wahlkampf läuft nicht gut für den Endsiebziger. Seinen Spitzenplatz unter den zwölf Bewerbern hat der freundliche Brückenbauer nicht halten können. Biden hat nicht so viel Geld und nicht so viele Freiwillige im Feld wie seine Mitbewerber. Sein Auftritt in der Turnhalle wirkt seltsam mutlos – auch als er die Menschen mit Nachdruck an ihre Verantwortung erinnert: Sie müssten beim Caucus klug entscheiden, um vier weitere Jahre Trump zu verhindern. Das hier tatsächlich der spätere Kandidat der Demokraten spricht, scheint mir zu diesem Zeitpunkt völlig undenkbar.

Am ersten Montag im Februar ist es endlich so weit: Caucus-Tag in Iowa. Ich verfolge das Geschehen in der Turnhalle der »East High School«, der größten Sekundarschule von Des Moines. Schon gut anderthalb Stunden, bevor es losgeht, sind Tate Jensen und sein Freund Steven vor Ort. Tate, ein überfreundlicher, blonder junger Mann in Shorts und T-Shirt (ganz offensichtlich haben die Menschen im Mittleren Westen ein anderes Temperaturempfinden als ich Mitteleuropäerin ...) ist an diesem Abend der Versammlungsvorsitzende – er habe vor ein paar Wochen mitbekommen, dass dafür noch Freiwillige gesucht würden, und sich spontan gemeldet. Tate, der eigentlich aus South Dakota stammt, erzählt, er habe sich schon immer für Politik interessiert. Und nach Trumps Wahl beschlossen, sich mehr zu engagieren: »2016 war für uns alle ein schweres Jahr. Und als ich hier 2018 hergezogen bin, habe ich angefangen, mich mehr zu einzusetzen.«

Das kurze Gespräch wird immer wieder von Neuankömmlingen unterbrochen – Tate und Steven blättern umständlich durch die Wählerlisten und suchen die Namen. Um beim Caucus mitmachen zu dürfen, muss man nicht mal einen Ausweis zeigen. Es genügt, die Adresse anzugeben. Immer wieder kommen Leute, die gar nicht im Wahlbezirk wohnen oder nur zugucken. Eigentlich sollen sich alle in Listen eintragen – auch die Zuschauer. Aber einige mogeln sich auch so in die Halle. Es ist ein ziemlich chaotisches Kommen und Gehen.

Im Bezirk leben 500 registrierte Wähler: »Ich rechne mit 250 Leuten«, sagt Tate mir, »die Wahlbeteiligung wird bestimmt hoch sein.«

Um 19 Uhr, dem offiziellen Beginn, schließt Steven die Hallentür von innen ab. Tate greift zum Megafon und erklärt die komplizierten Spielregeln, wobei er sich gleich mehrfach verheddert und neu anfangen muss. So viel verstehe ich: Jeder Caucus-Teilnehmer muss auf einem Formular – das ist neu – seine Wahl dokumentieren.

Im Saal macht sich eine gewisse Unruhe breit: Manchen missbehagt, dass sie ihre Wahl auf einmal schriftlich festhalten sollen. Andere verstehen nicht, warum sie sich nur noch ein – und nicht wie früher zwei Mal neu entscheiden dürfen. Tate beschwichtigt – und löst dann die nächste Welle an genervten Zwischenrufen aus, weil sich nun erst einmal alle in einer Reihe aufstellen müssen. Zählappell – und für Tate eine Enttäuschung: Nicht einmal hundert Leute sind gekommen. »Ich bin echt schockiert«, raunt er mir zu.

Die Caucus-Teilnehmer streben derweil eilig zu den selbstgemalten Pappschildern mit den Namen ihrer Favoriten, die Tate und Steven vorher an die Hallenwand gepinnt haben. Und schnell wird klar: In der Bernie-Sanders-Ecke stehen mit Abstand die meisten Menschen, vor allem viele Latinos. Und auch diagonal gegenüber im Lager von Ex-Vize Joe Biden wird das Quorum von 15 Prozent der Anwesenden gerade so erreicht. Bei allen anderen sieht es schlecht aus: Einige Kandidaten haben nicht einen einzigen Unterstützer in diesem Caucus. Andere, wie die Senatorin Elizabeth Warren, haben knapp zu wenig. Die Rentnerin Lavita Romeo kann es kaum fassen: »Darf ich weinen? Ich muss weinen ...«

Die Versammlung geht in die nächste Phase: Nach den Schilderungen von Ex-Parteichef Fischer soll das der Moment sein, in dem

Wähler wie Lavita von den Anhängern der übrig gebliebenen Kandidaten mit viel Enthusiasmus überzeugt werden sollen, zu ihnen zu wechseln. Doch bei diesem Caucus hält sich die Begeisterung in Grenzen: Für Bernie Sanders stellt sich eine ältere Dame mit Hüftbeschwerden, Cowboyhut und Sanders-Sweatshirt, in die Hallenmitte und ruft: »Bernie Sanders glaubt, dass die Zukunft Amerikas von Leuten wie uns hier in dieser Halle entschieden werden soll. Und nicht von Milliardären. Und Bernie Sanders ist der beste Kandidat, um Trump zu schlagen, weil er mehr Spenden eingenommen hat als alle anderen Kandidaten!«

Dann ist ein schwergewichtiger Afroamerikaner als Vertreter des Biden-Lagers dran: »Wenn ihr wollt, dass Trump im November geschlagen wird, dann müsst ihr Joe unterstützen. Er hat schon bewiesen, dass er für die Arbeiterklasse kämpft. Er hat schon bewiesen, dass er sich mit Außenpolitik auskennt. Und er hat schon bewiesen, dass er die Dinge tatsächlich angeht und erledigt.«

Mehr Argumente werden nicht ausgetauscht – dann machen sich Lavita und die anderen enttäuschten Anhänger der bereits gescheiterten Kandidaten auf den Weg entweder in Sanders oder, wie in ihrem Fall, in Bidens Lager. Dort warten schon die meisten ihrer Freunde aus der Nachbarschaft auf sie: Anders als Des Moines insgesamt ist dieser Wahlbezirk sehr divers. Und während sich die meisten Latinos hier an diesem Abend für Bernie Sanders entschieden haben, entscheiden sich die Afroamerikaner letztlich für Joe Biden.

Tate und Stephen sammeln hektisch die Stimmkarten ein, zählen und zählen noch einmal nach. Und müssen das Ergebnis dann trotzdem noch mal korrigieren: 79 Teilnehmer, 55 davon am Ende für Bernie Sanders und 18 für Joe Biden. Was aus der Differenz geworden ist, können sich Tate und Steven auch nicht erklären.

Obwohl es relativ wenig Leute waren, hat die Versammlung über zwei Stunden gedauert – und ich bin mir am Ende nicht sicher, ob alle Teilnehmer wirklich die Regeln verstanden, entsprechend gehandelt haben und das Ergebnis richtig ist.

Etwas desillusioniert mache ich mich auf den Rückweg ins Pressezentrum. Und dort wird schnell klar: Der chaotische Ablauf, den ich beobachtet habe, ist kein Einzelfall: Es gibt nicht nur Probleme in den Wahlversammlungen vor Ort. Auch die neu entwickelte App, mit der die Versammlungsleiter ihre Ergebnisse zurückmelden sollten, versagt. Die Partei muss schließlich noch einmal nachzählen lassen. Und am Ende dauert es fast drei Wochen, bis das Endergebnis überprüft und verkündet ist.

Als ob das Versagen beim Zählen nicht genug gewesen wäre: Iowas Wähler scheitern auch mit ihrer Gabe der Vorhersehung. Denn der Gewinner ist Pete Buttigieg. Einen Monat später scheidet er aus dem Rennen aus. Knapp dahinter kommt Bernie Sanders. Er gibt zwei Monate später auf. Stattdessen wird Joe Biden der Kandidat. Also ausgerechnet der Mann, bei dem selbst die Begeisterung der Anhänger ziemlich schlaff wirkte.

Bei den Demokraten in Iowa rollen nach dem verhunzten Caucus die Köpfe, in der Partei wird erneut heftig diskutiert, ob dieser Staat mit diesem sehr speziellen Vorwahlsystem zu Recht eine so große Rolle spielt.

Linus, der Farmer aus Palo Alto, ist auch Monate später noch ratlos. Immer war er stolz auf Iowas besonderen Platz im Präsidentschaftswahlkampf: »Niemand in den USA hat so viel Einfluss wie wir. Wir schreiben Geschichte.«

Das hat Iowa auch 2020 getan – vielleicht zum letzten Mal.

V

Verrottete Ernte, verfallene Preise, oder: Warum Amerikas Farmer Trump trotz der Handelskriege die Treue halten

SEBASTIAN HESSE-KASTEIN

»Schon mal auf 'nem Mähdrescher gesessen?«, fragt mich Glen Groth. Ich bejahe, gebe aber zu, dass es ein vorsintflutliches Modell war, im Vergleich zu dem von Glen. Mechanischer, weniger Hightech. An diesem nasskalten Novembertag im Südwesten von Minnesota war zunächst unklar, ob wir überhaupt raus auf die Felder können. Ob es nicht zu feucht sein würde für die Maisernte. Aber dann sind wir doch los und sitzen nun seit Stunden im Cockpit seiner futuristisch anmutenden Erntemaschine. »Es war die ganze Zeit regnerisch«, erzählt er mit Sorge in der Stimme, »das war dieses Jahr das Schwierigste. Wir mussten schon die Aussaat wegen des Regens verschieben. Dann war der Sommer so kühl, dass der Mais nicht so wie sonst austrocknen konnte. Wir mussten den Mais maschinell trocknen, was sehr teuer ist!«

Glen erinnert mich optisch an Kiefer Sutherland. Der 36-Jährige blickt abwechselnd auf die Hightech-Instrumente in seiner Fahrerkabine und auf die sanfte Hügellandschaft seiner Farm im County Winona. Plötzlich bleibt sein Blick an etwas Unerwartetem hängen. »Ein Coyote! Das ist ein Coyote!!!« Das verängstigte Tier sitzt mit dem linken Hinterlauf in einer Falle fest. In einem Schwanenhals, auch »Berliner Eisen« genannt. Verzweifelt versucht der Coyote sich zu befreien, blickt verängstigt herüber zu dem Blechmonstrum, in dem wir sitzen und zurückstarren. Glen verständigt über Funk seinen Vater. Der wartet mit seinem Trecker und Anhänger in der Nähe, damit Glen die abgeernteten Maiskörner umfüllen kann, wenn der

Speicher seines Mähdreschers voll ist. »Hier sitzt ein Coyote in einer Falle fest!« Glen gibt durch, dass er mit dem Mähdrescher um das panische Tier herumfahren wird. Sein Vater möge den Fallensteller informieren, dass der sich möglichst schnell um den gefangenen Coyoten kümmern soll. »Was passiert mit dem schönen, schäferhundähnlichen Tier?«, frage ich Glen. »Die werden ihn erschießen, dann häuten und das Fell verkaufen«, sagt der Farmer, der ein eher unsentimentales Verhältnis zu Wildtieren hat. »Coyoten übertragen Krankheiten auf Hunde. Sie plündern die Nester von Singvögeln. Sie greifen Kälber an. Deshalb gibt es ein Kopfgeld. Coyoten können ohne Schonzeit gejagt werden.« Zuletzt hatten sich die Räuber so rasant vermehrt, dass in Teilen Minnesotas erstmals seit 45 Jahren eine Prämie von zehn Dollar auf jeden getöteten Coyoten ausgesetzt wurde. Glen Groth jedoch hat keine Zeit für die Jagd auf Coyoten.

»Wir bewirtschaften über fünfhundert Hektar Farmland«, erklärt mir Glen, »davon gehören meiner Frau und mir nur gut fünfzig Hektar, also ungefähr ein Zehntel.« Fünfhundert Hektar – das ist überdurchschnittlich groß für den Agrarstaat Minnesota, wo die Farmgröße im Schnitt 140 Hektar beträgt. In Deutschland ist der durchschnittliche landwirtschaftliche Betrieb nur rund 60 Hektar groß. Mit deutlichen regionalen Unterschieden: In Hessen, Nordrhein-Westfalen und Rheinland-Pfalz liegt die Durchschnittsgröße unter 50 Hektar. In Mecklenburg-Vorpommern bei über 270 Hektar. Trotz der Größe ist Glen Groths Farm ein Familienbetrieb: Seine Frau Melinda steht ihm gleichberechtigt zur Seite. Beider Eltern, die selbst Farmer sind, helfen aus. Angestellte gibt es keine. Eine ganz typische Konstellation in Minnesota. »Diese Größe kann man gut bewirtschaften«, sagt Glen, »trotzdem wollen wir wachsen, uns vergrößern. Mehr Gewinn machen, um uns etwas leisten zu können. Vielleicht ein neues Wohnhaus bauen oder modernere Gerätschaften kaufen. Immer weiter wachsen: Das versuchen die meisten Farmer hier im Mittleren Westen!«

Familie Groth lebt in einem schnuckeligen, alleinstehenden Farmhaus an der Country Road 11. Die Nachbarfarmen liegen zu weit entfernt, als dass man sie sehen könnte. Im Wohnzimmer der Groths kann man Glens beachtliche Sammlung von Spielzeugtraktoren bewundern: Schlepper aller Größen und Hersteller, aus aller Herren Länder. Alle feinsäuberlich nach Modellen, Größe und Farbe sortiert. Hinter Glas, in einer Vitrine. Weil es draußen in Strömen gießt, spielen die drei Töchter von Melinda und Glen im Haus. Ellery ist vier Jahre alt, Addison drei und Kendal eins. Ihr Vater ist keiner, der es lange in einer wohltemperierten Stube aushält. Wenn Glen nicht auf den Feldern arbeitet, dann kümmert er sich ums Vieh. Wie setzen uns ins Auto und fahren auf die Farm seiner Großmutter, die nur wenige Meilen entfernt liegt.

»Wir sind hier in einer unserer Scheunen«, erklärt mir Glen und zeigt auf das offene Scheunentor. »Die Kühe können jederzeit raus auf die Weide. Sie sind alle trächtig und werden in einem Monat kalben. Die Kälbchen werden wir versteigern. Das werden mal Milchkühe. So können wir Weideland behalten: Das rutscht an den Hängen auch bei starkem Regen nicht so leicht ab.« Eine Zeit lang haben die Groths auch Milchwirtschaft betrieben. Aber das hat sich irgendwann nicht mehr gelohnt: Wegen Überproduktion sind die Preise für Molkereiprodukte in den Keller gerasselt. Über Generationen hinweg hat sich die deutschstämmige Farmerfamilie Groth immer wieder den Veränderungen der Zeit angepasst. Wenn Glen seine Großmutter besucht, die mit über neunzig Jahren immer noch allein auf ihrer Farm lebt, dann wird häufig über Familiengeschichte gesprochen, über die tiefe Verwurzelung in Tradition. Granny Groth nimmt ein vergilbtes Foto von der Wand. »Die Leute, denen diese Farm früher gehört hat: Deren Enkelsohn hat dieses Foto aufgenommen und meiner Tochter geschickt«, erzählt sie und deutet auf das Bild des Hauses, das heute noch ganz ähnlich aussieht. »So sind wir auf diese Farm gestoßen. Diese Scheune hier ist neu, weil die alte abgebrannt war. In den sechziger Jahren.« Damals kauften die Groths das Land und die Gebäude: ein eher kleiner Betrieb für Minnesota-Verhältnisse. »Nicht als wir sie kauften, sondern davor war diese Farm nur dreißig Hektar groß«, erinnert sich Granny, »dann haben die Vorbesitzer sechzehn Hektar dazugekauft. Wir haben dann die vergrößerte Farm gekauft.«

Die Familiengeschichte von Glens Frau Melinda ist sehr ähnlich: Auch ihre Vorfahren waren aus Deutschland eingewandert, haben ihr Glück in den unendlichen Weiten des Mittleren Westens gesucht, erzählt Melinda, eine resolute, fröhliche Mittdreißigerin mit ansteckendem Lachen. »Das war unberührtes Land hier!«, weiß sie aus den Familienerzählungen, »die haben dann aus Prärie Farmland gemacht. Das hat eine Menge Blut, Schweiß und Tränen erfordert. Viele Siedler aus Deutschland waren dabei. Deutsche Traditionen sind immer noch zu spüren: Die Deutschen haben hier Wurzeln geschlagen!« Sie haben die Landschaft, wie sie sich heute darstellt, geprägt. Und sie haben mit Ackerbau, Viehzucht und Milchwirtschaft einen Weg gefunden, Generation für Generation zu ernähren. Melinda schmunzelt: »Soweit ich das zurückverfolgen kann, waren meine Vorfahren mütterlicherseits immer Landwirte. Offenbar haben wir nie etwas anderes gelernt, bis heute. Meine Eltern sind immer noch Farmer. Zwei meiner drei Brüder sind Landwirte. Und ich ja auch. Und so setzt sich das immer weiter fort!«

Ihre drei Töchter sind noch nicht einmal in der Schule. Noch müssen sich die Groths keine Gedanken machen, ob sie die Familientradition fortsetzen werden.

Den landwirtschaftlichen Betrieb führt das Ehepaar Groth gemeinschaftlich, auf Augenhöhe. Das habe sich in diesen Breiten bewährt, meint Melinda. »Meine Eltern waren auch deshalb erfolgreiche Farmer, weil sie zusammengearbeitet haben. Für mich war meine Mutter sehr inspirierend: Wie sie das gemeinsam mit meinem Vater gestemmt hat. Sie waren gleichberechtigte Partner! Sie waren immer meine Vorbilder.« Und denen konnte sie nacheifern, ohne sie zuvor beerben zu müssen. »Als sich dann die Möglichkeit ergab, eine Farm neben der meiner Eltern zu kaufen, habe ich zugeschlagen und das nie bereut. Das fühlt sich ganz natürlich an.«

Die vergleichsweise große Farm als Familienbetrieb zu führen, geht nicht ohne nachbarschaftliche oder verwandtschaftliche Hilfe.

Hinter den Groths stehen gleich zwei Großfamilien, die vor Ort sind und mit anpacken können. »Da habe ich wirklich Glück gehabt!«, weiß Glen. »Nach vielen Jahren als alleinstehender Junggesellen-Farmer. Als ich Melinda kennenlernte, hat sie auf dem Hof ihrer Eltern mitgeholfen. Das war großes Glück, jemanden gefunden zu haben, der den gleichen Hintergrund und die gleichen Ziele hatte wie ich.« Dabei geht es nicht nur um die Erwerbstätigkeit, sondern einen Lebensstil. Die drei Groth-Töchter, Ellery, Addison und Kendal, wachsen in einer ländlichen Idylle auf. Das Land rund um ihr einsam gelegenes Elternhaus ist ein einziger Abenteuerspielplatz. Das Zusammenleben mit Tieren ist für sie völlig normal. Melinda kann sich nicht vorstellen, dass die drei in einer Etagenwohnung in der Großstadt aufwachsen. Dabei geht es ihr weniger um Sicherheit und Tradition als um eine fast schon philosophische Früherziehung. »Schon in diesen jungen Jahren haben meine Kids einen Sinn dafür, was Leben ist. Sie haben gesehen, wie Tiere geboren werden. Und auch, wie Tiere sterben. Wir reden viel darüber. Auch darüber, wie Mom und Dad zusammenarbeiten müssen. Dass man sich respektieren muss und nett zueinander sein. Nur dann kann man gemeinsame Erfolge genießen.«

Doch über dem ländlichen Idyll im Mittleren Westen sind ein paar dunkle Wolken aufgezogen. Beispiel Sojabohnen. Die haben US-Farmer stets in rauen Mengen nach China verkaufen können. Doch seit US-Präsident Trump seinen Handelskrieg mit Peking angezettelt hat, bleiben die Bauern auf großen Teilen ihrer Ernte sitzen. China nimmt vor dem Hintergrund von Handelsbarrieren und Strafzöllen immer weniger Soja aus den USA ab – zum Leidwesen auch von Glen Groth: »Das betrifft uns stark: Wir bauen eine Menge Sojabohnen an. Und gerade die Preise für Soja sind durch den Handelskrieg eingebrochen. All das Geld, das wir in neue Märkte in Übersee gesteckt haben: Rausgeschmissen für nichts! Unsere Handelspartner sind sauer, wegen der Handelsschranken. Das lässt sich sicher lösen. Aber ich bezweifele, dass es der Landwirtschaft am Ende besser geht als vor Beginn des Handelskrieges.«

Wenige Wochen später zeichnet sich dann eine Zwischenlösung ab: Die sogenannte »Phase 1« eines amerikanisch-chinesischen Handelsabkommens ist unter Dach und Fach – wovon die US-Landwirtschaft laut Trump unmittelbar profitieren soll. »Jetzt sind die Farmer wieder glücklich«, prahlt Trump im Januar darauf. Doch Glen und seine Kollegen bleiben so lange skeptisch, bis der *Trade Deal* in Gänze unterschriftsreif ist. Und dann kam die Corona-Krise, die auch vor dem Mittleren Westen nicht haltmachte.

Pandemiebedingte Lieferschwierigkeiten und Absatzprobleme in Fernost sind nicht das Einzige, was den Farmern im Minnesota auf der Seele liegt. Auch der Klimawandel ist für die Landwirte spürbar geworden: lang anhaltender Regen, dann wieder quälende Phasen der Trockenheit. So unberechenbar wie Trumps Handelspolitik ist auch das früher so stabile Wetter geworden. Lange Zeit haben Amerikas konservative Landwirte, genau wie ihr Präsident, abgestritten, dass sich die Wetterbedingungen wandeln. Glen tut das nicht. »Es passiert! Das Klima um uns herum verändert sich«, bestätigt er, »das raubt mir aber nicht den Schlaf. Ich bin zuversichtlich, dass wir uns hier auf unserer Farm anpassen können. Das ist keine existenzielle Bedrohung für die Farmen hier im Mittleren Westen. Anders als in anderen Teilen der Welt. Hier beunruhigt es mich nicht.« Mit uramerikanischem Optimismus geht Glen Groth davon aus, dass sich Mittel und Wege finden lassen, um sich den veränderten Bedingungen anzupassen.

Wenn Amerikas Landwirte Ratschläge brauchen, dass ist oft das »Farm Bureau« die erste Adresse. Vor hundert Jahren ist die Lobby-Organisation ins Leben gerufen worden. Sie versucht, die Landwirtschaftspolitik im Sinne der Farmer zu beeinflussen. Sie sorgt für Entschädigungszahlungen, wenn Landwirte unverschuldet in Not geraten sind. Und für günstige Kredite, wenn Saatgut, Land oder Maschinen gekauft werden müssen. Das »Farm Bureau« ist dezentral organisiert: auf der Ebene der Bundesstaaten und der Countys, der Landkreise. Chris Radatz leitet das Büro in Minnesota. Und blickt ähnlich wie Glen Groth auf den Klimawandel. »Das ist ein Thema!

Und man kann es deutlich spüren«, sagt der Agrarfunktionär. »In den zurückliegenden Jahren hat es immer stärker und länger geregnet. Ich will nichts zu den Ursachen sagen, aber das Wetter ist heute ein anders als damals, als ich auf unserer Farm aufwuchs. Aber in Minnesota hat sich nicht nur das Klima verändert, sondern auch die Technologie: Jetzt können wir Mais und Sojabohnen anbauen im Red River Valley, was vor zehn Jahren noch undenkbar war.«

Doch gerade bei Mais und Soja gibt es jetzt die Einbrüche infolge des Handelskrieges. Radatz hofft, dass die erste Phase des Handelsabkommens den Disput so weit beigelegt hat, dass die Landwirte realistisch sehen können, woran sie sind. Farmer brauchen Planungssicherheit, betont der »Farm Bureau«-Chef. »Wir hoffen, dass sich diese Handelszwistigkeiten innerhalb der nächsten Wochen lösen lassen! Die Farmer müssen jetzt nach der Ernte das nächste Jahr durchplanen. Sie brauchen Planungssicherheit, um entscheiden zu können: Wie viel Mais, wie viel Soja kann ich anbauen? Wie viel Saatgut muss ich dafür kaufen? Da braucht man Vorlauf, da kann man nicht jederzeit einfach den Schalter umlegen!« Genau das mussten sie aber, wenige Wochen später, als Corona auch den Agrarsektor komplett durcheinandergewirbelt hat.

Der Betrieb von Melinda und Glen Groth ist mittlerweile groß genug, um zur Not auch mal eine längere Durststrecke überdauern zu können. Kleinere Farmen haben es schwerer: Seit der massiven Farmkrise in den 1980er Jahren sind in den USA nicht so viele landwirtschaftliche Betriebe aufgegeben worden wie derzeit. Kleinbauern und Familienbetriebe ergreifen immer häufiger ungewöhnliche Selbsthilfe-Initiativen, erproben neue Vermarktungswege oder suchen den Schulterschluss mit denen, die in ähnlicher Lage sind. Zwei Monate vor meine Erntefahrt mit Glen war ich zu Gast bei der erfolgreichsten Hilfsinitiative für Kleinbauern, die es in den USA gibt: beim alljährlichen »Farm Aid«-Festival.

Dieses Jahr gastiert das Musikspektakel in East Troy, im Bundesstaat Wisconsin, dreißig Autominuten von Milwaukee entfernt. Für mich gibt es ein Wiedersehen mit einem Helden meiner Jugend:

Neil Young betritt die Bühne. Der Kanadier Young gehört neben Country-Legende Willi Nelson zu den Gründervätern des Musikfestes, das jedes Jahr in einer anderen ländlichen Region der USA stattfindet. Die Künstler verzichten auf ihre Gage und die Einnahmen gehen an Farmer in Not. Bevor die ersten Akkorde über die Äcker von East Troy dröhnen, besteht die Möglichkeit, mit den Musikern ins Gespräch zu kommen. Wow, denke ich, ein Einzelinterview mit Neil Young würde ich nie bekommen. Aber eine Pressekonferenz mit ihm, zu einem Sachthema, das nichts mit Rock'n'Roll zu tun hat: Passiert einem auch nicht alle Tage. Der große alte Mann des Folkrocks erinnert bei dem Pressegespräch an die Grundidee von »Farm Aid«. »Auf der Fahrt hierher konnte man all die Bauernmärkte der Region sehen«, sagt Neil Young, »und so soll es ja auch sein. Gesunde, lokale Erzeugnisse, vor Ort verkauft, frisch und bezahlbar!« Young, der selbst eine Farm in Kalifornien bewirtschaftet, macht sich für nachhaltigen, ökologischen Anbau stark. Das kommt gut an bei den Kleinbauern, deren Familienbetriebe mit »Farm-Aid«-Geldern über Wasser gehalten werden. Die Festivalmacher sehen sich als Advokaten einer gesunden, traditionellen Landwirtschaft, die regionale Lebensmittel für Verbraucher in unmittelbarer Nachbarschaft herstellt. Unterstützt wird »Farm Aid« von der »Farmers Union«, der Bauerngewerkschaft, einer im Gegensatz zum »Farm Bureau« eher linken Interessensvertretung von Amerikas Landwirten. Angefangen hatte das nunmehr traditionsreiche Benefizkonzert bescheiden, als Scheunenkonzert. Nach East Troy, Wisconsin, kamen zuletzt 35 000 Besucher.

The farmer knows he's got to grow what he can sell, Monsanto, Monsanto ...
So he signs a deal for GMOs that makes life hell with Monsanto, Monsanto ...

Auch Sarah Lloyd singt am späteren Abend mit, als Neil Young in seinem Protestsong gegen Genmais und den inzwischen zu

»Bayer« gehörenden Agrarkonzern »Monsanto« zu Felde zieht. Der brünetten, stämmigen Mitvierzigerin mit der intellektuellen Hornbrille merkt man sofort an, dass sie mit beiden Beinen im Farmleben steht. »Mein Mann und ich sind Milchbauern«, erzählt Sarah, »unser Betrieb liegt rund zwei Autostunden entfernt von Farm Aid. Wir haben rund 350 Kühe, was in Wisconsin einem mittelgroßen Milchhof entspricht. Seit über hundert Jahren bewirtschaftet unsere Familie – Einwanderer aus Norwegen, die 1870 in die USA kamen – diesen Hof. Und ich habe noch meinen Nebenjob für die Farmers Union!« Zudem hat Sarah einen Doktortitel im Fach ländliche Soziologie. Diesen wissenschaftlichen Hintergrund und die handfeste Farmerfahrung bringt sie ein in die Gewerkschaftsarbeit. Die »Farmers Union« wurde 1904 in Texas ins Leben gerufen und ist seit den 1930er Jahren landesweit organisiert. In Wisconsin kämpft die Gewerkschaft vor allem für das Überleben der Milchwirtschaft.

»Derzeit erleben wir hier in den USA bei den Milchpreisen eine richtig schlimme Krise!«, sagt Sarah, die sicher nicht zu Übertreibungen neigt. »Seit über fünf Jahren sind die Preise im Keller. Wir kommen kaum mehr über die Runden und viele geben auf. Daher haben wir uns zusammengetan, eine landesweite Bewegung ins Leben gerufen, um Druck auf die Politik auszuüben und uns besser auf dem Markt zu behaupten.« Wisconsins Milchbauern stecken fest in einem Teufelskreis: Die Milchpreise sind im Keller. Um überleben zu können, werden immer mehr Molkereiprodukte auf den Markt geworfen. Die Überproduktion sorgt dann dafür, dass die Preise noch weiter purzeln. Mit fatalen Folgen, weiß Sarah. »Allein im letzten Jahr haben in Wisconsin 700 Milchbetriebe aufgegeben. Insgesamt gibt es in Wisconsin rund 8000 Milchhöfe. 2007 waren es noch 14000 Betriebe. Diese Sterberate ist katastrophal. Auch für das Landleben: Tierärzte, Futtermittelhersteller – alle werden mit heruntergezogen.«

Sarah Lloyd und die Bauerngewerkschaft wollen nun Wege finden, den Markt zu regulieren: Um die Balance wiederherzustellen zwischen einem Angebot, das den tatsächlichen Bedarf deckt. Und faire Preise garantiert, von denen die Milchbauern leben können. »Supply Management System« nennt sich das Programm, das Lloyd und ihre Mitstreiter propagieren: »Wir fordern ein Beschaffungsmanagement!«, erklärt sie mir. »Nicht unbedingt eine Quotierung, aber ein Ausbalancieren von Angebot und Nachfrage. Wir sind mittlerweile so abhängig vom Export. In der US-Milchwirtschaft ist der Exportanteil von vier Prozent auf fünfzehn angestiegen. Zu allem Überfluss haben wir noch einen Präsidenten, der mit Frühstücks-Tweets Handelskriege anzettelt. Das ist nicht okay!«

Sarah ist alles andere als ein Trump-Fan – doch mit dieser Haltung zu dem streitbaren Mann im Weißen Haus zählt sie in der Farming-Community zur Minderheit. Auch die »Farmers Union«-Vorstellung einer sanften Regulierung des Milchmarktes ist unter den eher konservativen Bauern kaum mehrheitsfähig. »Was wir brauchen, sind stabilere, verlässlichere Märkte! Das ginge, indem man das Angebot jeweils so steuert, dass es der Nachfrage entspricht«, argumentiert sie. Klingt für mich plausibel, aber in den USA ist jede Form von auch nur sanfter Regulierung sofort suspekt. »Als wir das vor drei Jahren in Washington angemahnt haben, haben die gesagt: ›Bloß nicht das S-Wort benutzen: Supply Management, das klingt nach durchgeknalltem Sozialismus!‹«

Nach fünf Jahren Abschwung in der US-Landwirtschaft herrscht nicht bloß materielle Not bei denen, die sich nur schwer von den Einbußen erholen. Viele Farmer klagen mittlerweile auch über seelische Nöte, über Burn-Out-Symptome, Depression. Hilfe ist im ländlichen Raum schwer zu finden – aber manchmal stößt man an Orten, wo man es am wenigsten erwartet, auf Ausnahmefiguren.

»Mein Name ist Michael Rosmann«, stellt sich mir ein älterer Herr vor, der mich sofort an Richard Attenborough in seiner Rolle in »Jurassic Park« erinnert. »Ich arbeite sowohl als Psychologe als auch als Farmer! Meine Frau und ich leben auf unserer Farm im westlichen Iowa, hier in den USA!« Auf diese Doppelqualifikation trifft man wahrlich nur selten in den Weiten des Mittleren Westens.

Leibliches Wohl und seelisches Heil hat der Landwirt Rosmann gleichermaßen im Blick. Und viele Jahre geforscht hat er auf seinem Spezialgebiet: Stress durch Farmarbeit. »Fünfzehn Jahre lang haben wir jetzt erforscht, was genau die Stressfaktoren sind, denen Farmer ausgesetzt sind«, erzählt Rosmann. »Wir haben herausgefunden, dass es in erster Linie die Sorge ist, ihr Land zu verlieren. Vom Stress her ist das sogar damit vergleichbar, dass ein Kind sterben könnte. Es geht also darum, trotz enormer finanzieller Sorgen das Farmland und anderen Besitz erhalten zu können.« Die Folgen: Gereiztheit, Unwohlsein, Depressionen und, ja, in extremen Fällen auch Suizide. Hinzu kommt: Seelisches Leid bei Farmern hat weiterreichende Folgen. »Wir konnten wissenschaftlich nachweisen, dass Farmarbeiter, etwa Melker, die gestresst sind, diesen Stress irgendwie auf die Tiere übertragen!« Diese Erfahrung hat der Landwirt und Psychologe auch selbst gemacht: »Als ich noch Kühe künstlich befruchtet habe, merkte ich, dass die Kuh, wenn ich in Eile war und angespannt, auch nervös und unruhig wurde. Wenn ich dann zu mir selbst gesagt habe: ›Mike, entspann dich, komm mal runter!‹, hat sich auch die Kuh wieder beruhigt.«

Michael Rosmann bietet im ländlichen Raum von Iowa Beratung und Therapie an. Anfangs nutzten nur wenige das Angebot. Die Hemmschwelle war hoch. Doch dann stieg der Leidensdruck. Mehr und mehr Kollegen suchten Hilfe bei Rosmann. »Wir wissen jetzt, dass wir, wenn wir achtsam mit uns selber umgehen, weniger häufig den Tierarzt rufen müssen, dass die Kühe und ihre Milch gesünder sind«, erklärt der Mann mit der Doppelqualifikation. »Die meisten Farmer haben das verstanden und versuchen dementsprechend zu leben.« Rosmann ist auch deshalb für viele seiner Patienten eine Vertrauensperson, weil er einer der ihren ist. Sein landwirtschaftlicher Betrieb läuft gleichberechtigt neben seiner Praxis. »Ich bin der Erste in unserer Familie, der einen Doktortitel hat!«, sagt er mit Stolz in der Stimme. »Aber das Lernen aus Büchern ist nicht wirklich wichtig. Es ist die harte Schule der Rückschläge, und der wachsenden Erfahrung, die uns wirklich weiterbringt.« Und diese harte

Schule hat er genauso durchlaufen wie die, deren seelisches Gleichgewicht er wieder einpendelt. Man hört Rosmann den Stolz darauf an, eine Familientradition nicht nur fortgesetzt, sondern erweitert zu haben. »Ich bin vierte Generation deutscher Einwanderer«, erzählt er mir, dem Deutschen. Das habe ich so oft gehört in Wisconsin und in Minnesota: »Alle meine Vorfahren waren Deutsche. Ich habe eine Farmerin mit japanischen Wurzeln geheiratet. Ihr Vater und ihre Großeltern waren auch Farmer. Landwirtschaft liegt uns im Blut. Ich hoffe, dass ich dadurch ein besserer Psychologe bin, dass ich auch Farmer bin. Und ich bin ziemlich sicher, dass ich ein besserer Farmer bin durch die Psychologie.«

Das »Farm Aid«-Festival besucht Rosmann nicht wegen Neil Young oder Willie Nelson, sondern weil hier tausende von Menschen zusammenkommen, die in der gleichen Lage sind, die gleichen Nöte und Sorgen teilen. Und sich die in entspannter Atmosphäre von der Seele reden können. Die Erfahrung machen, dass man nicht allein ist mit seinen Problemen und dass andere zuhören – das sei in der Psychologie stets der erste Schritt hin zu einer erfolgreichen Therapie.

Doch wie wird sie aussehen, die Zukunft der amerikanischen Landwirtschaft? Angesichts von Absatzunsicherheiten, Farmsterben, Überproduktion, Nachwuchsmangel, Wetterkapriolen und zuletzt auch Corona-Folgen? Seit vielen Jahrzehnten beobachtet John Rusling Block diese Entwicklungen. Wir treffen uns in einem exklusiven Herrenclub in Herzen von Washington DC. Block war von 1981 bis 1986 Landwirtschaftsminister unter Ronald Reagan und in dieser Funktion maßgeblich beteiligt am Überwinden der Farmkrise der 1980er Jahre. Block betreibt selbst eine Farm in Illinois. Kleinbauern wie Sarah Lloyd und Glen Groth macht der 85-Jährige wenig Hoffnung. »Viele Familien würden ihre Farm gerne bewahren als Familienbetrieb. Aber die Dinge wandeln sich nun mal«, gibt er zu bedenken. »Wenn Sie einen familienbetriebenen Hof haben mit sechzig Hektar Farmland, dann können Sie heute im Mittleren Westen nicht mehr davon leben. Oder Sie müssen erweitern. Doch je mehr Hektar die einzelnen Farmen bewirtschaften, desto weniger Farmbetriebe gibt es. So ist das eben.« Blocks eigener Betrieb in Illinois baut auf über 1600 Hektar Soja und Mais an. In seinen Ställen stehen 8000 Schweine. Den Trend zu industriell geführten Großbetrieben hält er für unumkehrbar. »Ich mag bäuerliche Familienbetriebe, die sind wundervoll«, räumt der Großfarmer ein, »aber gleichzeitig denke ich, dass die Farmen größer werden, dass finanzstarke Konzerne diese Großbetriebe und ihre Angestellten managen werden. Da muss man Schritt halten können, sonst geht man unter.«

Eine Botschaft, die bei den Kleinbauern, die »Farm Aid« unter seine Fittiche genommen hat, nicht gut ankommen dürfte. John Block befürwortet Optimierungen und Effizienzsteigerungen durch Biotechnologie: GMOs (»genetically modified organisms«), genmanipulierte Pflanzen und entsprechendes Saatgut, sind längst selbstverständlich in der US-Landwirtschaft. Und ein Exportschlager für die ausfuhrabhängige Agrarindustrie. Block ist sicher keine Neil-Young-Fan. Und die europäische Skepsis GMOs gegenüber kann er gar nicht nachvollziehen. »Wenn man mehr als ausreichend Lebensmittel hat, wie in Europa, dann kann man vielleicht auf moderne Biotechnologie verzichten«, argumentiert der frühere Landwirtschaftsminister, »aber andernorts wird es zu Lebensmittelengpässen kommen. Ich halte Biotechnologie für absolut sicher. Ich esse das auch: Schadet mir nicht. Ich bin kerngesund!«

Auch das »Farm Bureau« in Minnesota bricht eine Lanze für Gentechnik in der Landwirtschaft. Die Bevölkerungsexplosion vor allem in ärmsten Regionen der Erde schreite unaufhaltsam voran, mahnt »Farm Bureau«-Chef Chris Radatz. Ausreichend bezahlbare Lebensmittel für all diese Menschen ließen sich nur produzieren, wenn Anbau und Ernte effizienter werden, ertragreicher. »Die Erdbevölkerung wächst weiter!«, gibt Radatz zu bedenken, »die müssen wir irgendwie satt bekommen! Jetzt haben wir diese neuen Biotechnologien, verbesserte Getreidesorten. Wenn wir die nicht nutzen, schadet das übrigens auch der Umwelt!« Umweltbewussten Deutschen würde an dieser Stelle wohl der Atem stocken, aber Radatz' Argument hört man in den USA oft. Gerne halten amerikanische Gen-Befürworter europäischen Gen-Skeptikern vor, dass Biotech viel umweltfreundlicher ist als allgemein angenommen. Vor allem, weil sie hilft, den Einsatz von Chemie zu reduzieren.

Auch Glen Groth, der Familienfarmer aus Winona County, hält genmanipulierte Pflanzen für eine gute Sache. Kritik daran sei reine Ideologie. »Genetisch verändertes Getreide hat längst einen beträchtlichen Anteil an der amerikanischen Landwirtschaft! Neunzig Prozent der Sojabohnen und 85 Prozent des Maises sind genmanipuliert. Das gilt auch für alles, was wir auf unserer Farm anbauen«, rechnet er mir vor. Und kritisiert uns Europäer: »Das nicht zu importieren, ist nichts als eine künstliche Handelsschranke. Die Bedenken der Verbraucher in anderen Ländern haben nur etwas mit mangelndem Wissen, mit Angstkampagnen zu tun. In Wahrheit können wir Mais und Soja anbauen mit weniger Herbiziden und ohne den Einsatz von Pestiziden!«

Expandieren, mehr und kostengünstiger produzieren, verstärkt exportieren: Die US-Landwirtschaft sucht das Heil in kontinuierlichem Wachstum. Auch das drängende Problem der Überproduktion, so alle meine Gesprächspartner, ließe sich nach diesem Kalkül entspannen, je mehr Agrarprodukte *Made in USA* auf den Weltmarkt gelangen. Wie Jack Block glaubt auch Glen Groth nicht an Überlebenschancen allzu kleiner Betriebe. Er weiß, dass er expandieren muss, um wettbewerbsfähig zu bleiben im *Global Business*. Die US-Landwirtschaft sei längst international ausgerichtet, primär ein Exportgeschäft. »Wir sind stark abhängig von unseren globalen Handelspartnern«, weiß Glen. »Hier in den USA und im Mittleren Westen produzieren wir viel mehr, als wir je selber verzehren können. Dazu reicht die Bevölkerung nicht. Aber wir haben das beste Klima, die besten Böden, die besten Farmarbeiter, die besten Kenntnisse, gute Straßen und den Mississippi als Wasserstraße!«

Könnte also alles so schön sein, wäre da nicht das ferne Washington. Je länger sich die Handelskriege der US-Regierung unter Trump hinziehen, desto prekärer wird die Lage der Farmer. Teile der Ernte verrotten in den Silos, weil sie sich nicht verkaufen lassen. Die Entschädigungszahlungen aus Washington, mit denen Trump die aufgebrachten Farmer besänftigt hat, haben die Bezugsberechtigten mit gemischten Gefühlen entgegengenommen: »Like all Farmers say: We wanna trade, not AID ...«, so Glens Wortspiel, »Trade, not Aid: Farmer wollen Handel, und keine Almosen!« Das ist eine Frage des Stolzes, aber auch des gesunden Menschenverstandes: Wenn es möglich ist, gute Ernten zu erzielen, dann sollte es wohl auch möglich sein, den Ertrag zu veräußern. »Wir bevorzugen verlässliche Absatzmärkte«, sagt Glen, »aber einen Scheck mit Entschädigungsgeld würden trotzdem nur die Wenigsten zurückweisen. Mir persönlich war es eine Genugtuung zu sehen, dass die Regierung eingesehen hat, dass sie uns Farmer geschädigt hat. Kompensation ersetzt aber keine nachhaltigen Handelsbeziehungen. Kein Farmer ist stolz darauf, anderer Leute Steuergelder zu kassieren!«

Während der Corona-Krise wiederholte sich das: Erneut hat die Trump-Regierung ein milliardenschweres Entschädigungsprogramm aufgelegt. Und wieder hat das bei Glen gemischte Gefühle ausgelöst. »Ich bin glücklich, dass die Farmer nicht hängen gelassen werden«, schrieb er mir während des Lockdowns, »aber ich sorge mich über die Auswirkungen, die dieses Konjunkturpaket auf unsere Staatsverschuldung haben wird!« Einmal mehr befanden sich Amerikas Farmer in einer Zwickmühle: Ohne Zuwendung aus Steuermitteln kein Überleben. Mit der Annahme von Steuergeld aber waren sie gezwungen, etwas mitzutragen, was sie fiskalpolitisch eigentlich für unverantwortlich halten. Trump allein war wieder einmal mit sich selbst hochzufrieden. Am 1. Mai twitterte er: »Ich habe mehr für Farmer und Rancher getan als jeder andere Präsident in der Geschichte! Und es war mir eine Ehre!«

Glen Groth hat 2016 Donald Trump gewählt. Vor allem, weil er Hillary Clinton verhindern wollte. Ob er ihn auch wiederwählen würde, war noch nicht ausgemacht, als wir im November 2019 auf seinem Mähdrescher über Politik reden. Es hänge stark davon ab, wen die Demokraten schlussendlich ins Rennen schicken, sagt er. Groth ahnte schon damals, dass die Unzufriedenheit mit Trumps Handelspolitik, und später seinem Corona-Krisenmanagement, sich nicht automatisch in Farmerstimmen für die Demokraten umrechnen lassen würde. »Präsident Trump genießt immer noch eine Menge Rückhalt unter Farmern, wenn auch nicht mehr so stark wie vor seiner Wahl. Das liegt natürlich an der Handelspolitik«, erklärt mir Glen. »Aber viele Farmer sind von Natur aus konservativ, religiös, weswegen ihnen Trump und seine Partei gefallen. Vielen Farmern ist das Recht auf Waffenbesitz wichtig. Und Trump ist eng verbunden mit der NRA und der Pro-Gun-Lobby.«

Der New Yorker Donald Trump ist zwar der urbanste Präsident, den die USA je hatten – vermutlich hat er nie einen Kuhstall von innen gesehen –, aber den Rückhalt unter Landwirten verdankt er auch weniger der Tatsache, dass Farmer seine Person so anziehend fänden. Es ist Trumps Politik, die gefällt. »Farmer verabscheuen Regulierungen. Mögen es nicht, wenn man ihnen vorschreibt, was sie zu tun haben«, weiß Glen aus eigenem Erleben. »Trump hat viele Regulierungen abgebaut. In der Landwirtschaft genießt er weiterhin Rückhalt – aus Gründen, die nicht unmittelbar mit Landwirtschaft zu tun haben.«

Unterm Strich blicken Melinda und Glen Groth zuversichtlich in die Zukunft. Probleme gibt es, ja, aber die seien bekannt und damit wäre der erste Schritt zu ihrer Lösung bereits getan. Glen überrascht mich mit einem unerwarteten Vergleich: »Landwirte sind wie Bergsteiger: Sie brauchen die Herausforderung! So, wie die Berge von Jahr zu Jahr höher werden, werden die Farmen immer größer und ertragreicher. Sich immer weiter zu steigern: Das macht den Reiz aus!« Dabei hilft Biotech – Stichwort Genmais –, ebenso wie Hightech: Landwirtschaftsgeräte, die das Leben auf dem Lande leichter machen, und von denen frühere Generationen nur träumen konnten, ergänzt Melinda. Tradition und Moderne verbinden, das sei der Schlüssel, sagt sie, und weiter: »Ich habe die Hoffnung, dass mir neue Technologie Vorteile verschafft, aber dass ich gleichzeitig dem Geist meiner Vorfahren treu bleibe. Der Verehrung für das Land, und wie man die Erde respektiert. Nachhaltig wirtschaften, das Wasser reinhalten. Prinzipientreu bleiben, aber dennoch die Möglichkeiten der modernen Zeit nutzen!«

VI

Tabakanbau in Maryland, oder:
Die Krönungsfeier von Queen Nicotina

JULIA KASTEIN

Das schönste Grundstück im südlichen Maryland gehört unseren Freunden Debra und Maury: ein altes Ranchhaus mit großem Garten, direkt am Ufer des Tobacco River gelegen, einem Seitenarm des Potomac. In den riesigen alten Eichen nehmen die Fischadler Platz, bevor sie im seichten Wasser des Flusses nach Beute tauchen. Wenn man auf den klobigen Deckstühlen auf Debra und Maurys gepflegtem Rasen sitzt, fällt es nicht schwer sich vorzustellen, wie früher hier die Tabakschiffe mit ihrer hart erarbeiteten Fracht vorbeisegelten: erst noch ein paar Meilen in die Chesapeake Bay und dann weiter über den Atlantik nach London und Amsterdam.

Der Tabak gibt nicht nur dem Fluss seinen Namen, sondern auch dem kleinen Ort nur eine Meile flussabwärts: Port Tobacco. Vom Hafen ist nichts übrig. Und vom Tabakanbau auch nicht mehr viel. Auf der einstündigen Fahrt von Washington hier ins hügelige Sumpfgebiet im zerfaserten Delta des Potomac kommen wir gerade mal an zwei Feldern vorbei, auf denen die Staudenpflanze mit ihren charakteristischen kerzenförmigen braunen Blütenständen noch angebaut wird. Am Feldrand der Chapel Point Road stehen noch zwei verwitterte graue Tabakscheunen, Relikte aus einer noch nicht so lang vergangenen Zeit.

Es sind nicht die einzigen Reminiszenzen an die Tabak-Ära, die Maryland einst reich gemacht hat, wie sich beim Crab-Dinner mit Debra und Maury auf ihrer Terrasse herausstellt. Maryland Blue Crabs, Blaukrabben aus dem Potomac, so groß wie Taschenkrebse, sind die örtliche Spezialität. Man kauft sie im »Bushel« – also eimer-

91

weise, fertig gekocht und gewürzt mit einer sehr speziellen rauchig-salzigen Marinade, die Finger und Zunge orange färbt.

»Bald ist wieder County Fair«, erzählt Debra, während sie nebenbei mit einer Zange geschickt Krabbenpanzer knackt. »Dann wird wieder Queen Nicotina gekürt.« – »Queen wer?«, fragen Sebastian und ich nach. »Queen Nicotina. Die Tabakkönigin. Ist eine Riesensache hier. Höhepunkt des Jahres.«

Zwei Wochen später ist es so weit: County Fair in Charles County, eine Mischung aus Kleintierschau, Kirmes und Erntedankfest. Auf dem Messegelände von La Plata, der Kreisstadt, herrscht wuseliges Treiben. In einer Halle werden Ponys versteigert. Gleich daneben führen Kinder unter dem strengen Blick von Preisrichtern ihre sorgfältig gestriegelten Schafe vor. In einem Pavillon spielt eine Bläsertruppe, daneben gibt es frittierte Jakobsmuscheln mit Pommes zum stolzen Preis von 12 Dollar pro Portion.

Auf der anderen Seite des riesigen und am Ende eines heißen Sommers ziemlich staubigen Geländes blinken die Lichter der Fahrgeschäfte: Riesenrad, Karussell, eine kleine Achterbahn. In der Mitte des Platzes steht eine sehr niedrige, aber dafür umso breitere Bühne, geschmückt mit ein paar verloren wirkenden Blumentöpfen rechts und links. Eine einsame Elektroorgel steht an der einen Seite, daneben ein Pult, gegenüber ein paar Stuhlreihen. Dahinter ein großes grünes Banner mit der Aufschrift: »Charles County Fair«.

In einer Baracke an der Seite ist die Messeverwaltung untergebracht. Im Konferenzraum sitzt Louise Stine, eine grauhaarige Dame in weißer ärmelloser Rüschenbluse und in zart gemustertem Rock. Stine ist Vorstandsmitglied der County Fair – und gleichzeitig Cheforganisatorin, Archivarin und gute Seele des Höhepunkts der viertägigen Messe: der Krönungsfeier von »Queen Nicotina«.

Schon seit 1933, erzählt mir Louise, wird sie jedes Jahr gekürt. »Damals wollten sie einfach etwas haben, um die Tradition des Tabakanbaus zu zelebrieren. Und um das Ganze ein bisschen feierlicher zu machen und auch um mehr Leute anzuziehen, wurde Queen Nicotina erfunden. Tabak war damals unser wichtigstes Anbauprodukt. Außerdem gibt es diese Blume, die »Nicotine Flower«, die nur nachts blüht.«

Die jungen Damen wurden damals noch basisdemokratisch ausgesucht, erzählt Stine. Die örtliche Zeitung organisierte die Abstimmung, an der jeder teilnehmen konnte. Auch Louise war mal Tabakkönigin: 1961. »Das war sehr aufregend. Aber es ist schon sehr lange her«, sagt die 75-Jährige fast verlegen.

In diesen Hochzeiten des Tabaks, in den fünfziger und sechziger Jahren, gab es nicht nur die Krönungsfeier für Queen Nicotina, erzählt Louise, sondern auch einen großen Umzug, bezahlt von der Tabakindustrie. »Verschiedene Zigarettenkonzerne, Phillip Morris und all die anderen, haben einen großen historischen Umzug gesponsert, mit tollen Dekorationen und allem. Es wurden historische Ereignisse nachgespielt, die Geschichte von Dr. Mudd und Lincoln.«

Der Arzt Samuel Mudd aus Charles County, lese ich später nach, war nicht nur Besitzer einer Tabakplantage und Sklavenhalter, sondern soll 1865 auch an der Verschwörung zur Ermordung von US-Präsident Abraham Lincoln beteiligt gewesen sein. Unstrittig ist, dass Mudd den flüchtigen Attentäter John Wilkes Booth aufnahm und medizinisch versorgte. Und weil Mudd nicht zur Polizei ging und sich offenbar bei Vernehmungen immer wieder in Widersprüche verstrickte, wurde er als Mitverschwörer zu lebenslanger Haft verurteilt – bis ihn Lincolns Nachfolger Andrew Jackson begnadigte.

Die Erinnerungskultur um Samuel Mudd ist ein gutes Beispiel für die Südstaaten und ihr kompliziertes Verhältnis zu ihrer Vergangenheit. Anderswo würde der Mitverschwörer eines Präsidentenmörders wohl möglichst schnell vergessen. In Charles County ist das Wohnhaus von Mudd ein Museum, in dem detailliert an die Ereignisse von 1865 erinnert wird.

Während der Corona-Krise ist nur ein virtueller Besuch im »Mudd House« möglich. Mit kurzen Videos werde ich durch das liebevoll restaurierte zweistöckige Haus geführt. Der Esstisch mit weißem Porzellan fein gedeckt, auf dem Bett im Schlafzimmer ein bunter Quilt und eine metallene Bettpfanne. Alles so, wie es damals gewesen sein soll. Auch die Sklaven, die der Familie Mudd wie der ganzen Region damals enormen Reichtum bescherten, werden erwähnt und ihre Unterkünfte gezeigt. Doch es fehlt jegliche Einordnung – etwa zur Frage, worum es im amerikanischen Bürgerkrieg eigentlich ging. Warum überhaupt jemand den US-Präsidenten ermorden wollte. Und ob Dr. Mudd seine knapp neunzig Sklaven wohl gerne und freiwillig in die Freiheit entließ.

Traditionspflege, weitgehend befreit vom historischen Kontext. Dieses Prinzip gilt auch für den jährlichen »Queen Nicotina«-Wettbewerb. Denn im Grunde genommen gibt es da nichts zu feiern. Die Tabak-Ära ist längst vorbei – auch wenn Maryland bis heute an den Folgen der Produktion und des Konsums dieser Pflanzen leidet.

Wie schädlich Rauchen ist, das verstanden die meisten Amerikaner Mitte der 1990er Jahre, als die großen Zigarettenhersteller in einem bis heute beispiellosen Prozess gezwungen wurden, Milliarden Dollar Schadenersatz für die gesundheitlichen Folgekosten an die Bundesstaaten zu berappen – und zwar nach einer komplizierten Formel, abhängig von ihren Umsatzzahlen. Kurz gesagt: Je mehr Zigaretten sie verkaufen, desto mehr müssen sie bezahlen. Und zwar so lange, wie sie Tabakwaren in den USA anbieten.

Maryland bekommt jährlich rund 160 Millionen US-Dollar aus dem Topf. Eine Menge Geld. Und doch nur ein Drittel der Kosten, die der staatlichen Krankenversicherung für sozial Schwache jährlich durch die Behandlung von Krankheiten entstehen, die aufs Rauchen zurückzuführen sind. Nach Angaben des Generalstaatsanwaltes von Maryland, der den Tabak-Entschädigungsfonds verwaltet, sterben in seinem Bundesstaat jährlich 7500 Menschen an den Folgen ihrer Nikotinsucht.

Maryland investiert einen Großteil des Geldes bis heute in Aufklärungskampagnen und Gesundheitsprogramme. Aber der Staat versuchte auch, an die Wurzel des Übels zu gehen – und bot den Tabakfarmern um die Jahrtausendwende Geld für den Ausstieg aus dem Tabakanbau: Über zehn Jahre bekamen sie einen Ausgleich für jedes Pfund Tabak, das sie nun nicht mehr produzierten. Voraussetzung: Sie durften den landwirtschaftlichen Betrieb in dieser Zeit nicht einfach einstellen, sondern mussten auf andere Produkte umsatteln. Fast alle der bis dahin gut 900 Tabakanbauer in Maryland nahmen das Angebot an. Auch die Eltern von David Hancock.

An diesem Abend sitzt der bärtige Mitdreißiger mit seinem Sohn Colton an einem der Picknicktische vor dem »Chick fil A«-Wagen auf der Charles County Fair, einem Stand mit frittiertem Hähnchenfleisch. Es riecht nach Broiler und Mist. Der sechsjährige Colton, der mit seinen Sommersprossen und den kurzen grasbefleckten Hosen aussieht wie aus einer Werbebroschüre fürs Landleben, hat gerade mit seinem Schaf einen Preis gewonnen. Dabei sei es das schlechteste Schaf gewesen, meint der Steppke mit Expertenmiene.

Als sein Vater David in seinem Alter war, musste er schon mithelfen auf dem Tabakfeld. »Es gab da diesen Job, der nannte sich Stöcke fallen lassen. Die Stöcke, auf die man den Tabak dann aufspießt. Also die einen Erwachsenen haben den Tabak geschnitten, wir Kinder haben die Stöcke hingeschmissen und die anderen Erwachsenen haben den Tabak dann aufgespießt«, erzählt David und zieht eine Grimasse: »Den Teil vermisse ich überhaupt nicht.«

Tabakanbau ist Handarbeit, vom Pflanzen bis zum Ernten und Trocknen der Blätter. An der Technik hat sich kaum etwas verändert. Schon seit über 380 Jahren wird in Maryland Tabak auf diese Weise angebaut. Kaum ein anderes Agrarprodukt erfordert so harte physische Arbeit. Aber kaum eines war auch lange so lukrativ, schreibt der Anthropologe und Historiker Henry Miller aus St. Mary, der sich auf die Geschichte Marylands spezialisiert hat. Als die ersten Siedler mit dem Segen der britischen Krone 1634 hier ankamen, sollten sie eigentlich eine möglichst diverse Wirtschaft aufbauen: Fischfang, Bergbau, Landwirtschaft. Doch stattdessen lockte der Profit: Mit Tabak, das lernten die ersten Marylander schnell von ihren Nachbarn in Virginia, ließ sich viel mehr Geld verdienen. Die Europäer hatten sich das Tabakrauchen von den amerikanischen Ureinwohnern abgeschaut. Und glaubten damals sogar, dass Rauchen gesund und heilsam sei. Vor allem bei Lungenkrankheiten.

Zuerst dominierten die spanischen und portugiesischen Kolonialisten den Markt. Aber die Briten zogen schnell nach. In Maryland wurde Tabak so wichtig, dass er sogar die reguläre Währung ersetzte: Rechnungen und Schulden wurden pfundweise mit luftgetrockneten Tabakblättern bezahlt.

Für seine Eltern hätte sich der Tabakanbau zuletzt kaum gelohnt, erzählt David Hancock. Deshalb hat die Familie das Ausstiegsangebot des Staates auch ohne großes Zögern angenommen. Inzwischen leitet er mit seiner Frau die Farm. Die Hancocks halten jetzt Tiere, züchten und schlachten Rinder, Schweine, Ziegen und Hühner und verkaufen ihre Produkte direkt. »Wir haben einfach die Zwischenhändler ausgeschaltet – und das funktioniert ganz gut«, sagt David. Vor allem mit Apfel geräucherter Speck ist ein Verkaufsschlager, genau wie Steaks und zu Ostern Lammbraten. Die Geschäfte laufen so gut, dass die Hancocks seit kurzem sogar einen Laden in La Plata, dem Kreissitz von Charles County, betreiben. Dort verkaufen sie neben ihren eigenen Erzeugnissen jetzt auch Honig, Marmelade und Chutneys aus der Region.

»In dieser Gegend gibt es einen großen Bedarf für solche Produkte«, sagt David. Dieser Teil von Maryland hat sich in den vergangenen zehn Jahren dramatisch verändert: Die Bevölkerung ist um ein Drittel gewachsen, das Durchschnittseinkommen pro Familie auch. Fast 40000 Menschen haben sich hier in den letzten Jahren niedergelassen, angezogen von den vergleichsweise günstigen Immobilienpreisen und Lebenshaltungskosten. Viele sind Pendler und arbeiten tagsüber in der eine Autostunde entfernten Hauptstadt Washington. Mitgebracht haben sie ihr Geld und die Geschäfte, um es auszugeben. Auch in der verschlafenen Kleinstadt La Plata gibt es inzwischen die üblichen »Strip Malls«, Gewerbegebiete mit den gängigen Supermarkt- und Bekleidungsketten und Kinos. Dass es zuvor jahrhundertelang im ländlichen Maryland nur wenige Städte und Zentren gab, ist laut Historiker Miller auch eine Folge der Tabakkultur. Weil der Anbau den Boden schnell auslaugt, brauchten die Farmer viel Fläche, die Plantagen waren riesig. Die Kolonialisten bauten ihre prächtigen Häuser am Ufer der zahllosen Wasserwege. Und kauften Lebensmittel und andere Güter direkt von den vorbeiziehenden Schiffen. Städte und Märkte waren deshalb nicht so wichtig.

David Hancock sieht die Entwicklung der letzten zwanzig Jahre mit gemischten Gefühlen: Wirtschaftlich hat der Strukturwandel seiner Heimat gutgetan. »Ich habe eine riesige Kundschaft. Wenn ich irgendwo in Kansas säße, dann könnte ich das so nicht machen. Aber was die Infrastruktur angeht, da kommen wir mit diesem enormen Wachstum gar nicht hinterher.«

Als Beispiel nennt Hancock das Schulsystem. Der dreifache Vater sitzt seit einiger Zeit im »School Board«, dem gewählten Gremium, dass im US-System die staatlichen Schulen eines Bezirks leitet, vom Etat bis zu den Lehrplänen. »Unser größtes Problem ist Überfüllung. Wir kommen gar nicht hinterher. So schnell wir neue Schulen bauen, so schnell sind sie auch schon wieder voll.«

Dass der Tabak als Lebensgrundlage für die Region keine Rolle mehr spielt – das sei natürlich gut und richtig, sagt Hancock. »Es ist ja einfach kein gesundes landwirtschaftliches Produkt. Und deshalb ist es gut, dass wir das nicht mehr machen.« Und doch tut es ihm auch leid, wie sehr sich die Zeiten verändert haben: »Jeden Samstag kam die Familie immer zusammen. Manche Verwandte, die ich früher jeden Tag gesehen habe, sehe ich jetzt nur noch zweimal im Jahr. Das vermisse ich: Es war einfach eine sehr gemeinschaftliche familienfreundliche Art, sein Geld zu verdienen.«

Umso wichtiger ist für David und viele Alteingesessene das jährliche Ritual der County Fair – samt Kür der Tabakkönigin.

Zehn junge Frauen haben sich in diesem Jahr beworben. Kurz vor Beginn der Zeremonie stehen sie – allesamt sorgfältig geschminkt, alle die langen Haare sorgfältig geföhnt oder hochgesteckt, alle in bodenlangen, mit Rüschen und Pailletten verzierten Abendkleidern in Rosa, Gelb und Blau – aufgeregt in der überhitzten Verwaltungsbaracke der Kleinmesse und werden von Louise Stine auf ihren großen Auftritt vorbereitet.

Madison Lucas hört auch zu. Die 18-Jährige mit lockigen braunen Haaren und ansteckendem Lachen kann dem Treiben diesmal ganz entspannt folgen, denn noch für ein paar Minuten ist sie die amtierende, im Vorjahr gekürte »83. Queen Nicotina«. »Für mich hieß das: das Gesicht der Messe sein, vor allem für die Kinder. Du bist bei vielen Veranstaltungen dabei, verteilst die Schleifen und so. Und die Kinder sagen dann: ›Oh, guck mal, eine Prinzessin, schön.‹ Das war wohl das Besondere für mich. Und dann natürlich, dass du eintausend Dollar Zuschuss für deine Studiengebühren bekommst. Das hilft. Ich will Lehrerin werden.«

Ob sie den Titel »Queen Nicotina« nicht für ein bisschen aus der Zeit gefallen hält, frage ich sie. Madison überlegt kurz und meint dann: »Na, das ist eben unsere Geschichte. Meine Großeltern waren beide Tabakfarmer. Ich bin hier in der Gegend aufgewachsen, so haben die Leute ihr Geld verdient. Also es geht darum, daran zu erinnern. Es geht ja nicht darum, dass Rauchen selbst zu promoten.«

Inzwischen ist die Sonne hinter dem Messegelände fast untergegangen. Auf der Bühne haben sich einige betagte Honoratioren eingefunden – Mitglieder des Messevorstands, ein Pfarrer, mehrere ehemalige Tabakköniginnen. Der greise Conférencier, der schon seit Jahrzehnten durch die Zeremonie führt, stimmt mit leicht wackeligem Bariton die Nationalhymne an, ein paar der rund zweihundert Zuschauer singen zaghaft mit. Dann Hand aufs Herz für den Fahnenappell und, weil die Feier einen Tag nach dem 11. September stattfindet, eine Schweigeminute für die Opfer der Terroranschläge von 2001.

Im letzten Büchsenlicht und begleitet vom Applaus werden schließlich auch die Kandidatinnen präsentiert. Das örtliche Autohaus hat ein paar neue Mustang-Cabriolets und Oldtimer bereitgestellt, damit die jungen Damen einen möglichst prunkvollen Auftritt haben. Je ein Mitschüler, mit weißen Handschuhen und in der Uniform des »Junior Reserve Office Training Corps«, einer Nachwuchsorganisation für potenzielle Offiziersanwärter, hilft den Grazien aus dem Wagen und geleitet sie auf die Bühne. Dazu plaudert der Moderator über die Fähigkeiten und Erfolge der jeweiligen Kandidatin – ob in der Theatergruppe, der Physik-AG oder im Literaturzirkel. Eine ehemalige Tabakkönigin hält eine Rede und impft den Mädchen ein, ihren Träumen zu folgen. Dann endlich ist es so weit: Der Conférencier verkündet, wer die »84. Queen Nicotina« ist: Ashton Gordon, 17 Jahre alt, in zitronengelbem Kleid, das blonde Haar hochgesteckt.

Ihre Vorgängerin Madison setzt ihr das Silberkrönchen in Form einer stilisierten Tabakblüte auf und legt ihr das rote Cape mit Tabakblättern in Gold um die Schultern. Dann nimmt der greise Conférencier sie am Arm, führt sie vor der fast vollbesetzten Zuschauerbühne auf dem Kleinmessegelände auf und ab. Und singt dabei aus voller Kehle die Hymne auf Queen Nicotina.

Die unterlegenen Kandidatinnen klatschen brav. Abby Rogerson beispielsweise. Auch ihre Mutter habe als junges Mädchen schon beim Wettbewerb mitgemacht, hatte sie mir zuvor erzählt. »Ich mache es hauptsächlich für meine Mom. Es ist Tradition.«

Auch Abby stammt aus einer Familie von ehemaligen Tabakfarmern. Ihr Großvater, erzählt sie, war selbst Kettenraucher und leidet an Kehlkopfkrebs. »Er hat seine Lektion gelernt«, sagt die junge Frau ziemlich ungerührt. »Er muss sein ganzes restliches Leben mit einem Loch im Hals herumlaufen.« Die Highschool-Absolventin räumt ein, dass der Titel »Queen Nicotina« schon ein bisschen »odd«, sprich komisch sei. »Aber es ist eben die Tradition, das, was wir hier jahrelang gemacht haben. Tabak ist unsere Geschichte. Und das kann man nicht einfach ändern. Auch wenn Rauchen tödlich ist. So ist das eben.«

VII

Mit Colt und Bibel, oder:
Warum Evangelikale und Waffennarren Trump
für einen Gottgesandten halten

SEBASTIAN HESSE-KASTEIN

»Mr. President, unsere Kirche liebt Sie vorbehaltlos! Genauso wie Millionen weiterer Christen in diesem Land!« Der kleinwüchsige, schmalschulterige Mann mit dem Spitzmausgesicht, der das sagt, trägt einen eng sitzenden blauen Anzug, einen akkurat gebundenen roten Schlips nebst entsprechendem Einstecktuch. Er wirkt etwas verloren auf der riesigen Bühne seiner Megachurch. Es ist Ostersonntag 2020. In ganz Amerika bleiben die Kirchen geschlossen. Die Gottesdienste erreichen die daheimgebliebenen Gläubigen per Videoschalte. Auch Dr. Robert Jeffress, Pastor der evangelikalen »First Baptist Church« in Dallas, Texas, predigt vor leeren Rängen.

Für Europäer wirkt das Setting des gewaltigen Gotteshauses unvertraut, eher wie das Dekor einer kostspieligen Unterhaltungsshow als wie eine Kirche. Der Bühnenboden ist mit plüschiger blauer Auslegware bedeckt. Ein hölzernes Stehpult dient als Predigerkanzel. Einen Altar gibt es nicht. Allein das Kreuz am Bühnenrand erinnert daran, in wessen Namen man hier zusammenkommt. Dr. Jeffress begrüßt mit seiner Fistelstimme die Online-Besucher seines Ostergottesdienstes: »Unser Ehrengast heute: mein Freund und der großartige Präsident der Vereinigten Staaten, Donald Trump!« Trump hatte zuvor per Twitter dazu aufgerufen, es ihm gleichzutun und sich über die *Fox-News*-Website in Jeffress' Osterpredigt einzuloggen. Sein Lieblingspastor revanchiert sich mit anerkennenden Worten: »Wir wissen Ihr starkes Artikulieren des christlichen Glaubens zu schätzen!«

Robert Jeffress ist nicht irgendein Südstaatenprediger. Er ist eine Schlüsselfigur der rechten Kulturrevolution, die Amerika seit Trumps überraschendem Wahlsieg erlebt. Amerikas Evangelikale, erzkonservative weiße Protestanten, haben 2016 mit überwältigender Mehrheit Trump gewählt. Sie stellen die wichtigste Wählerbasis dieses Präsidenten dar. Und Jeffress ist Trumps loyaler Statthalter in diesem Milieu. Der 1955 in Texas geborene Theologe steht einer der größten Megachurches in seinem Heimatstaat vor. Die »First Baptist Church« in Dallas hat 14000 Mitglieder. Landesweit bekannt ist der stets zugeknöpft wirkende Jeffress jedoch Dauergast bei *Fox News*, Trumps Haussender. Dort erklärt er unermüdlich die evangelikale Weltsicht und macht in gleichem Atemzug kontinuierliche Wahlwerbung für Trump. Wo immer der Präsident sich als gottesfürchtig inszeniert, ist Jeffress an seiner Seite. Ikonisch das Bild, wo Trump mit zum Gebet gefalteten Händen an seinem Schreibtisch im »Oval Office« sitzt, die Augen geschlossen. Hinter dem ins Gebet versunkenen Präsidenten steht eine Handvoll seiner Getreuen. Doch allein Jeffress genießt das Privileg, Trump während des Gebets die Hand auf die Schulter legen zu dürfen.

Seit 1953 kommt Washingtons politische Elite regelmäßig zu »National Prayer Breakfasts« zusammen. Die Tradition soll im Gebet das Einende trotz allen politischen Streits betonen. Auch diese Kultur des Versöhnlichen hat Trump umgekrempelt. Am 6. Februar 2020 hält er den Teilnehmern des Gebetsfrühstücks triumphierend zwei Zeitungen entgegen mit der Schlagzeile: »Acquitted!«, Freigesprochen! Gemeint ist das Amtsenthebungsverfahren. Die republikanische Senatsmehrheit hatte am Vortag, bei einem Abweichler, Trump für nicht schuldig befunden, in der Ukraine-Affäre Hochverrat begangen zu haben. Das Gebetsformat nutzt der Entlastete dann genüsslich, um gegen seine Widersacher auszuteilen. Vor allem den Abweichler, Senator Mitt Romney aus Utah. Der Mormone hatte erklärt, er habe es nicht mit seinem Glauben vereinbaren können, Trumps Versuche, sich in der Ukraine Wahlkampfmunition gegen seinen Rivalen Joe Biden zu besorgen, zu sanktionieren. Dass

Trump seinen Rachedurst ausgerechnet beim »Prayer Breakfast« auslebte, wurde von einigen Teilnehmern kritisiert, von einem aber mit Nachdruck verteidigt: Robert Jeffress. Der merkte an, Trumps Attacken mögen nicht politisch korrekt gewesen sein, aber er sei ja nicht dadurch Präsident geworden, dass er politisch korrekt ist. Zuvor hatte Jeffress prophezeit, dass in Amerika ein Bürgerkrieg ausbrechen werde, wenn Trump des Amtes enthoben wird.

Nibelungentreu und verlässlich stellt sich Pastor Jeffress immer dann vor sein Idol, wenn dessen unkonventioneller Stil das religiöse Amerika befremdet. Etwa im März 2018, als öffentlich wurde, dass Trump dem Porno-Star Stormy Daniels ein hohes Schweigegeld gezahlt hatte, damit sie nicht öffentlich über ihre Affäre mit Trump spricht. Jeffress erteilte dem Ehebrecher die Absolution: »Evangelikale glauben zwar an das Gebot, dass man keinen Sex mit einem Porno-Star haben sollte. Aber ob der Präsident gegen dieses Gebot verstoßen hat, ist völlig irrelevant für unsere Unterstützung für ihn. Evangelikale verstehen das Konzept von Sünde und Vergebung!« Dass Jeffress Trump im Namen seiner Gemeinde sämtliche Sünden vergibt, wird dem Gottesmann mit vielerlei Privilegien vergütet. Der Prediger, der in Waco, Dallas und Fort Worth Theologie studiert hat, findet Trumps Gehör nicht nur im Beratergremium »Evangelical Advisory Board«. Als Trump die amerikanische Botschaft in Israel von Tel Aviv nach Jerusalem verlegen ließ, durfte Robert Jeffress das Eingangsgebet bei der Eröffnungszeremonie sprechen.

Es ist ein System in perfekter Balance. Jeffress sichert Trump die fast schon religiöse Verehrung der Evangelikalen, mittels *Fox News* weit über seine Megachurch in Dallas hinaus. Trumps Haussender liefert zudem die politische Propaganda, indem seine populärsten Anchormen Sean Hannity und Tucker Carlson unerlässlich das Hohelied auf Trump singen. Und der Präsident liefert die Politik, die Amerikas konservative Christen so sehr herbeigesehnt haben. So beruft Trump konsequent und systematisch konservative Richter an die Bundesgerichte. Damit rückt das oberste politische Ziel der

Evangelikalen in greifbare Nähe: dass Amerikas vergleichsweise liberales Abtreibungsrecht irgendwann kassiert werden könnte.

Seit 1974 findet in Washington DC alljährlich der »March for Life« statt, immer im Januar. Die zentrale Protestkundgebung von Amerikas Abtreibungsgegnern erinnert an das Grundsatzurteil »Roe vs. Wade« vom 22. Januar 1973, benannt nach den Prozessparteien, das den Weg frei gemacht hat für liberalere Abtreibungsgesetze in den Bundesstaaten. Der sperrige Begriff »Roe vs. Wade« spaltet das Land wie kaum ein anderer. Dem liberalen Amerika ist er Synonym für die gesellschaftliche Emanzipation der 1960er und 1970er Jahre. Dem konservativen Amerika steht er stellvertretend für *den* Sündenfall schlechthin.

Im Januar 2020 ist etwas anders als in den 47 Jahren davor. Zum allerersten Mal nimmt ein amtierender US-Präsident persönlich an der Großkundgebung teil: Donald Trump. In den Jahren davor hatte er lediglich eine Grußbotschaft per Video geschickt. 2019 begeisterte Vizepräsident Pence die Teilnehmer mit einem Überraschungsbesuch. Ich mische mich unter die Abtreibungsgegner und ziehe mit ihnen vom Weißen Haus an der National Mall, der zentralen Washingtoner Museumsmeile, entlang bis hin zum Supreme Court, dem Sitz des Obersten Gerichtshofs. Hier war einst das symbolträchtige, viel bejubelte und ebenso stark umstrittene Grundsatzurteil zu Schwangerschaftsabbrüchen gefällt worden.

Kaum eingetaucht in die Menge verblüfft mich, was für ein breiter Querschnitt durch die amerikanische Gesellschaft an dem Protestmarsch teilnimmt. Alt, jung, schwarz, weiß, Latino, modisch gekleidet oder altbacken, allein gekommen oder in der Gruppe, schweigend dabei, Lieder singend oder auch krakeelend, offen für Gespräche oder auch abweisend – ich stehe in der gewaltigen Masse und kann in keiner der vier Himmelsrichtungen erkennen, wo der Marsch beginnt oder aufhört. Die Protestplakate lassen keinen Zweifel daran, wofür die Teilnehmer streiten: »Die Geburt eines jeden Kindes verändert die Welt – lasst alle Kinder geboren werden für eine bessere Welt«. Drei junge Männer, die man sich auch in den

Bars von Adams Morgan vorstellen könnte, tragen ein Pappschild mit der Aufschrift: »Sagt Nein zu vorehelichem Sex«. Die drei gehören zu der Bewegung »Jugend für Enthaltsamkeit«. Eine Afroamerikanerin schwenkt ein Banner: »Black Babies 4 Trump«. Der ist unübersehbar der Stargast des diesjährigen Aufmarsches: »President Trump, thank you for Pro Life, God bless you«, das ist die dominante Parole in dem Plakatmeer. »Pro Life« – für das Leben –, so lautet in den USA das Kürzel für die Abtreibungsgegner. Im Gegensatz zu »Pro Choice«, für die Wahlfreiheit, wie sich die Befürworter liberaler Regelungen für Schwangerschaftsabbrüche etikettieren.

In den USA ist die Bewegung der Abtreibungsgegner stärker als in den säkularisierten Industrienationen in Europa. Und seit der Kulturkampf in dem zerrissenen Land tobt, sind die »Pro Life«-Streiter noch wahrnehmbarer als zuvor. Ihre Haltung zum Reizthema unterscheidet sich jedoch kaum davon, wie ihre Seelenverwandten andernorts argumentieren. »Wir sind hier, um ein Bewusstsein dafür zu wecken, dass jeden einzelnen Tag Leben zerstört wird durch Abtreibungen«, erklärt mir eine Mittdreißigerin. »Vom Moment der Empfängnis an ist das ein menschliches Leben in dir drin, mit eigener DNA. Das ist nicht etwas, was man einfach töten kann. Das ist ein Mensch!« Gilt das auch, wenn die Mutter vergewaltigt wurde?, frage ich sie. »Dann würden Sie das unschuldige Kind dafür zur Verantwortung ziehen! Was immer der Mutter angetan wurde, das ist natürlich entsetzlich. Aber das einem unschuldigen Kind anzulasten, bleibt Mord!« Eine andere Frau klinkt sich ein in unser Gespräch: »Viele Frauen, die nach Vergewaltigungen abgetrieben haben, ging es danach noch schlechter: Weil einem Frauenkörper gleich zweimal Gewalt angetan wurde! Das kann Teil eines Heilungsprozesses sein, wenn die vergewaltigte Frau das Kind austrägt und zur Adoption freigibt!«

Ein Mann erinnert an das symbolträchtige Urteil von vor fast einem halben Jahrhundert, an dem sich Amerika noch immer so erbittert abarbeitet: »Die Leute hier, und die Millionen im Lande, die auch so empfinden, die sehen genau das Böse, das sich in unserer

Regierung eingenistet hat.« Und damit wären wir bei Trump. »Der glaubt fest an unser massives Anliegen, genau wie Millionen andere. Und er sagt das auch!« Zwar gelte »Roe vs. Wade« unverändert, aber die Trump-Regierung hat viele kleinere Weichenstellungen vorgenommen, die im »Pro Life«-Lager begeistern. So hat sie NGOs, die im Ausland in Sachen Schwangerschaftsabbruch beratend tätig sind, die staatlichen Zuschüsse gestrichen. Kleine Schritte, sicher, aber die Washingtoner Demonstranten nehmen sie aufmerksam zur Kenntnis. »Trump/Pence«-Wahlkampfplakate sind allgegenwärtig, ebenso die roten »Make America Great Again«-Kappen, die viele Teilnehmer tragen. »Das verschafft unserem Anliegen eine ungeheure Aufmerksamkeit«, schwärmt eine Teilnehmerin. »Das ist schier unglaublich, dass ein amtierender Präsident hier persönlich herkommt und auftritt!« Ein anderer ergänzt: »Das gibt's nur einmal im Leben! Der Präsident macht unmissverständlich klar, dass er das menschliche Leben eindeutig mehr respektiert als jeder seiner Vorgänger!«

Der alljährliche »March for Life« war ursprünglich als überparteiliche Bewegung gestartet. Seine Gründerin war eine Demokratin: die inzwischen verstorbene Nellie Gray. Damals war noch nicht abzusehen, dass die »Pro Life«-Bewegung einmal so eng mit einer einzelnen Partei verknüpft sein würde. Eine aktuelle Erhebung der »Kaiser Family Foundation« aus dem Jahr 2020 ergab, dass sich 68 Prozent der Republikaner als »Pro Life« bezeichnen und 84 Prozent der Demokraten sich zu »Pro Choice« bekennen. Dennoch nahmen auch 2020 Vertreter der Opposition an dem Marsch teil, standen sogar Schulter an Schulter mit Trump auf der Bühne, direkt neben dem republikanischen Präsidenten. Die demokratische Senatorin Katrina Jackson zum Beispiel, eine Landtagsabgeordnete aus Louisiana. Jackson sagte im Vorfeld, sie sehe zwar die Politik Trumps kritisch und sei abgestoßen von seinen Manieren, aber dass ein amtierender Präsident am »Marsch für das Leben« teilnimmt, mache sie »selig«. Doch Jackson wünschte sich, dass Trumps Ansprache die Kundgebung nicht wie eine parteipolitische Veranstaltung aussehen lassen würde. Das blieb ein frommer Wunsch.

Wenn man an diesem Wintertag seinen Blick über die beeindruckende Menge schweifen ließ, dann konnte man leicht den Eindruck gewinnen, auf einer Wahlkampfveranstaltung für den Präsidenten zu sein. Den allermeisten Teilnehmern schien das ausgesprochen zu gefallen. Melody Wootten, aus Michigan angereist, fand: »Dass Abtreibungen immer noch erlaubt sind und dass es das Impeachment-Verfahren gegen unseren Präsidenten gibt: Das sind beides Frontalangriffe auf das Christentum!« Und erwartungsgemäß konnte Trump der Versuchung nicht widerstehen, wie üblich mit drastischer Wortwahl gegen den politischen Gegner auszuteilen. Dass sich niemand daran stören mochte, lag wohl daran, dass er in der Sache genau den Ton traf, den sich die Pro-Lifer erhofft hatten: »Jedes Kind ist ein kostbares und heiliges Geschenk Gottes«, ruft er der hingerissenen Menge zu. Und dann wieder Wahlkampfmodus: »Das ungeborene Leben hatte niemals einen stärkeren Verteidiger im Weißen Haus«, ruft er der Menge zu. »Die extrem-linken Demokraten wollen mir nur deshalb an den Kragen, weil ich für euch kämpfe!« Das nehmen sie ihm dankbar ab. »Four more years, four more years!«, schallt es über die National Mall.

Was den Präsidentenauftritt auf der Mall so pikant macht, ist, dass Donald Trump vor seiner Präsidentschaft ausgesprochen »Pro Choice« war. Und daraus auch kein Hehl gemacht hat: Immer wieder hatte sich der frühere Playboy in Interviews für liberale Abtreibungsregelungen ausgesprochen. Woher nur der Sinneswandel? Dass der Präsident heute allein deshalb ganz anders redet, um sich den Rückhalt einer wichtigen Wählergruppe zu sichern, das beunruhigt die Kundgebungsteilnehmer nicht. Taten zählen, sagen sie. »Ich kann seine Gründe nicht beurteilen, ich kann nicht in seine Seele blicken! Ich weiß nicht, was in ihm vorgeht«, sagt sie, »ich weiß nur, dass ich absolut damit übereinstimme, was er jetzt sagt. Viele Politiker haben schon mal ihre Meinung geändert!« Ein Herr daneben ergänzt: »Die Trump-Regierung hat mehr Abtreibungsgegner zu Bundesrichtern gemacht als jeder andere Präsident in der jüngeren Vergangenheit. Darüber sind wir sehr glücklich!« Und Leslie Talent aus New Orleans meinte: »Ich liebe es, dass Trump feste Überzeugungen hat und denen auch Ausdruck verleiht! Ich weiß, das macht er manchmal schroff und aggressiv. Aber wissen Sie, bei ihm weiß man halt, was man kriegt!«

Trumps Teilnahme am »Marsch fürs Leben« hat fraglos seine Wählerbasis mobilisiert. Sie hat aber auch einmal mehr die Zerrissenheit Amerikas verstärkt. Die eindrucksvollen Bilder aus der Washingtoner Innenstadt können aber nicht darüber hinwegtäuschen, dass eine knappe Mehrheit der Amerikaner immer noch für die geltenden, liberalen Abtreibungsregelungen ist. 59 Prozent der Befragten in der Umfrage der »Kaiser Family Foundation« gaben an, dass Schwangerschaftsabbrüche in den meisten Fällen legal bleiben sollen. Sieben von zehn Befragten sprachen sich dagegen aus, »Roe vs. Wade« zu kippen.

Die Anti-Abtreibungskundgebung lässt mich ratlos zurück. Was ist es nur, dass diese Menschen so zu Donald Trump hinzieht? Um diesen Personenkult auszulösen, muss da doch mehr sein als nur ein paar eingelöste Wahlkampfversprechen. Oder Robert Jeffress? Der bieder-brave Prediger, der keinen Alkohol trinkt, mit seiner Highschool-Liebe verheiratet ist, einen strengen, geradezu unbarmherzigen Moralkodex lehrt? Wieso fühlt der sich hingezogen zu dem zweifach geschiedenen Immobilienspekulanten und Kasinobetreiber Trump? Dem Bling-Bling-Playboy, der jedes christliche Ideal von moralischer Standfestigkeit, Nachsicht, Nächstenliebe, Bescheidenheit zu verhöhnen scheint. Dessen oberste Lebensziele Macht, Einfluss und Reichtum so konsequent diesseitig sind, dessen Besitzgier und Prahlsucht den braven Kirchenmann Jeffress in die Verzweiflung treiben sollte. Um eine Idee davon zu bekommen, wie es Trump gelingen konnte, auf der religiösen Rechten als gottgesandter Heilsbringer verehrt zu werden, muss man sich auf den Weg machen nach Westen, immer weiter nach Westen.

Die USA – kein Wunder, angesichts ihrer Jugend – haben keine romanischen Dome oder gotische Kathedralen. Höchstens vereinzelte Nachbauten europäischer Vorbilder. Aber sie haben Megachurches. Wie die von Pastor Jeffress in Dallas. Oder die von Pastor Jerry Johnson in Overland Park in Kansas. Megachurches sind gewaltige Gotteshäuser, die weniger traditionellen Vorstellungen von einer Kirche entsprechen als gängigen Konzepten von Kongresszentren oder Veranstaltungsarenen. Megachurches sind kolossal. Und sie bieten Platz für tausende von Gläubigen. Statt Altären haben sie ausladende Bühnen, für Chöre, Orchestren und die sonntägliche Performance ihrer Seelsorger. Und bei denen sind Entertainer-Qualitäten mindestens ebenso gefragt wie Bibelfestigkeit.

Im Jahre 2005 waren Julia und ich bei Pastor Jerry Johnson in der »First Family Church« in Overland Park im Bundesstaat Kansas zu Gast. Der Prediger und Patriarch – seine Kirche ist ein Familienunternehmen – empfängt uns vor dem Gottesdienst in seiner Garderobe. Er sitzt vor einem riesigen Spiegel, der wie in Varieté-Umkleiden von unzähligen Glühbirnchen umkränzt ist. Hier wird Pastor Jerry von einer seiner Töchter geschminkt. Sie trägt Puder auf, zupft an seinem festlich-dunklen Anzug herum. Der Geistliche könnte auch als CEO eines größeren Unternehmens durchgehen.

So etwas Ähnliches ist er auch. Amerikas Megachurches haben keinen organisatorischen Überbau wie in Deutschland die EKD oder den Zentralrat der Katholiken. Sie sind privatwirtschaftliche Unternehmen. Und sie leben von den Spenden ihrer Mitglieder. Als während der Corona-Krise auch bei den Kirchen die Einnahmen ausblieben, bat Pastor Jeffress per Videobotschaft um Geldzuwendungen für seinen geistlichen Betrieb. Die Megachurches fühlen sich zwar vereinzelt einer der unzähligen Konfessionen in den USA zugehörig – Baptisten, Methodisten, Presbyterianern etc. –, aber als wirtschaftliche Unternehmen sind sie unabhängig. Ausbildung und berufliche Werdegänge der Gründer können höchst unterschiedlich sein. Sie berufen sich natürlich auf die Bibel, haben aber alle Freiheiten bei der Lehre und keine vorgegebene Liturgie. Auch die innenarchitektonische Ausstattung der Gotteshäuser bleibt den Betreibern überlassen. Daher haben Europäer oft Mühe, die Veranstaltungssäle der Megachurches als sakrale Orte zu identifizieren.

Bei Pastor Jerry in der »First Family Church« dürfen wir einer Taufe beiwohnen. Das Taufbecken, das in den Bühnenboden eingelassen ist, hat die Dimensionen eines kleineren Schwimmbeckens. Um den Ort der Initiation weihevoll erscheinen zu lassen, stehen Imitate riesiger griechischer Tempelsäulen aus Styropor im Bühnenhintergrund. Pastor Jerry steigt beherzt im Anzug in das Becken, steht bis zur Hüfte im Weihwasser und vollzieht das Ritual. Zu Beginn des Gottesdienstes hatte er Julia und mich gebeten, aufzustehen und uns der Gemeinde als Gäste vorzustellen. Wir bekommen donnernden Applaus. Besuch kommt selten nach Overland Park. Nach dem Service bleiben wir zum Kaffee und werden mit großer Herzlichkeit aufgenommen. Das Raumangebot der »First Family Church« ist schier unüberschaubar. Es gibt Kinderbetreuung, Klassenräume für den Bibelunterricht, Proberäume für die Musiker, eine Cafeteria für die Gemeinde und vieles mehr. Und Megachurches sind Hightech: Schon damals, 2005, wurde der Gottesdienst wie jeden Sonntag gefilmt und als Videomitschnitt für die Verhinderten ins Netz gestellt. Julia und ich konnten uns schmunzelnd unseren kleinen Auftritt bei Pastor Jerry noch mal ansehen.

Wie so oft in den USA ist man als Besucher fast beschämt über die Gastfreundschaft, die man wie selbstverständlich erfährt. Die Herzlichkeit, mit der man aufgenommen wird. Ganz entspannt war der Besuch in Overland Park trotzdem nicht. Leicht mulmig wird uns in der evangelikalen Megachurch, als das Gespräch auf Weltanschauliches kommt. Pastor Jerry etwa positionierte Amerikas evangelikale Glaubensgemeinschaften so: »Unser Erbe ist nicht der Islam, unser Erbe ist nicht der Atheismus. Unser Erbe stammt von einer Separatistengruppe, die die Anglikanische Kirche verlassen hat, in die USA kam, um dort nach Gottes Willen eine neue Republik zu gründen.« Die Evangelikalen sind vielen zwar erst nach Trumps Wahlsieg als einflussreiche Wählergruppe ins Bewusstsein gerückt, aber sie waren natürlich immer ein Teil des American Way of Life. Dass sie als Lobbygruppe Einfluss in Washington DC nehmen, konnten wir bereits unter George W. Bush beobachten. Schon damals,

2005, schwärmte Pastor Jerry von einer konservativen Kultur-revolution, die das eher links-angehauchte Establishment Amerikas kalt erwischt hat: »Zurzeit vollzieht sich ein spürbarer Wandel in den USA. Der hat sich schon letzten November gezeigt und die Medien waren davon total geschockt. Das zeigt nur, wie abgehoben und realitätsfern die sind. Und Präsident Bush ist in Washington gerade wegen seiner Wertvorstellungen bestätigt worden. Deswegen wurde er trotz des Irakkriegs und anderer Reizthemen wiedergewählt.« Was der Prediger elf Jahre vor Trumps Wahl beschrieb, beinhaltet schon alles, was jetzt, in erheblich verschärfter Form, zu erleben ist: Medienschelte, Kritik an deren Abgehobenheit und Weltfremdheit, Generalabsolution für einen politischen Führer, wenn der nur eine genehme Weltanschauung propagiert. Und die ist gesellschaftspolitisch im evangelikalen Milieu stramm rechts, bis hin zu erheblicher Intoleranz. Pastor Jerry klärte uns damals über sein Verständnis von sexueller Orientierung auf: »Wir glauben nicht, dass irgendjemand schwul zur Welt kommt. Und wir glauben, dass sich Schwule, genau wie Ehebrecher, durch die Kraft der Heiligen Schrift ändern können. Also predigen wir das auch!« Das hätte auch Pastor Robert Jeffress, Trumps spiritueller Berater, so sagen können; so ähnlich hat er es wiederholt geäußert. In einer Predigt mit dem Titel »Warum schwul nicht O. K. ist« wetterte er über Homosexuelle, es sei deren »schmutziges, widerliches Verhalten«, das erkläre, warum sie so sehr viel anfälliger seien für Krankheiten. Gemeint war vermutlich Aids. Von Donald Trump sind keine schwulenfeindlichen Äußerungen überliefert. Das würde auch überraschen, da der New Yorker Lebemann viele Freunde hat, die eine andere sexuelle Orientierung haben als er selbst. Trumps heterosexuelle Ausschweifungen findet Pastor Jeffress jedoch verzeihlich. Dessen berüchtigtes »grab them by the pussy«, als er Freunden gegenüber damit prahlte, er könne jede Frau haben. Als er in einem Fernsehinterview ausplauderte, er habe sich von seiner ersten Frau Ivana entfremdet, weil er keinen Sex mit Frauen möge, die schon mal entbunden haben. Als seine dritte Frau Melania 2006 Barron Trump zur Welt brachte, hatte Donald Trump seine legendäre Affäre mit dem Porno-Star Stormy Daniels. Die mit einer Schweigegeldzahlung Trumps in Höhe von 130 000 Dollar endete. Robert Jeffress stört das gar nicht an seinem Freund und Idol. Die Vorwürfe von Ehebruch und Schweigegeld seien »irrelevant«, fand der sonst so moralisch rigide Prediger. Für Evangelikale gelte zwar das Gebot: Du sollst keinen Sex haben mit einem Porno-Star. Aber Trump sei eben kein Messdiener. Evangelikale würden ihn wegen seiner Politik unterstützen und seien außerdem davon überzeugt, dass Vergebung jedem zuteilwerde, der darum bittet. Trump hat sich nie vor Publikum für irgendetwas entschuldigt. Und seine öffentlichen Bekenntnisse zu Glauben und Gott finden stets in wahlkampftauglichen Formaten statt. Wie glaubwürdig sind also Glaubensbekenntnisse eines Mannes, dessen Lebensgewohnheiten, dessen Werdegang, dessen Rhetorik und dessen Umgangsformen so sehr jeglichem christlichen Ideal zu widersprechen scheinen?

Es war im Jahr 2002, da klingelte bei Paula White-Cain das Telefon. Am Apparat war, vollkommen überraschend für die Fernsehpredigerin, Donald Trump. Der Baulöwe und Casino-Betreiber aus Atlantic City, dem sie nie zuvor begegnet war, wollte ihr fernmündlich seine Anerkennung aussprechen. Ihre TV-Predigtshow »Paula White today« habe ihn tief beeindruckt. Mit diesem Telefongespräch war der Grundstein gelegt für eine beständige Freundschaft mit spirituellem Überbau, die für den späteren Präsidenten noch wertvoller war als die zu Robert Jeffress. Paula White gilt als diejenige – und nimmt das auch für sich selbst in Anspruch –, die persönlich Trump zu Gott geführt hat.

Die 1966 geborene Predigerin und Unternehmerin hat zwar keinen Hochschulabschluss – und schon gar keinen in Theologie –, aber weit über die von ihr gegründete Megachurch in Florida hinaus konnte die clevere Geschäftsfrau über Fernseh- und Onlinepredigten eine loyale Gefolgschaft an sich binden. Und mit diesem Geschäftsmodell Millionen verdienen. Wie Trump ist auch White zum dritten Mal verheiratet. Scharf kritisiert wurde die Selfmade-Predigerin mit dem Privatjet, als sie ihre Anhänger dafür beten ließ, dass alle »satanischen« Schwangerschaften in Fehlgeburten resultieren mögen. Was genau satanische Schwangerschaften sind, hat sie nicht präzisiert. Als Trumps damalige Pressesprecherin Sarah Huckabee-Sanders 2019 verkündete, niemand Geringeres als Gott habe dafür gesorgt, dass Donald Trump Präsident wurde, stimmte White entzückt zu. Wenn man sich vor Augen führe, wie viel Trump für Gläubige getan habe, dann müsse man zur Überzeugung gelangen, dass der Präsident Gottes Werk verrichtet, ist White überzeugt. An anderer Stelle behauptete sie, Trumps Gegner würden sich der Hexerei und schwarzer Magie bedienen. Die Nähe zu Trump hat White zwar einen festen Job im Weißen Haus eingebracht, aber das ambitionierteste Projekt der beiden Seelenverwandten ist nie Realität geworden: 2006 schlug Trump der Predigerin vor, dass er ihr doch eine Kathedrale aus Kristall errichten lassen könnte. Als ebenso imposante wie angemessene Bühne für ihr seelsorgerisches Wirken.

Auf dem Höhepunkt der Corona-Krise bat Paula White die Anhänger ihrer Kirche um eine Extraspende in Höhe von symbolträchtigen 91 Dollar: Ein Bezug auf Psalm 91, der Gottes Schutz vor tödlichen Seuchen in Aussicht stellt. White schien zu suggerieren, dass man sich Schutz vor Covid-19 erkaufen kann, wenn man ihr eine finanzielle Zuwendung zukommen lässt. Mit modernem Ablasshandel hat sie Erfahrung: Bei anderer Gelegenheit hatte sie ihre Anhänger dazu aufgerufen, stets erst ihrer Kirche zu spenden, bevor sie ihre Schulden abzahlen. Es sei Gottes Wille, dass der Zehnte, die ersten zehn Prozent eines jeden Einkommens, an die Kirche gezahlt werde: Gemeint ist ihr privatwirtschaftliches Unternehmen, denn nichts anderes sind Amerikas Megachurches. Whites Wohlstand also gottgewollt? Ihr Geld zu überweisen entspricht der göttlichen Ordnung? Gerne empfiehlt die glamouröse Geschäftsfrau ihre eigene Biografie zur Nachahmung: Sie selbst sei vom »trailer trash«, vom Abschaum aufgestiegen zu einem Job in Trumps White House, sagt sie, weil Gott ihr immer wieder die richtigen Türen geöffnet habe. Paula White bekennt sich, wie Donald Trump auch, zur sogenannten *Prosperity Theology*, der Wohlstandstheologie. Sozusagen

Nancy Flinn und Winston, Georgetown, Washington DC

Shelburne, Vermont

Ländliches Minnesota

Ländliches Minnesota

Winona, Minnesota

Ländliches Minnesota

Krönung der »Queen Nicotina«, Charles County, Maryland

Anti-Abtreibungs-Demo, Washington DC

Anti-Abtreibungs-Demo, Washington DC

Anti-Abtreibungs-Demo, Washington DC

Charles County Fair, La Plata, Maryland

Charles County Fair, La Plata, Maryland

Drive-by-Waffenladen, Virginia

Pro-Waffen-Demo, Richmond, Virginia

Pastor Jerry Johnson, »First Family Church«, Overland Park, Kansas

Der Autor beim Wettschießen auf einem Schießstand der NRA in Virginia

dem radikalen Gegenentwurf zur marxistischen Befreiungstheologie, wie sie in Teilen Lateinamerikas, im armen Vorhof der kapitalistischen USA, gelehrt wird.

Die *Prosperity Theology* geht auf das 19. Jahrhundert zurück und lehrt, dass Reichtum, Wohlergehen und Gesundheit bei jedem einzelnen Gläubigen Gottes Wille sind. Wer fest im Glauben steht, den belohnt sein Schöpfer schon auf Erden mit finanziellen Zuwendungen und Besitztümern. Und einer robusten Physis. Reichtum und Gesundheit sind dieser Lehre zufolge Ausdruck von Gottes Gunst. Armut und Krankheit werden dagegen als Fluch verstanden, den man allein durch Glauben überwinden kann. Und durch großzügige Spendenfreudigkeit, vor allem wenn die zugunsten der Megachurches geht, die sich ja finanziell selbst tragen müssen. »Health and Wealth Gospel«, Evangelium von Gesundheit und Wohlstand, lautet ein Synonym für diese Lehre. 2006 ergab eine Umfrage des *Time*-Magazins, dass sich 17 Prozent der Christen in Amerika zur Wohlstandstheologie bekennen. White zählt dazu: Die Chefin der »City of Destiny«-Kirche lehrt, dass Gott mit Wohlstand und Gesundheit belohnt, wer großzügig ihrer Kirche spendet. Ihr geistlicher Schützling Trump passt ebenso geschmeidig ins Konzept, scheint er doch in besonderem Masse mit »health and wealth« gesegnet. Trumps prahlerische Vorliebe für Wohlstands- und Statussymbole scheint im Lichte der Wohlstandstheologie auf einmal gar nicht mehr aufschneiderisch, sondern liturgisch: Bling-Bling als Gottesgaben.

Einen Werdegang wie den von Paula White-Cain, wie sie mit vollem Namen heißt, findet man vermutlich nur in den USA. Die Fernsehpredigerin – »televangclist« sagen die Amerikaner – berät Trump nicht nur in geistlichen Angelegenheiten – mit eigenem Büro im Weißen Haus –, sie ist auch seine persönliche Pastorin. So, wie Rudy Giuliani Trumps persönlicher Anwalt ist. Mit ihrem Ex-Ehemann hatte White in Apopka, Florida, die »City of Destiny Church« ins Leben gerufen. Deren Leitung hat die gutaussehende, hagere Blondine im Mai 2019 abgetreten, um sich ganz ihren Aufgaben in der Trump-Regierung widmen zu können. Und das muss man ihr lassen: Ihr bemerkenswerter Aufstieg ist fast zu unwahrscheinlich, als das er rein irdisch sein könnte. White, geborene Furr, wuchs in den Südstaaten in Armut und mit einer alkoholkranken Mutter auf. Als Kind sei sie sexuell missbraucht worden und magersüchtig gewesen, berichtet sie selbst.

Amerikas Evangelikale mögen mehrheitlich die *Prosperity Theology* als zu radikal ablehnen, aber auch sie reagieren äußerst gereizt, wenn die Bibel nach ihrem Empfinden zu links oder klassenkämpferisch ausgelegt wird. Zu erleben war das einmal mehr pünktlich zum Weihnachtsfest 2019. Auf einem der zentralen Schlachtfelder des amerikanischen Kulturkampfes geht es um die Auslegung der christlichen Lehre, so dass sie mit einem politisch konservativen, amerikanischem Wertesystem kompatibel bleibt. Pete Buttigieg, kurz vor Weihnachten 2019 noch Bürgermeister der Kleinstadt South Bend in Indiana und demokratischer Präsidentschaftskandidat, verschickte einen Tweet, in dem er aktuelle gesellschaftliche Themen in Bezug setzte zur Frohen Botschaft. In dem Tweet hieß es: Mit Millionen anderen rund um den Globus feiere er die Ankunft des Göttlichen auf Erden. Das Göttliche sei nicht mit Reichtümern in diese Welt gekommen, sondern in Armut. Nicht als wohlsituierter Bürger, sondern als Flüchtling. Was voll der Lesart der biblischen Heilsgeschichte in Europa entspricht, löste bei konservativen amerikanischen Christen einen Sturm der Empörung aus. Der evangelikale Pastor Dr. Darrell Scott twitterte: »Woher nehmen Sie denn diesen totalen Blödsinn? Joseph war KEIN armer Mann, und Jesus ist NICHT als Flüchtling vom Himmel in diese Welt gekommen. Hören Sie auf damit!« Und Matt Walsh kommentierte auf Twitter: »Joseph und Maria sind wegen einer Volkszählung in ihre Heimatstadt Bethlehem gekommen. Jesus ist also in keiner Weise als Flüchtling in diese Welt gekommen. Es gibt auch keinerlei Veranlassung zu glauben, dass Joseph sonderlich verarmt war.« Nichts in Buttigiegs Tweet sei korrekt. Oder J. D. Rucker: »Jesus wurde nicht ins Leid geboren. Seine irdische Familie war weder arm, noch waren sie Flüchtlinge. Seine Geschichte ist keine Metapher, um eine

Politik der offenen Grenzen zu bewerben, in den USA oder andernorts.« Oder Ryan Saavedra: »Jesus war kein Flüchtling, du Lügner!«
Konservative Christen argumentieren, sowohl Jesu Geburtsort
Bethlehem als auch Ägypten seien Teil des Römischen Reiches ge-
wesen. Sich innerhalb dieser Sphäre zu bewegen habe nichts mit
Flucht zu tun. Im Kern geht es hier darum, die Jesus-Geschichte
nicht als Argumentationshilfe in der Flüchtlingspolitik heranzuzie-
hen. Eines der wichtigsten Projekte der Trump-Regierung ist es, die
Zahl der illegalen Einwanderer in die USA zu reduzieren. Aus dem
Linken wird das gerne mit dem Argument gekontert, so würde auch
Jesus an der Türschwelle Amerikas abgewiesen. Einer Umfrage des
»Pew Research Centers« zufolge meint nur ein Viertel der weißen
Evangelikalen – in der Regel republikanische Wähler –, dass Amerika eine Verpflichtung hätte, Flüchtlinge willkommen zu heißen.
Unter schwarzen Protestanten – in der Regel demokratische Wähler – befürworten dagegen über 60 Prozent, dass die USA eine Verantwortung für Flüchtlinge hätten. Paula White hatte einst Trumps
rigide Einwanderungspolitik mit dem Argument verteidigt, Jesus sei
zwar ein Flüchtling gewesen, aber er habe nie illegal eine Grenze
übertreten und damit gegen das Gesetz verstoßen.

In Trumps erster Amtszeit gab es eine politische Entscheidung
mit hoher Symbolkraft, die das evangelikale Milieu noch mehr entzückt hat als rechte Richter und Anti-Abtreibungs-Agitation: das
Verlegen der amerikanischen Botschaft in Israel von Tel Aviv nach
Jerusalem. Und damit das Anerkennen von Jerusalem als Hauptstadt des Staates Israel. Bei der feierlichen Eröffnungsfeier des
neuen Botschaftersitzes in der Heiligen Stadt waren sowohl Paula
White wies auch Robert Jeffress zugegen. White schrieb: »Die Evangelikalen sind entzückt!« Und Jeffress betete nach Trumps hoch-
umstrittener Jerusalem-Entscheidung öffentlich: »Ich glaube, Vater,
dass ich für uns alle spreche, wenn wir Dir jeden Tag dafür danken,
dass Du uns einen Präsidenten gegeben hast, der tapfer auf der richtigen Seite der Geschichte steht. Und, noch wichtiger, auf der richtigen Seite von Dir, o Gott, steht, wenn es um Israel geht!« Immerhin

blieb nicht völlig unbemerkt, wes Geistes Kind der amerikanische Gottesmann ist, der die US-Botschaft einsegnen durfte. Jeffress hatte einst gepredigt: »Nicht nur führen Religionen wie Mormonentum, der Islam, das Judentum oder der Hinduismus die Menschen weg vom wahren Gott. Sie führen die Menschen in eine Ewigkeit der Trennung von Gott: In die Hölle!« Die katholische Kirche nannte Jeffress einst eine »sektenartige, heidnische Religion«. Trumps ewigen innerparteilichen Widersacher Mitt Romney, selbst Mormone, kritisierte Jeffress' prominente Rolle bei der Jerusalemer Eröffnung scharf. Romney schrieb auf Twitter: »Solch einem religiösen Fanatiker sollte man nicht das Eröffnungsgebet in der US-Botschaft überlassen!«

Auch wenn Trumps Inszenierungen das Gegenteil suggerieren: Gelegentlich ist doch auch bei Amerikas erzkonservativen Protestanten Befremden über den eigenwilligen Präsidenten zu hören. Möglicherweise sogar erste Erschütterungen der kuriosen Allianz zwischen den gealterten Playboy und den religiösen Fanatikern. Am 19. Dezember 2019 erschien in *Christianity Today*, einem einflussreichen evangelikalen Blatt, ein Editorial mit dem Titel: »Trump should be removed from Office«, Trump sollte des Amtes enthoben werden. Mark Galli, der 67-jährige Chefredakteur der Zeitung aus dem liberalen Kalifornien, bezog sich auf die Enthüllungen, die im Verlauf des Impeachment-Verfahrens an die Öffentlichkeit kamen. Das war zuvor undenkbar im evangelikalen Lager, dass sich die 1956 von dem legendären Prediger Billy Graham ins Leben gerufene Hauspostille der religiösen Rechten derart demonstrativ von ihrem Heilsbringer im Weißen Haus abwenden könnte. Es folgten die erwartbaren, empörten Reaktionen aus dem eigenen, dem evangelikalen Lager, das die ersehnte Kulturrevolution in Gefahr wähnte. Knapp 200 evangelikale Führungskräfte protestierten scharf. In einem offenen Brief argumentierten sie, der Trump-kritische Leitartikel habe »die spirituelle Integrität und das Glaubensbekenntnis von mehreren Zehnmillionen Gläubigen, die ihre bürgerlichen und moralischen Pflichten ernst nehmen, offensiv infrage gestellt«.

Und natürlich sprang auch Robert Jeffress seinem politischen Idol verlässlich zur Seite. *Christianity Today* sei als Magazin am Ende, so Jeffress, und weltanschaulich diametral entgegengesetzt zu evangelikalen Trump-Anhängern.

Die Denke unter religiösen Rechten hat aus diesem Anlass der konservative Autor Jim Daly einleuchtend auf den Punkt gebracht. Daly schrieb, Trump sei weder »grundlegend unmoralisch«, wie das Magazin suggeriere, noch eine perfekte Persönlichkeit. Aber er sei der »unperfekte politische Straßenkämpfer, den die Evangelikalen nie hatten«. Jemand, der kämpfen und siegen könne für einige der allerwichtigsten Werte und Prioritäten der religiösen Rechten. Kein menschliches Wesen sei in der Lage, aus sich selbst heraus die Zehn Gebote zu befolgen. Konservative Christen hätten angesichts Trumps zum ersten Mal erkannt, dass sie nie einen Kandidaten finden werden, der sowohl für ihre Anliegen kämpft als auch die Zehn Gebote perfekt zu befolgen in der Lage ist. Das Magazin sei offenbar der Ansicht, jeder Präsident, der nicht Jesus ist, müsse des Amtes enthoben werden. Die »kulturelle Eliten« hätten gläubigen Amerikanern das Leben immer schwerer gemacht, durch eine liberale Abtreibungsgesetzgebung oder die gleichgeschlechtliche Ehe. Christen sei immer stärker suggeriert worden, ihre Weltanschauung sei nicht politisch korrekt. So werde die Glaubensfreiheit immer stärker untergraben. Bis »ein populistischer Präsident namens Donald Trump aufgetaucht ist, der gesagt hat: Genug ist genug!« Trump selber twitterte, das Blatt bevorzuge wohl einen radikal linken Atheisten, der dem Menschen ihre Religion und ihre Waffen wegnehmen wolle. Kein Präsident habe je so viel für Evangelikale getan, wie er.

Die ewig gleiche Argumentation: Er mag moralisch fragwürdig gelebt haben, eitel, narzisstisch und aggressiv sein, aber er ist effektiver als jeder seiner Vorgänger. Über 60 Millionen Wähler hätten ihn ins Amt gebracht, weil sie geahnt haben, dass in einer durch und durch moralisch verkommenen Welt nur eine Persönlichkeit wie Trump in der Lage ist, den Kulturkampf gegen die linken Eliten aufzunehmen. Gegen diejenigen, die den Amerikanern angeblich ihre tradierte Art zu leben streitig machen wollen. Teil dieses Lebensstils, den es angeblich gegen globalistische Weltverbesserer zu verteidigen gilt, ist die Waffenkultur im ländlichen Amerika. »Guns 'n' Bibles« – Waffen und Bibeln. In den USA ist es kein Widerspruch, fromm und gottesfürchtig zu sein und gleichzeitig Schusswaffen als heilige Fetische zu verehren. Teil des Kulturkampfes ist es, für den Erhalt dieser beiden identitätsstiftenden Kernelemente des American Way of Life zu streiten.

Zum Auftakt des Wahljahres, im Januar 2020, laufe ich bei klirrender Kälte und strahlend blauem Himmel durch Richmond, die altehrwürdige Hauptstadt des Bundesstaates Virginia. Als ich um eine Ecke biege und urplötzlich vor drei Männern stehe, die ein militärisches Sturmgewehr vor der Brust tragen, eine kugelsichere Weste, Camouflage-Uniform und einen Soldatenhelm mit »GoPro«-Kamera, zucke ich zunächst zusammen. Ich war zwar innerlich vorbereitet auf Begegnungen wie diese – schließlich bin ich ja für eine Großdemonstration gegen schärfere Waffengesetze nach Richmond gekommen –, aber im direkten Kontakt und zum Anfassen nahe sehen die martialischen Freizeitmilizionäre in vollem Combat-Gear deutlich bedrohlicher aus als auf Fotos. Mit ihren Zottelbärten ähneln diese drei einem, mit dem sie gewiss nichts gemein haben wollen: Osama Bin Laden. Das Schmunzeln über die unfreiwillige Ähnlichkeit nimmt mir etwas den Schrecken.

Ich gewöhne mich schnell an den Anblick der Schwerbewaffneten, von denen mehrere Zehntausend in die Stadt, die während des Bürgerkriegs Hauptstadt der Konföderierten war, gekommen sind. Beileibe nicht alle sehen aus, als seien sie mit ihrer Wehrsportgruppe angereist. Viele sind fröhlich, scherzen, plaudern – was dem Aufmarsch der Waffenträger das Bedrohliche weitgehend nimmt. Von alten Vorderladern, Jagdflinten, Wildwest-Winchestern und Schrotgewehren, über Trommelrevolver, automatische Pistolen bis hin zu militärischen Sturmgewehren wird bei diesem Schaulaufen alles spazieren getragen, was man in amerikanischen Gun-Shops so kaufen kann. Und zwar ganz beiläufig, lässig und selbstverständlich. Ein schwer bewaffneter Stadtbummel. Und genau um diese Botschaft geht es auch: Waffen sind selbstverständlicher Bestandteil des Lebens freier Bürger. Die Knarre als Fetisch von Freiheit und Eigenverantwortung. »Guns save Lives« steht auf den orangefarbenen Aufklebern, die fast alle Teilnehmer am Revers tragen. »USA, USA, USA!!!«, schallt es immer wieder wellenartig durch die Altstadtgassen. Souvenirstände bieten massenhaft Trump-Devotionalien an: Anstecker mit der Aufschrift »God, Guns and Trump«. T-Shirts, auf denen Trump als Baumeister zu sehen ist, mit der Aufschrift »Border Wall Construction Company«. Poster, die Trump als Rambo mit Maschinengewehr zeigen, und auf denen steht: »Trump. Kein Mann, keine Frau, kein Kommunist nimmt es mit ihm auf!« Und immer wieder »Make America Great Again«, auf alles gedruckt, was sich nur bedrucken lässt.

Trotz der martialischen Sprüche geht es friedfertig, entspannt und unbeschwert zu. Zu knisternd beginnt die Stimmung nur dann, wenn ein Mann erwähnt wird: Ralph Northam. Der demokratische Gouverneur von Virginia – und Hausherr hier in Richmond, dem Sitz der Landesregierung –, ist die Hassfigur schlechthin bei der Pro-Waffen-Demo. Zu sehen sind Plakate mit seinem Konterfei, auf denen fett »Tyrann!« steht. Ein anderes zeigt den Gouverneur in Nazi-Uniform und mit Hitlerbärtchen: »Führer Ralph« steht unter der Fotomontage. Auf anderen ist, etwas weniger provokativ, zu lesen: »Wir werden uns König Ralph nicht unterwerfen!«

Auslöser für den Aufmarsch war eine politische Ankündigung, die wie kein anderes Thema in den USA die Gemüter erhitzt: schärfere Waffengesetze. In Richmond, dem Schauplatz der Demo, waren 2019 Vorfälle mit Waffengewalt laut Polizei um 32 Prozent angestiegen. Es gab 59 Morde in der 200000 Einwohner zählenden Stadt, acht mehr als 2018. Was aber den Menschen im ganzen Staat nachhaltig unter die Haut gegangen war, ereignete sich Ende Mai 2019: Ein besonders blutiger Amoklauf in einem Regierungsgebäude in Virginia Beach. Ein frustrierter Beamter hatte mit einem Sturmgewehr wild um sich geschossen, zwölf Menschen getötet und vier schwer verletzt. Schließlich hat ihn die Polizei erschossen. Klassisch. Wie jedes Mal wurde auch in Virginia reflexartig der Ruf danach laut, den Zugang zu Waffen zu erschweren. Erfahrungsgemäß verebben solche Forderung in dem Maße, wie das Entsetzen über die Bluttaten nachlässt. In Virginia aber war die Situation besonders. Zeitnah standen Wahlen an und die Demokraten eroberten erstmals seit 25 Jahren die Mehrheit in beiden Parlamentskammern: Nicht zuletzt wegen des Versprechens, mit den Waffengesetzen ernst zu machen! Gouverneur Ralph Northam, selbst Demokrat, machte die Forderung zur Chefsache und heraus kam ein Maßnahmenpaket, das keineswegs das Ende des Rechtes auf Waffenbesitz bedeutet, wie die Demonstranten von Richmond suggerierten.

Die beiden wichtigsten Eckpunkte, neben Background-Checks und der Pflicht, gestohlene Waffen zu melden, lauten: Nur noch einmal pro Monat dürfen die Einwohner von Virginia eine Waffe kaufen. Das sind zwar immer noch zwölf Knarren pro Jahr, aber ein privates Aufrüsten im großen Stil, wie es Amokläufer vor ihrer Tat immer wieder tun, wäre zumindest erschwert. Militärische Sturmgewehre in privater Hand sind jetzt komplett verboten.

Und dann soll es, wie in andere Bundesstaaten auch, eine sogenannte »Red Flag«-Regelung geben. Besagte »rote Flaggen« sind innere Alarmsignale: Wenn die schrillen, dann soll man einen verhaltensauffälligen Bürger bei den Behörden melden. Eine Art Denunzierungsgebot. Die Gesetzgeber haben damit einerseits Typen im Blick, die mit Gewaltfantasien prahlen. Das könnten potenzielle Amokläufer sein. Vor allem aber geht es um Selbstmordgefährdete, die vor sich selbst geschützt werden müssen. In Virginia ist nur ein Drittel der Toten durch Waffengewalt Opfer von Verbrechen. Ein viel höherer Prozentsatz, nämlich rund zwei Drittel, begeht Selbstmord. Das »Center for Disease Control and Prevention« in Virginia hat ermittelt, dass tagtäglich zwei Einwohner des Staates sich mit einer Schusswaffe das Leben nehmen. Beim überwiegenden Teil der Opfer handelt es sich um weiße Männer, Mitte vierzig, aus länd-

lichen Regionen. Das deckt sich auffällig mit dem Gros der Kundgebungsteilnehmer in Richmond. Nach den neuen Regeln können die
Behörden, in letzter Konsequenz, die Waffen von Gefährdeten und
Gefährdern konfiszieren: Zum Schutz ihrer selbst und zum Schutz
anderer.

Kurz nach dem Richmonder Aufmarsch vom 20. Januar gab
der Gesetzgeber in Virginia grünes Licht für diese Verschärfungen.
Vermutlich haben Virginias neue Waffengesetze keinerlei Auswirkungen für die Teilnehmer an dem *Straßenkarneval der Wehrsport-*
gruppen, an dem ich halb amüsiert, halb befremdet teilgenommen
habe. Doch die Demonstranten unterstellen, dass die Auflagen nur
ein erster Schritt sind, dass die Büchse der Pandora nun geöffnet ist
und das Langfristziel in Angriff genommen wird: Alle Bürger konsequent zu entwaffnen. »Es geht hier nicht um die Jagd: Unbewaffnete
Menschen sind Sklaven!«, steht auf einem der Protestplakate von
Richmond.

Der Waffenkult in den USA erschließt sich nur, wenn man sich
die Gründermythen der Neuen Welt vor Augen führt. Vom Joch der
Unterdrückung durch die alten Eliten befreit – dem europäischen
Adel, dem Klerus, dem wohlhabenden Bürgertum, der Bürokratie –,
hat sich der selbstbestimmte Mensch eine neue Gesellschaft ge-
schaffen, in der Freiheit, Gleichheit und Eigenverantwortung gelten. Nicht nur, dass die Freiheit in blutigen Unabhängigkeitskriegen
erstritten wurde: Gleichzeitig musste die neue, demokratische Welt
der Wildnis abgerungen werden. Das Verwirklichen dieser Utopie
war mit tausenderlei Gefahren und Risiken verbunden und musste
erstritten werden: Mit der Waffe in der Hand. Und weil der freie
Mensch sich nie wieder in Abhängigkeit von illegitimen Herrschern
wiederfinden will, nimmt er alle Geschicke selbst in die Hand. Und
sorgt für seine eigene Sicherheit. Billy Byrd ist ein ehemaliger Polizist und marschiert in Richmond mit. Er ist Background-Checks gegenüber gar nicht komplett abgeneigt. Aber den Zugang zu Waffen
hält der 55-Jährige aus Williamsburg für überlebenswichtig. »Neu-
lich habe ich die Cops gerufen«, erzählt er am Rande der Demo, »das

hat eine halbe Stunde gedauert, bis die da waren! Dreißig Minuten sind mehr als genug Zeit für *Bad Guys*, meine komplette Familie auszulöschen!« Passiert ist das natürlich nicht, aber Billy Bird ist überzeugt davon, dass man besser gewappnet, sprich bewaffnet sein sollte. Deshalb steht »*Guns save Lifes*«, Waffen retten Leben, auf den orangefarbenen Aufklebern von Richmond. Das Recht auf Waffenbesitz, das in den USA der Zweite Verfassungszusatz (Second Amendment) garantiert, ist untrennbar verbunden mit dem Freiheitsideal, aber auch mit einem Konzept von Demokratie, das auf der Idee der Gleichheit aller Bürger fußt. Wer also seinen Mitmenschen die Waffen nehmen will, der beschneidet sie nicht nur eines Grundrechtes, der stellt die amerikanische Utopie als Ganze infrage. Deshalb sind die meisten der Demonstranten von Richmond auch keine durchgeknallten Extremisten mit abartigen Gewaltfantasien, keine verschrobenen Sonderlinge, keine fremdenfeindliche Provinzler, sondern ganz nette Normalbürger. Sie verstehen sich auch als Hüter der Meinungsfreiheit, einem weiteren amerikanischen Ideal, weil sie sich nicht verbieten lassen, gegen den liberalen Mainstream ihre Meinung kundzutun. Natürlich mischt sich auch »white trash« unter die Demonstranten, »weißer Abfall«, wie die unterste Bevölkerungsschicht in den USA herablassend genannt wird. Oder auch »trailer trash«, weil solche Leute häufig in Wohnwagen hausen und nicht in gemauerten Eigenheimen. Die werden aber nicht als Fremdkörper wahrgenommen, weil Amerikaner zutiefst davon überzeugt sind, dass ihre gemeinsamen Ideale Bürger aller Lebensläufe und Einkommensschichten zusammenschweißen. Bei den Protesten gegen schärfere Waffengesetze geht es im Kern einmal mehr um die Angst, Amerikas tradierte Art zu Leben sei bedroht, solle den Menschen gegen ihren Willen genommen werden. Gewehre und Pulverdampf sind da nur Symbol, ein Platzhalter.

Als im Vorfeld von Richmond das Gerücht ging, ultrarechte Gruppen, »white supremacists«, könnten die Kundgebung kapern – so wie gut zwei Jahre zuvor in Charlottesville bei der »Unite the Right«-Demo –, war die Sorge bei den Veranstaltern groß. Tatsächlich kam es in Richmond weder zu Ausschreitungen noch wurden antidemokratische Rassisten gesichtet. Ausnahmslos alle Teilnehmer, mit denen ich ins Gespräch kam, waren ausgesprochen erleichtert darüber. Der Gouverneur hatte vorbeugend einen Sicherheitsbereich rund um das Parlamentsgebäude von Richmond errichten lassen, innerhalb dessen ein striktes Waffenverbot galt. Es galt die höchste Sicherheitsstufe in der Stadt, das Kapitol war von der Polizei abgeschirmt, die waffenfreie Zone wurde respektiert. »Anti Racist – Pro Gun« stand auf einem Plakat. In Charlottesville, siebzig Meilen nordwestlich von Richmond, war Mitte August 2017 ein Aufmarsch von Rechtsextremisten komplett aus dem Ruder gelaufen. »Unite the Right« nannte sich die gespenstische Veranstaltung, bei der Neo-Nazis, Rassisten, Ku-Klux-Klan-Vermummte, Vertreter der »Alt-Right« (der Alternativen Rechten, dem US-Pendant zu den Identitären in Deutschland) und anderer rechter Gruppierungen den Schulterschluss suchten. Erklärtes Ziel der Initiatoren war es, die weißen Nationalisten der USA zu einen. Nachdem es zu Rangeleien mit Gegendemonstranten gekommen war, verurteilte Präsident Trump zwar die Gewalt, sprach aber von »very fine people on both sides«. Die feinen Leute von Ultrarechts wollte in Richmond jedenfalls niemand dabeihaben. Amerikas Kulturkämpfer sind konservativ und traditionsbewusst, aber überwiegend sind sie keine Rassisten.

Auch wenn die Befürchtung, Amerika sei in Kürze nicht mehr wiederzuerkennen, maßlos überzogen ist: Im Wandel begriffen ist das Land schon. Und der Bundesstaat Virginia ist ein gutes Beispiel dafür. Einst ein homogener, ländlicher und eher dünn besiedelter Agrarstaat, verläuft heute eine Trennlinie durch Virginia: Im Süden ist der Staat kaum verändert und wie zu Gründerzeiten geblieben. Im Norden, vor allem im Einzugsgebiet von Washington DC, gab es enormen Zuzug. Hier hat sich die Bevölkerung vervielfacht.

Seit 1990 ist Virginias Gesamtbevölkerung um 38 Prozent gewachsen. Dörfer wurden zu bürgerlichen Vororten. Noch 1950 lebten 47 Prozent der Virginianer auf dem Lande, in Dörfern. 2010 waren es nur noch 24 Prozent. Der Norden hat unterdessen wesentlich mehr Einwohner. Und die Zugezogenen haben eher urbane politische Vorstellungen mitgebracht, liberaler, progressiver, europäischer. Und ja, auch kritischer, was den Waffenkult angeht. Das betrifft vor allem Frauen in den Vorstädten und bürgerlichen Wohnvierteln, die Angst um ihre Kinder haben. Wegen der vielen Schulschießereien. Deren Verständnis davon, was es heißt, Amerikaner zu sein, hat nichts mehr mit Waffenbesitz und Individualismus-Kult zu tun. Ausdruck dieser veränderten Demoskopie sind auch die neuen politischen Mehrheitsverhältnisse. So erklärt sich, dass Virginia inzwischen ein *Blue State* ist, ein demokratisch regierter Bundesstaat. Zum ersten Mal seit über zwei Jahrzehnten. Blau ist die Parteifarbe der Demokraten, Rot die der Republikaner.

Jenseits der neuen, schnell gewachsenen Zentren im Norden, die Virginias traditionelle Kultur verändern, regt sich nicht nur bei Waffen-Rallies wie in Richmond der Widerstand. Über 110 Landkreise und Kommunen in ganz Virginia haben eine gemeinsame Resolution veröffentlicht, in der sie gegen Northams Auflagen für den Waffenkauf protestieren. Sie haben sich zu »Second Amendment Sanctuaries« erklärt, Schutzgebieten für das Recht auf Waffenbesitz, die die Novelle des Waffenrechts nicht akzeptieren. Das hat zwar keine rechtlich bindende Wirkung, sondern nur symbolischen Charakter. Aber es verfehlte seine mobilisierende Wirkung nicht. Die republikanische Parteichefin im Powhatan County, einem der »Second Amendment Sanctuaries«, Jean Gannon, wurde in der *New York Times* so zitiert: »Das ist nur der Anfang, denn ihr eigentliches Ziel ist es, den Menschen ihre Waffen ganz zu nehmen!« Und aus Pulaski County, einem weiteren Schutzgebiet für freien Waffenbesitz, war im Radio eine Straßenumfrage zu hören. »Wie weit würden Sie gehen, wenn die Regierung versuchen würde, Ihre Waffen zu konfiszieren?«, wurde ein Passant gefragt: »Sehr weit, sehr weit!«, lautete die Antwort. »Kommt und holt sie euch«, stand auf Flaggen in Richmond.

Am Ende ist die Großkundgebung vom Januar 2020 friedlich

geblieben. Ursprünglich hatte eine Initiative von Müttern, die ihre Kinder bei Schießereien verloren haben, eine Gegendemo angemeldet. Die unnötige Provokation wurde dann aber vermieden. In Richmond wurde eine einzige Frau verhaftet: Der 21-Jährigen wurde zur Last gelegt, in der Öffentlichkeit eine Maske getragen zu haben. Das war wohlgemerkt vor Beginn der Corona-Krise. Am Capitol Square, dem zentralen Platz vor dem abgeriegelten Parlamentsgebäude, ging eine pinkfarbene Rauchbombe hoch. Wer sie gezündet hatte, konnte die Polizei nicht ermitteln. Konfisziert wurde eine selbstgebastelte Guillotine. Auf der stand geschrieben: »Verrat wird mit dem Tode bestraft«. Ihr wichtigstes Anliegen haben die Initiatoren von Richmond jedenfalls erreicht: Die Pro-Waffen-Kundgebung war landesweit in den Schlagzeilen.

Solcherlei Protest, so wie jede Form des zivilen Ungehorsams gegen schärfere Waffengesetze, wird von einer mächtigen, millionenschweren Lobbyorganisation bejubelt und unterstützt: der NRA!

Die Waffenlobby NRA, »National Rifle Association«, agitiert USA-weit, hat ihren Sitz aber in Virginia. Viel öffentliche Aufmerksamkeit erfuhr die NRA in den Jahren, in denen Hollywood-Legende Charlton Heston ihr Präsident war. Aber auch ohne Posterboy ist die Lobbyorganisation unermüdlich auf allen Ebenen aktiv und singt das Hohelied des freiheitsliebenden. Revolverhelden: In Washington, in den Landeshauptstädten, in den Kommunen – immer geht es darum, jegliche Einschränkungen des in der Verfassung verankerten Rechts auf Waffenbesitz zu verhindern. Jedes Mal, wenn es in den USA zu tödlichen Schießereien kommt, ist das NRA-Credo zu hören: Es ist der Finger am Abzug, der tötet, nicht die Waffe. Je lauter jedoch der Ruf nach schärferen Waffengesetzen wurde, desto stärker stand auch die NRA mit ihrem Fundamental-Widerstand in der Kritik. Die Lobbyorganisation ist bei ihrem Kernanliegen kompromisslos, denn wie die Demonstranten von Richmond fürchtet sie, noch die kleinste Einschränkung könnte nur der Anfang sein für einen Frontalangriff auf die amerikanische Lebensart. Die NRA und die US-Medien haben ein äußerst angespanntes Verhältnis zueinander, da die Lobby die Berichterstattung über sie als linksliberal und feindselig empfindet.

Mit viel Bohren und hartnäckigem Drängeln ist es mir immerhin einmal gelungen, als Journalist von der NRA in eines ihrer Heiligtümer eingeladen zu werden: auf einen Schießstand in Virginia, im Jahre 2003.

Am Eingang zu der unzugänglichen Anlage holt mich Amy ab. Die kräftige, korpulente Mittdreißigerin ist von Kindesbeinen an Sportschützin. Und es dauert nicht lange, bis ich von ihren zahllosen Turniersiegen erfahre. Ihre »Shooting Range« besteht aus einer Vielzahl von Schießständen, von unterschiedlicher Größe und nach Waffengattungen getrennt. Auch ein Bogenschießplatz gehört dazu. Amy grinst: »Wenn du glaubst, du kannst hierherkommen, ohne selbst eine Waffe in die Hand zu nehmen«, sagt sie, »dann bist du schief gewickelt!« Das hatte ich befürchtet. Aber nicht geahnt, was mich im Detail erwartet: »Gleich beginnt eine Muzzleloader-Competition, ein Vorderlader-Wettbewerb! Und du stehst auf der Teilnehmerliste!«

Muzzleloader? Ich bemühe mich, durch beiläufiges Fragen nicht allzu deutlich werden zu lassen, dass ich keinen Dunst habe, was damit gemeint ist. Ein Muzzleloader, das lerne ich schnell, das ist ein Vorderlader. Ein Steinschlossgewehr. Also eine historische Flinte aus den Zeiten des Unabhängigkeitskrieges. Man füllt von vorne Schießpulver in den Lauf, dann schiebt man eine Bleikugel hinterher. Daher Vorderlader. Mit einem langen Metallstab werden Pulver und Blei so tief und fest wie möglich in den Gewehrlauf gestopft. Dann spannt man den Hahn, legt ein Zündplättchen auf. Und es kann losgehen. Das Bereitmachen der Waffe hat fast schon etwas Kontemplatives, eine sakrale Handlung, wie das Knüpfen des Köders beim Fliegenfischen oder das Einnocken des Pfeils an der Bogensehne. Kaum zu glauben, dass mit Waffen, die zu laden so langwierig und umständlich ist, ganze Kriege gewonnen wurden.

»Your turn!«, heißt es dann. Ich knie mich vor der Absperrung in Richtung Zielscheiben hin und bocke meinen schussbereiten Vorderlader auf einem schlichten hölzernen Ständer auf. Ich lege an. Kimme! Korn! Das Ding ist verflucht lang und schwer. Und pendelt anfangs kaum kontrollierbar hin und her. Mit Mühe bekomme ich etwas Ruhe in meine Körperhaltung und die Einheit, die ich mit der Waffe bilden soll. Ich visiere an. Und mehr, um die Anspannung loszuwerden, als um wirklich zu treffen, ziehe ich schließlich den Abzug durch: BÄMM!

Ein ohrenbetäubender Lärm. Ein Rückschlag, der mir schier die Schulter ausrenkt. Pulverdampf, der mir zunächst die Sicht vernebelt. Und dann:

»Bull's Eye! Voll ins Schwarze!«

Durch reinen Zufall, mit totalem Anfängerglück, hatte ich ins Zentrum der geschätzt zwanzig Meter entfernten Zielscheibe getroffen. Ich habe meinen Gastgebern natürlich nicht auf die Nase gebunden, dass ich gar nicht auf die Scheibe gezielt hatte, die ich schließlich mit meinem Vorderlader durchlöchert habe. Sondern auf die daneben. Aber dieses kleine, nebensächliche Detail hätte ja meinen Ruhm schmälern können. So war ich unerwartet der Star des Abends. Die NRA-Schützen waren hingerissen. Ich war einer der ihren. Volles Vertrauen ab sofort. Die Interviews am späteren Abend, während der Turnierfeier, lieferten mir einen großartigen Einblick in die Denke und das Lebensgefühl von Amerikas »gun ownern«.

Siebzehn Jahre später bin ich immer noch im E-Mail-Verteiler der »National Rifle Association«. Im Wahljahr 2020 geht ein regelrechtes Bombardement an dramatischen Appellen auf mich nieder. Einer sei hier zitiert:

»Waffenverbots-Politiker, die ins Weiße Haus und in den Kongress drängen, sagen uns ins Gesicht, dass sie unsere Waffen konfiszieren werden. Sie versprechen, das Second Amendment, den zweiten Verfassungszusatz, zu zerstören. Und sie machen klar, dass sie, sollten sie im November gewinnen, Ihre Familien entwaffnen werden und Sie schutzlos den krankesten Kriminellen dieser Gesellschaft überlassen. Das hier ist der alles entscheidende Kampf unserer Generation!«

Wen der verantwortungsbewusste, freiheitsliebende Amerikaner wählen sollte, das braucht die NRA nicht einmal mehr direkt aussprechen. Donald Trump hatte anlässlich der Kundgebung in Richmond getwittert: »Euer zweiter Verfassungszusatz wird heftig angegriffen im großartigen Commonwealth von Virginia! Das passiert halt, wenn ihr Demokraten wählt: Sie werden euch eure Waffen wegnehmen!« Die Wortwahl resoniert nicht nur mit den Parolen der NRA, sondern hatte sich bereits bei den Wahlkampfauftritten Trumps bewährt. »Die radikalen Linken werden euch eure wunderschönen Waffen wegnehmen!«, mahnt Trump auf jeder seiner Rallies. Und löst reflexartig einen dröhnenden Chor an Buhrufen aus.

Erfahrungsgemäß setzt in den USA immer dann ein Waffen-Kaufrausch ein, wenn mal wieder schärfere Waffengesetze in der Diskussion sind. Auch das hat die Corona-Krise verändert. Im März 2020, dem ersten Monat, in dem staatliche Restriktionen das Land lahmlegten, wurde die zweithöchste Rekordzahl aller Zeiten an Waffenverkäufen verbucht. Je stärker die Angst vor dem Virus umging, desto mehr rüsteten die Amerikaner auf. 1,9 Millionen Feuerwaffen gingen in diesem einen Monat über die Ladentheken der Gun-Shops. Nur im Januar 2013, kurz nach Präsident Obamas Wiederwahl und dem Amoklauf an der »Sandy Hook Elementary School« in Virginia, waren es noch mehr: zwei Millionen. Nach ihren Gründen für die Hamsterkäufe im Gun-Shop befragt, antworteten die meisten, sie bräuchten die Waffen natürlich nicht zum Schutz vor dem Virus, sondern um sich gegen Plünderer und andere Kriminelle wehren zu können. Sollte die öffentliche Ordnung im Verlauf der Krise zusammenbrechen, so die Befürchtung, dann müsse man seine Sicherheit wohl selbst in die Hand nehmen. Die Haltung darf nicht überraschen: Amerikas Waffenbesitzer hegen ein tiefes Misstrauen gegen jede Form von Obrigkeit. Dazu zählen auch die Polizei und andere Sicherheitskräfte. Wenn's drauf ankommt, so die Grundüberzeugung, dann hilft dir keiner. Dann musst du dich und deine Lieben selbst schützen!

Während der Corona-Krise verdoppelten sich die Waffenkäufe in vielen Staaten, allen voran in Utah und in Michigan. In dem Midwest-Staat wurden überdurchschnittlich viele Covid-19-Erkrankungen registriert und entsprechend verdreifachten sich die üblichen Verkaufszahlen der Gun-Shops sogar. Befürworter von schärferen Waffengesetzen warnten postwendend, dass viele der Hamsterkäufer ihre Neuerwerbungen nicht ausreichend beherrschen könnten, sie nicht sachgerecht lagern, sprich wegschließen würden. Und dass die Background-Checks, die in einigen Staaten ja verlangt werden, nicht abgeschlossen seien. Tatsächlich sprachen sich erste Zwischenfälle herum. In Alpharetta, Georgia, wurde ein Mann verhaftet, der eine geladene Waffe auf zwei Frauen gerichtet hatte, die Schutzmasken trugen. Zur Begründung sagte er, er habe Angst vor Ansteckung gehabt. In New Mexico erschoss ein Mann seinen 13 Jahre alten Cousin. Bei der anschließenden Vernehmung durch die Polizei gab er an, die Waffe nur zum Schutz vor Corona bei sich getragen zu haben. Und in Maine wurde ein Vorbestrafter, der wegen seiner kriminellen Vergangenheit keine Waffe tragen darf, wegen illegalen Waffenbesitzes angeklagt. Zu seiner Rechtfertigung sagte er, er habe sich während der Krise schützen müssen.

Doch die Trump-Regierung nahm allen Bedenkenträgern den Wind aus den Segeln. Sie stufte die Gun-Shops als »essential business« ein, als überlebenswichtig, kriegsentscheidend, ähnlich wie Apotheken, Lebensmittelgeschäfte und Tankstellen. Und in der *Washington Times*, einem vielgelesenen stockkonservativen Pro-Trump-Blatt, merkte der Ressortleiter »Meinung«, Charles Hurt, in einem Kommentar zu den positiven Effekten der Corona-Krise wörtlich an: »Ein weiterer Silberstreif am Horizont ist beispielsweise, dass Amerikaner, die aus welchen Gründen auch immer nicht ausreichend bewaffnet sind, scharenweise in die Gun-Shops strömen. Jeder Anlass, die Wehrfähigkeit eines jeden Eigenheims zu verbessern, ist ein guter Anlass!«

Amerikas Waffennarren gelingt es immer wieder, ausgerechnet die zahllosen tödlichen Schießereien zum Argument für persönliches Aufrüsten zu machen. Das Thema »Guns 'n' Bibles« lässt sich besonders auf den Punkt bringen, wenn die Waffenlobby ihren Mitbürgern nachdrücklich empfiehlt, auch beim Kirchbesuch die geladene Schusswaffe nicht zu vergessen. Zu beobachten war das etwa am Jahresende 2019. Die Tragödie, die sich kurz vor Weihnachten in einer texanischen Kleinstadt unweit von Fort Worth ereignete, wirkte auf beklemmende Weise, als hätten Trump und die NRA sie inszeniert. Die tödliche Schießerei brachte die Themenfelder praktizierter Glaube und Waffenbesitz geradezu lehrbuchartig zusammen.

Ein Todesschütze stürmte während des Gottesdienstes die »West Freeway Church of Christ« in White Settlement. Er schoss wie wild um sich, tötete zwei Kirchgänger und wurde, bevor es noch mehr Tote geben konnte, von einem Gemeindemitglied erschossen. Der Lebensretter Jack Wilson, ein früherer Polizist und Soldat, ist Betreiber eines Schießplatzes. Und führt immer eine geladene Schusswaffe bei sich, auch in der Kirche. Weihnachten 2019 war er der Held des Tages. Erst zwei Jahre zuvor hatte das Landesparlament von Texas ein Gesetz erlassen, das das Waffentragen in Gotteshäusern ausdrücklich erlaubt. Das Gesetz war mehrheitsfähig, weil die Abgeordneten noch unter dem Eindruck des Amoklaufs in einer Kirche im texanischen Sutherland Springs standen. Während des laufenden Gottesdienstes hatte der damalige Todesschütze 26 Kirchgänger getötet.

Nach den Todesschüssen vom Dezember 2019 dauerte es nur wenige Tage, bis Präsident Trump den Vorfall auf Twitter für seine Anhänger interpretierte. Der Präsident schrieb: »Ein bewaffneter Gläubiger stoppte sehr schnell den irren Kirchenschützen in Texas. Wenn nicht Teilnehmer an dem Gottesdienst sowohl bewaffnet gewesen wären als auch in hohem Maße geübt im Umgang mit ihrer Waffe, wäre der Vorfall katastrophal ausgegangen. Vielen Dank dafür!« Und in einem zweiten Tweet: »Nach nur sechs Sekunden war die Kirchenattacke vorbei, dank des tapferen Gemeindemitglieds, das handelte, um die 242 Gottesdienstteilnehmer zu beschützen.

Dieser Held, und auch die texanischen Gesetze, die das Waffentragen im Gottesdienst erlauben, haben Leben gerettet!«

Auch in dieser Debatte war die Stimme von Robert Jeffress zu hören, dem texanischen Pastor, der uns jetzt schon öfter begegnet ist. Bis zur Rückkehr des Heilands sei das Böse eine Realität, dem man begegnen und dessen Wirken so klein wie möglich gehalten werden müsse. Es sei die Pflicht eines jeden Priesters oder Rabbis, ein Sicherheitskonzept zu haben wie das der texanischen Kirche, um bei Ereignissen wie diesem reagieren zu können. Sprich: bewaffnete Gottesdienstteilnehmer, die einen Attentäter unschädlich machen können.

Keine Newsstory, seit wir wieder in den USA lebten, war so getränkt in dem uramerikanischen Cocktail aus Gottesfurcht und Waffenkult, wie diese. Sich diese Gefühlslage politisch zunutze zu machen, das ist der Kern von Trumps konservativer Kulturrevolution. »Guns 'n' Bibles«, das sind die Fetische des vergessenen Amerika, das Trump wieder sichtbar gemacht hat. An dem das Küstenestablishment so selbstgefällig vorbeischaute, als es sich längst als Sieger des amerikanischen Kulturkampfes wähnte. Dann kam jemand ganz und gar Unmögliches; Trump, stellte sich an die Spitze des Aufstandes und belebte den Kulturkampf neu. Auch Hollywood, HBO und Netflix haben stets verschämt einen Bogen um diese Welt gemacht. Trumps Leistung besteht darin, sie wieder auf den Radarschirm gebracht zu haben. Selbstlos war das freilich nicht: Diese Basis als Fundament des rechtskonservativen Netzwerks aus Propagandamedien, NRA und evangelikalen Predigern ist in der Eigenwahrnehmung mit der Kunstfigur Trump verschmolzen. Trump ist hier nicht der reale Immobilienspekulant und Kasinobetreiber, sondern eine Projektionsfläche für die Wünsche und Sehnsüchte des marginalisierten Amerikas. Diese Allianz geschmiedet zu haben bleibt Donald Trumps größte Errungenschaft.

VIII

Waffengewalt in den USA, oder:
Der Kampf der Mütter

JULIA KASTEIN

Am 24. Januar 2014 hat Darion Marius Aguilar Frühschicht in der »Dunkin Donuts«-Filiale in Laurel, einem Vorort in Norden von Washington DC. Der 19-Jährige, der mit seiner Mutter nur ein paar Bushaltestellen entfernt in einem gepflegten Einfamilienhaus mit grünen Fensterläden lebt, verlässt morgens früh um kurz nach fünf das Haus.

Doch Darion, der im Sommer zuvor mit der Highschool fertig geworden ist, fährt nicht zur Arbeit. Was er in den nächsten Stunden macht, wird sich wohl nie mehr klären lassen. Um 10.15 Uhr, kurz nach Ladenöffnung, kommt er per Taxi an der Columbia Mall an, einem großen Einkaufszentrum rund 15 Kilometer von seinem Haus entfernt. In seinem Rucksack: eine 12-Kaliber-Pump-Action-Schrotflinte, Munition, und zwei selbstgebastelte Bomben.

Der 24. Januar 2014 ist ein Samstag. Und der dritte Geburtstag von Liz Banachs Tochter. »Die Party sollte am Nachmittag sein«, erzählt Liz mir sechs Jahre später, als wir uns im Abgeordnetenhaus von Marylands Hauptstadt Annapolis treffen. »Und mein Mann fragte, wie er helfen kann. Ich sagte nur: ›Halt mir die Kinder vom Hals.‹ Und er meinte: ›Gut, ich gehe mit ihnen in die Mall.‹ Denn da gab es ein Karussell, das meine Tochter liebte.« Liz, eine lebhafte Blondine, die schnell denkt und ebenso schnell redet, muss kurz schlucken. Sie sei gerade dabei gewesen, die Geburtstagstorte zu glasieren, als ihre Mutter anrief. »Sie war ziemlich aufgeregt. Und hat gefragt: Wo bist du? Ich sagte: ›Zu Hause.‹ Und sie: ›Gott sei Dank. Denn in eurem Einkaufszentrum gibt es gerade eine Schießerei.‹ Und mir rutschte das Herz in die Hose.«

Auch Jahre später ist bei Liz die Angst von damals spürbar präsent. »Ich habe immer wieder versucht, meinen Mann zu erreichen, aber er ist nicht rangegangen. In Wirklichkeit waren es wahrscheinlich nur zwei Minuten. Aber ich war vollkommen hysterisch. Und als er endlich ranging, sagte er, sie seien statt in die Mall doch lieber ins Naturzentrum gegangen.«

Drei andere Mütter hatten weniger Glück. Darion erschoss an diesem Tag in der Mall zwei Verkäufer in einem Skateboard-Laden – ein Geschäft, in dem der begeisterte Skateboarder zuvor mit seinen Freunden öfter gewesen sein soll. Seine Opfer, die 21-jährige Brianna Benlolo und den 25-jährigen Tyler Johnson, kannte er offenbar nicht persönlich. Nach den ersten tödlichen Schüssen feuerte er noch mehrfach in den Food-Court der Mall, schoss dann beim Herauslaufen einer Frau in den Fuß, und tötete schließlich auf dem Parkplatz sich selbst.

Das »Columbia Mall Shooting«, wie der kurze tödliche Amoklauf später in den Medien genannt wurde, war mit nur drei Toten so unbedeutend, dass es nicht einmal in die Statistik für Massenschießereien einging. Dort wird erst ab vier Todesopfern gezählt. Doch für Liz verändert Darions erweiterter Suizid das Leben. »Es hat meine Familie so dicht berührt. Sie hätten auch dort sein können. Und ich dachte nur: ›Ich kann so nicht weiterleben, mit dem Wissen, dass das die Realität für meine Kinder sein soll.‹«

Die junge Frau begann sich für strengere Waffengesetze zu engagieren. Erst ehrenamtlich, inzwischen hauptberuflich, als Cheflobbyistin von »Marylanders to Prevent Gun Violence«. Und Liz ist nicht die einzige Vorstadtmutter, die aus Sorge um die Sicherheit ihrer Kinder jetzt Politik macht. Im ganzen Land sind es inzwischen Millionen von Frauen in verschiedenen basisdemokratischen Organisationen. Die wohl einflussreichste und von der Waffenlobby »National Rifle Association« (NRA) deshalb am meisten gefürchtete ist »Moms Demand Action«. Gegründet wurde sie von Shannon Watts, einer Hausfrau aus Indiana. Und zwar nach einem Massenmord, der allgemein als Wendepunkt in der öffentlichen Debatte in den USA gilt: Der Amoklauf an der »Sandy Hook«-Grundschule in Newtown, Connecticut, am 14. Dezember 2012.

Der 20-jährige Adam Lanza hatte an dem Tag erst seine Mutter ermordet, bevor er zu seiner ehemaligen Schule fuhr und dort 26 Menschen erschoss – zwanzig davon Kinder. Es war die bis dahin schlimmste Massenerschießung in den USA.

In seiner emotionalen Trauerrede versprach Präsident Barack Obama ein paar Tage später, dass er alles tun werde, um nie wieder bei einem ähnlichen Anlass sprechen zu müssen. Strengere Waffengesetze sollten zum Kernthema seiner zweiten Amtszeit werden. Obama setzte eine Task-Force ein, unter Leitung seines Vizepräsidenten Joe Biden.

Liz Banach verfolgte das alles mit. Doch ihre Bilanz fällt in der Rückschau bitter aus: »Sandy Hook hatte mich auch ganz schön aus der Bahn geworfen. Ich weiß noch wie ich dachte, okay, jetzt wird sich endlich etwas ändern. Die Welt wird sich ändern. Unsere Waffengesetze werden sich ändern. Aber es passierte nichts.«

Denn um beispielsweise auch nur generelle Überprüfungen von Waffenbesitzern und potenziellen Käufern einzuführen, fehlte Obama schlicht der Rückhalt im Kongress. Für Politiker in den USA sind strengere Waffengesetze ein schwieriges Thema, egal welcher der beiden Parteien sie angehören. Auch viele demokratische Wähler auf dem Land halten Waffenbesitz für ein unverzichtbares Grundrecht. Eine Erfahrung, die beispielsweise der demokratische Präsidentschaftsbewerber Bernie Sanders schon früh in seiner Karriere machte. In den 1990er Jahren war der heutige Senator aus Vermont der einzige Abgeordnete seines Staates in Washington. Und stimmte in dieser Zeit gleich fünf Mal gegen die sogenannte »Brady Bill«, eines der wenigen Bundesgesetze, das den Waffenbesitz in den USA reguliert. Heute sagt Sanders, er habe damals gegen seine Überzeugung gestimmt – aber er konnte seine Wähler im ländlichen Vermont nicht verprellen.

Seit »Sandy Hook«, seit dem »Columbia Mall Shooting« in Liz Banachs Nachbarschaft sind tausende weitere Menschen in den

USA durch Waffengewalt gestorben. Liz klingt resigniert, wenn sie über den mangelnden politischen Willen in Washington spricht, dagegen etwas zu tun. Aber auf Landesebene, in ihrem Heimatstaat Maryland, hat sich einiges geändert.

Schon 2013, kurz nach »Sandy Hook«, aber noch vor dem »Columbia Mall Shooting«, verabschiedete Maryland ein ganzes Paket von Waffengesetzen – darunter auch Background- oder Hintergrundchecks, ein Mindestalter von 21 Jahren, Sicherheitstraining und eine Wartezeit von sieben Tagen, bevor ein Käufer seine Waffe auch bekommt. Die Waffengesetze von Maryland sind für US-Verhältnisse besonders streng – und werden von Waffengegnern gerne als positives Beispiel gepriesen. Allerdings: Die strengen Regeln beziehen sich nur auf bestimmte Waffen. Schrotflinten, wie Darion eine benutzte, gehören nicht dazu. Der 19-Jährige hatte die Pumpgun ein paar Wochen vor seinem Amoklauf ganz legal gekauft.

Es gibt also noch reichlich Verbesserungsbedarf auch in ihrem Bundesstaat, findet Liz. An einem Tag im Februar 2020, noch kurz bevor die Corona-Krise die Parlamentssaison in Marylands Hauptstadt Annapolis abrupt vorzeitig beendet, steht die Lobbyistin mit ein paar Mitstreiterinnen vor einem Sitzungssaal im Abgeordnetenhaus und erwartet ihren Auftritt vor dem Justizausschuss. Das Gebäude summt wie ein Bienenstock. Hunderte Leute, die meisten in Anzug oder Kostüm, eilen durch die langen holzgetäfelten Gänge oder stehen aufgeregt schwatzend in der mit Marmor gefliesten Eingangshalle. Das Parlament von Maryland tagt unter normalen Umständen nur an neunzig Tagen im Jahr – entsprechend dicht ist an den Sitzungstagen der Terminkalender. Liz, in rotem Wollmantel, das blonde Haar hochgesteckt, wird an diesem Tag gleich zu mehreren Gesetzesvorhaben als Expertin sprechen: Es soll um strengere Auflagen für Waffenhändler gehen. Und um strengere Haftungsregeln für Eltern, falls deren Kinder mit ihren Waffen ein Verbrechen begehen.

Die Debatte um Waffen habe sich verändert, meint Liz. Früher sei die alltägliche tödliche Gewalt ein Thema gewesen, mit dem die Betroffenen weitgehend allein gelassen wurden. Bis heute ist es so, dass Schießereien in den US-Medien nur dann landesweite Schlagzeilen machen, wenn es mindestens ein halbes Dutzend Tote gibt. Oder die Umstände besonders dramatisch sind: Etwa, weil der Täter in einer Kirche gewütet hat – wie am 17. Juni 2015 in Charleston, South Carolina, als ein weißer Rassist neun Afroamerikaner während einer Bibelstunde ermordete. Oder wenn Menschen in einer Synagoge angegriffen werden – wie am 27. Oktober 2018, als ein Antisemit in Pittsburgh, Pennsylvania, elf Gläubige eines Gottesdienstes am Sabbat tötete. Dann entbrennt von neuem die Debatte, dass sich nun aber wirklich etwas ändern muss und wird.

Zuletzt funktionierten diese Reflexe im August 2019, als binnen eines Wochenendes bei zwei Schießereien in Texas und in Ohio 29 Menschen starben. Selbst US-Präsident Donald Trump erklärte unmittelbar danach, dass er strengere Hintergrundchecks für Waffenbesitzer wenigstens prüfen lassen wolle. Um nach einem Telefonat mit dem Chef der mächtigen Waffenlobby »National Rifle Association« schnell wieder einen Rückzieher zu machen.

Es ist leicht, sich als ausländische Journalistin über die ritualisierten politischen Reaktionen und die scheinbare amerikanische Unverbesserlichkeit zu erheben. Doch zumindest was unsere Aufmerksamkeit für das Thema angeht, gibt es dafür keinen Grund. Denn auch wir berichten nur, wenn es viele Tote gab. Und natürlich berichten wir, obwohl – oder sogar – weil wir wissen, dass wir damit nur anti-amerikanische Klischees bedienen und verfestigen.

Wie fest diese Klischees bei mir selbst sitzen, wurde mir schon beim ersten Telefonat mit Liz klar. Massenschießereien seien nur ein ganz kleiner Teil des Problems, sagte sie damals. Die meisten Menschen, die in den USA durch Schusswaffen ums Leben kommen, haben selbst abgedrückt: Sechzig der täglich rund einhundert Toten durch Schusswaffen haben Suizid begangen. »Oft sagen mir die Leute, dass diese Opfer doch nicht wirklich zählen, dass das was anderes ist. Und deshalb wird darüber kaum gesprochen. Aber die Öffentlichkeit muss verstehen: diese Zweidrittel der Opfer durch Suizid, die sind wichtig.«

Für Amy Cress ist das Thema persönlich. Ich treffe die Kommunikationschefin einer Hilfsorganisation für Kinder mit Behinderungen in ihrem kleinen Büro in Silver Spring, einem Vorort von Washington. Es ist eines der letzten Interviews, die ich zu Beginn der Corona-Krise noch ohne sozialen Abstand führe. Es ist Anfang März und wir geben uns – ein paar Tage später unvorstellbar – sogar die Hand. Über dem Schreibtisch hängen selbstgemalte Bilder ihrer Zwillinge. Auch Amy engagiert sich ehrenamtlich bei »Marylanders to Prevent Gun Violence«. Auch für die resolute Mittvierzigerin war die Schießerei von »Sandy Hook« der Auslöser für ihr Engagement: »Das war der Moment, in dem ich nicht mehr sagte: ›Jemand muss was machen gegen Waffengewalt in diesem Land.‹ Sondern in dem ich mir sagte: ›Ich muss was machen.‹«

Stolz erzählt Amy, wie sie die erste Demonstration für schärfere Waffengesetze mit 8000 Teilnehmern in Washington mitorganisierte. Und gemeinsam mit mehreren demokratischen Abgeordneten am »Firearm Safety Act«, dem Gesetzespaket für mehr Waffenkontrolle in Maryland mitarbeitete.

»Und jetzt spulen wir mal zurück zum Herbst 2015«, sagt Amy dann ziemlich unvermittelt. »Da hat sich meine Schwester, die schon seit vielen Jahren psychische Probleme hatte und süchtig war, umgebracht.«

Amy redet schnell weiter: »Meine Mutter hat mich bei der Arbeit angerufen und mir gesagt, dass meine Schwester eine Waffe hatte. Und meine erste Frage war: ›Woher hatte sie eine Waffe?‹ – Und es stellte sich heraus, sie hat die in Michigan, wo sie lebte, ganz legal bekommen, binnen ein paar Minuten, von einem staatlich lizenzierten Waffenhändler.«

Amy macht die laschen Waffengesetze in Michigan mitverantwortlich für den Tod ihrer Schwester. »Wenn ich bei Veranstaltungen von ihr erzähle, dann sage ich immer, in Maryland wäre es für sie so viel schwieriger gewesen.« Zuerst hätte sie dort ein vierstündiges Sicherheitstraining absolvieren und einen Waffenschein erwerben müssen. »Und erst dann hätte sie sich eine Pistole kaufen können. Und all diese Zwischenschritte hätten sie vielleicht davon abgehalten.«

Suizid sei schließlich oft eine sehr impulsive Handlung, sagt Amy. »Und von den Leuten, die einen Selbstmordversuch überleben, versuchen es neunzig Prozent nie wieder. Aber wenn du eine Schusswaffe benutzt, dann stirbst du zu hundert Prozent.« Ihre Schwester, sagt Amy, habe schon einen Suizidversuch hinter sich gehabt. »Mit Tabletten. Aber das war wirklich ein Hilfeschrei. Bei der Menge und Art der Pillen, die sie geschluckt hat, war es ziemlich unwahrscheinlich, dass sie bleibenden Schaden angerichtet hätte. Aber in dem Moment, wo sie eine Schusswaffe hatte, wurde aus einem Hilfeschrei ein Todesurteil.«

Die Hälfte aller Suizide in den USA wird mit Schusswaffen begangen. Verglichen mit anderen westlichen Industrienationen ist die Selbstmordrate hier deutlich höher. Für junge Leute zwischen 15 und 34 Jahren, so eine Erhebung der US-Gesundheitsbehörde »Centers for Disease Control«, ist Suizid die zweithäufigste Todesursache. Gemeinsam mit Alkoholismus und Drogenabhängigkeit gilt Selbstmord zu den Gründen, warum die Lebenserwartung in den USA seit Jahren sinkt.

Ihre Schwester sei in psychiatrischer Behandlung gewesen, erzählt Amy. Doch der Arzt habe sie nur mit noch mehr Tabletten ruhiggestellt. »Sie war ganz klar verzweifelt und es ging ihr nicht gut.« Aber selbst wenn sie oder ihre Mutter geahnt hätten, was die Schwester plant: Sie hätten nicht verhindern können, dass sie sich eine Waffe besorgt. Denn obwohl immer wieder diskutiert, gibt es sogenannte »Red Flag«-Gesetze bislang nur in einem Drittel der Bundesstaaten. Danach kann die Polizei jemandem eine Waffe wegnehmen, wenn derjenige eine Gefahr für sich selbst oder andere darstellt. Allerdings nur auf Anordnung eines Gerichts.

In Maryland heißt das entsprechende Gesetz »Extreme Risk Protective Order« und gilt seit Oktober 2018. Wäre es schon fünf Jahre früher beschlossen worden, hätte Darion, der »Columbia Mall«-Mörder, vielleicht noch gestoppt werden können. Aber auch nur vielleicht. Denn der junge Mann, der von seinen Freunden als unauffällig und nett beschrieben wurde, hatte offenbar psychische Probleme. In seinem Tagebuch, erklärte die Polizei, habe Darion von seinem generellen Hass auf andere Menschen geschrieben und davon, dass er bereit sei zu sterben – und andere mit in den Tod nehmen wollte.

Amy warnt davor, die Debatte zu sehr auf Einzeltäter mit mentalen Problemen zu fokussieren. »Es ist sehr schwer zu verstehen, warum jemand so etwas macht und andere mit sich nimmt. Ich bin nicht so naiv und arbeite zu lange an diesen Themen, um zu denken, dass es ein magisches Rezept gibt, das alle unsere Probleme löst. Aber es frustriert mich ohne Ende, dass vor allem auf Bundesebene so wenig passiert, um überhaupt etwas zu ändern.«

Wie schwer es ist, etwas zu ändern – und wohin es führt, wenn erst viele Jahrzehnte nichts und dann das Falsche passiert, lässt sich in Marylands größter Stadt Baltimore eindrucksvoll nachvollziehen.

Mein Ziel an diesem Tag ist die South Dukeland Street im Südwesten der Stadt, eine schmale Straße in einem ärmlichen Wohngebiet. Rechts eine Jalousien-Fabrik, daneben hinter einem meterhohen Zaun ein wild bellender Hund, der eine Lagerhalle für Exportgüter bewacht. Links eine Reihe barackenähnlicher Gebäude, die Fassaden fensterlos und abweisend. Ich denke erst, ich muss hier falsch sein. Ich bin mit einer Pastorin in einer Kirche zum Interview verabredet. Dann entdecke ich das rechteckige Schild über der schlichten Eingangstür: »Pillar Worship Center« steht darauf und »Alle willkommen«. Eine Klingel entdecke ich nicht, also setze ich mich erst einmal auf das Bänkchen vor der Baracke. Dann öffnet auch schon eine füllige Afroamerikanerin mit breitem Lächeln die Tür. Greta Willis schüttelt mir herzlich die Hand und lotst mich ins Innere. Auch hier erinnert wenig an eine Kirche: Ein großer fensterloser, halbdunkler Raum, kaum ausgeleuchtet durch ein halbes Dutzend billiger Leuchter, die von der sonst kahlen Decke baumeln. An den Wänden hängen schwarz-weiße Fotokopien mit den Porträts afroamerikanischer Helden: Präsident Barack Obama, die

Dichterin Maya Angelou, der kurz zuvor verstorbene Bürgerrechtler Elijah Cummings aus Baltimore, der Tennisspieler Arthur Ashe der Schriftsteller Frederick Douglass. In der Mitte des Saals sind ein paar Tische zusammengeschoben. Von hier aus organisiert Greta die Lebensmittelhilfe für monatlich etwa 120 Bedürftige aus der Gegend. Rund ein Viertel der gut 600 000 Bewohner von Baltimore leben unterhalb der Armutsgrenze.

Greta und ich setzen uns auf zwei Plastikstühle. Und dann erzählt sie vom 12. August 2006, dem Tag, an dem ihr 14 Jahre alter Sohn von einem Polizisten erschossen wurde. In ihrem eigenen Haus.

»Ich habe die Polizei gerufen, weil Kevin einen emotionalen Zusammenbruch hatte. Die Beamten kamen um 9.30 Uhr. Ich hatte gehofft, dass sie ihm helfen würden, dass sie einfach mit ihm reden würden.« Zuerst habe das auch funktioniert. Kevin beruhigte sich schnell, sagt Greta, einer der beiden Beamten ging deshalb auch nach ein paar Minuten wieder. »Aber der andere Polizist blieb. Er hat mit Kevin gestritten und ist ihm durchs ganze Haus gefolgt. Er hat ihn gegen sich aufgebracht und die Situation, die sich ja schon wieder beruhigt hatte, wieder verschlimmert. Dann hat Kevin eine Plastikkehrschaufel in die Hand genommen. Und der Beamte hat ihn erschossen. Er hat sein Leben verloren, weil er eine Plastikschaufel in der Hand hielt.« Und nach Meinung der Polizei von Baltimore war das ein »justifiable homicide«. Also ein »berechtigter Totschlag«.

Greta, das langsam grau werdende Haar kunstvoll dicht am Kopf geflochten, rückt ihre Brille zurecht. »Er war erst 14 Jahre alt. Er war ein Schüler, ein Onkel, ein Bruder. Es ging ihm gut. Er hatte Träume und Wünsche, die wir nie Realität werden sehen, weil ein Polizist der Stadt Baltimore ihn erschossen hat, der dafür rechtlich nie belangt wurde.«

Die Polizei hatte die Ereignisse vom 6. August 2006 damals anders geschildert: Laut Lokalzeitung *Baltimore Sun* soll Kevin den Beamten demnach erst mehrfach mit einem Besenstiel bedroht und geschlagen haben. Der Polizist habe dann mehrfach Pfefferspray eingesetzt, allerdings ohne Erfolg. Und erst dann habe der Beamte, in Notwehr, zur Waffe gegriffen.

Auch den Ausgangspunkt ihres Einsatzes schilderte die Polizei damals anders: Greta habe sie gerufen, weil ihr Sohn sie bedroht habe. Greta sagt dazu im Gespräch mit mir nur: »Kevin hatte einen emotionalen Zusammenbruch.« Acht Jahre zuvor war sein älterer Bruder, zu dem er ein sehr enges Verhältnis hatte, bei einem Autounfall ums Leben gekommen. »Das hat Kevin traumatisiert. Er hatte viele Probleme, war oft sehr traurig.«

2019 wurden in den USA 1099 Bürger von der Polizei getötet. Ein Viertel der Opfer waren Afroamerikaner. Obwohl sie nur 13 Prozent der Bevölkerung ausmachen. Und nur selten werden die Beamten dafür zur Rechenschaft gezogen.

Jahrzehntelang war der institutionelle Rassismus kein Thema, das eine breitere Öffentlichkeit mobilisierte. Das ist jetzt anders, sagt Greta: »Die Einstellung der Leute hat sich seit Kevins Tod geändert. Die Leute schauen genauer hin und verstehen es besser. Früher wurde immer automatisch dem Polizisten geglaubt.«

Exzessive, tödliche Polizeigewalt wird von den Communities, also von den betroffenen Bevölkerungsgruppen, nicht länger hingenommen: Das erleben wir im Frühsommer. In Minneapolis stirbt am Feiertag »Memorial Day« der Afroamerikaner George Floyd. Das Amateurvideo von seinem Tod geht um die Welt: Ein Polizist hatte dem am Boden liegenden Mann zuvor minutenlang sein Knie in den Nacken gedrückt. Drei weitere Beamte machten mit oder sahen zu. »Ich kann nicht atmen« – »I can't breathe«, stöhnt Floyd immer wieder, bevor er das Bewusstsein verliert und stirbt. Hundertausende Menschen demonstrieren wochenlang in über einhundert US-Städten gegen Rassismus und Polizeigewalt, es kommt zu Plünderungen, Polizeiwagen gehen in Flammen auf. Ob diese Proteste etwas ändern? Es war jedenfalls nicht das erste Mal, dass sich der Zorn der Afroamerikaner über rassistische Übergriffe gewaltsam entlud: Auch als im Sommer 2014 ein Polizist den unbewaffneten

Afroamerikaner Eric Gardner bei einer Festnahme so heftig von hinten stranguliere, dass der erst Atemnot und dann einen tödlichen Herzinfarkt erlitt, ging ein Aufschrei durchs Land. Als das Verfahren gegen den Beamten nach ein paar Monaten eingestellt wurde, demonstrierten auch tausende in Großstädten im ganzen Land.

»Black Lives Matter«, so viel wie »Auch schwarze Leben zählen«, ist seither nicht mehr nur ein verzweifelter Protestruf, sondern eine politische Bürgerrechtsorganisation, die sehr erfolgreich Öffentlichkeit für ein Problem schafft, dass die USA seit Jahrhunderten plagt und immer noch nicht gelöst ist: institutioneller Rassismus und seine Folgen.

Wie komplex das Problem ist, weiß Greta Willis genau. Denn die Benachteiligung lässt sich nicht immer an unterschiedlicher Hautfarbe festmachen. Der Beamte, der ihren Sohn tötete, war selbst Afroamerikaner, erst seit einem Jahr bei der Polizei. Sicher haben Unerfahrenheit und Übereifer eine Rolle gespielt. »Und Respektlosigkeit, weil wir hier in einem sozialen Brennpunkt wohnen. Wenn du in einem Problemviertel lebst, dann bekommst du nicht den gleichen Respekt entgegengebracht, wie wenn du in einem Viertel mit höheren Einkommen lebst. Es hat was mit Geld zu tun. Aber auch wenn das Durchschnittseinkommen in einem Viertel niedrig ist, gibt es da vielleicht Leute, denen es gut geht. Man kann nicht alle über einen Kamm scheren.«

Gretas eigenes Viertel ist dafür ein gutes Beispiel: Auf den ersten Blick wirken die Reihenhäuser heruntergekommen. Einige stehen leer, die Fenster zugenagelt. In manchen Gärten gedeiht das Unkraut zwischen Sperrmüll. Aber dazwischen leuchten frisch getünchte Fassaden in Grün und Lila. Und Schilder ermahnen die Bewohner, ihre Nachbarschaft zu pflegen.

Greta, die in Baltimore aufgewachsen ist und früher als Justizvollzugsbeamtin gearbeitet hat, lebt schon seit Jahrzehnten in dieser Gegend. Nach dem Tod ihres Sohnes und den erfolglosen Prozessen gegen die Polizei warb sie bei der Stadt darum, ihre Straße nach Kevin benennen zu dürfen. Letztlich mit Erfolg. Jetzt wohnt sie in der Kevin L. Cooper Street, in dem Haus, in dem ihr Sohn gestorben ist, nur ein paar hundert Meter von der Polizeiwache entfernt. Gemeinsam mit ihrem Mann hat sie eine Stiftung gegründet, die sich um Jugendliche kümmert, die Opfer von Waffengewalt wurden. »Wir bieten eine Trauergruppe an. Und wir halten jeden Sommer ein Camp ab, vier Wochen lang. Und an jedes Jahr, um Kevins Geburtstag herum im August, versuchen wir unserer Gemeinschaft etwas zurückzugeben: Lehrmittel für die Schule, Kleidung, Schuhe. In den vergangenen dreizehn Jahren haben wir so über zweihundert Familien geholfen, die ihre Kinder, Ehemänner, Söhne und Töchter verloren haben.«

Die Hafenstadt Baltimore ist die Stadt mit den meisten Morden in den USA: 309 waren es 2018, ein paar weniger als im Jahr davor – aber immer noch fast jeden Tag ein Toter. Wie der tödliche Kreislauf aus Armut, Drogen, Korruption und Gewalt funktioniert, lässt sich – noch dazu auf morbid-unterhaltsame Weise – in der preisgekrönten Fernsehserie »The Wire« aus dem Jahr 2002 sehen. Das Drehbuch für die Serie hatte der langjährige Polizeireporter der *Baltimore Sun* geschrieben. Und wenn man die Zeitung heute liest oder auch nur mit dem Zug durch die Stadt fährt, ahnt man, dass sich seither nicht viel geändert hat: Ganze Wohnviertel von Baltimore sind unbewohnbar, ganze Straßenzüge abrissreif. US-Präsident Donald Trump beschrieb Baltimore im Sommer 2019 als »rattenverseuchtes Nest« in dem »kein Mensch leben will«. Es folgte ein Aufschrei der Empörung.

Aber dass Baltimore große Probleme hat, lässt sich kaum ignorieren. Und viele davon haben mit der Verfügbarkeit von Waffen zu tun. Denn obwohl es mittlerweile schwieriger geworden ist, legal an eine Schusswaffe zu kommen: illegal, unter der Hand bzw. dem Ladentisch, ist es immer noch ganz einfach.

»Es ist so einfach, hier in Baltimore eine Waffe zu bekommen. Leute, die sie legal gekauft haben, verschachern sie hier für Drogen«, sagt Greta Willis. »Für die heutige Generation ist es fast so, als ob du dir im Laden ein paar Süßigkeiten kaufst. Leute bekommen da Waffen, die keine Waffen haben sollten.«

Aber warum werden gerade junge Afroamerikaner so häufig zu Tätern und Opfern von Waffengewalt? Greta zuckt hilflos die Schultern. »Oft geht es um Drogen. Oder um Rache. Wenn du einen umlegst, dann kommen die und bringen dich oder sogar deine ganze Familie um. Armut ist ein großer Faktor. Drogenmissbrauch ein anderer. Es gibt viele Gründe, warum Leute so einfach eine Waffe benutzen und offenbar überhaupt keine Achtung vor dem Leben eines anderen haben.«

Die Polizei versuchte jahrelang das Problem in den Griff zu bekommen, indem sie Beamte in Zivil quasi auf Jagd schickte. Vor allem junge Schwarze wurden auf der Straße angehalten und kontrolliert. Das US-Justizministerium attestierte der Polizeibehörde von Baltimore deshalb in einer Untersuchung 2016 Diskriminierung und Menschenrechtsverstöße – weil Vorgesetzte ihre Beamten beispielsweise angewiesen hatten, »alle schwarzen Kapuzenpulli-Träger« in einem Viertel festzunehmen.

Aktiv geworden war das Justizministers nach einem weiteren Todesfall mit Polizeibeteiligung: Im Frühjahr 2015 hatten Zivilbeamte den 25-jährigen Freddy Gray festgenommen, weil er ein Messer bei sich trug. Auf der Fahrt zur Wache erlitt der junge Afroamerikaner so schwere Rückenmarksverletzungen, dass er erst ins Koma fiel und später starb. Die Umstände wurden nie völlig geklärt, die beteiligten Beamten freigesprochen. Der Tod von Freddy Gray löste in Baltimore massive Proteste aus. Es kam zu Plünderungen, Polizeiwagen wurden angezündet, Dutzende Menschen verletzt.

Die Maßnahmen der Polizei in Baltimore gegen illegalen Waffenbesitz waren nicht nur diskriminierend und brutal. Sie nutzten auch gar nichts: Die Zahl der tödlichen Schießereien stieg weiter und hat sich in Baltimore mittlerweile auf landesweitem Rekordniveau eingepegelt. Und weil die Polizei ihre Kräfte lange auf die Jagd nach den Besitzern der Waffen konzentrierte, wurden die meisten der täglich drei Morde in der Stadt nicht aufgeklärt.

Liz Banach von »Marylanders to Prevent Gun Violence« kämpft deshalb dafür, dass diese Waffen gar nicht erst in die Hände der potenziellen Täter gelangen. »Wir müssen an die Wurzel ran: Wo kommen diese Waffen eigentlich her? Und dass Waffenhändler nicht dafür verantwortlich gemacht werden, wenn ihre Waffen verschwinden, das ist ein Riesenproblem.« Die allermeisten Schusswaffen, die irgendwann illegal gehandelt und bei Verbrechen benutzt würden, stammten schließlich ursprünglich aus ganz legalen Waffenläden. »Es ist wie bei der Bekämpfung von Drogenkriminalität: Bestrafen wir nur die Drogenabhängigen oder die Händler? Denn ich glaube, viele dieser jungen Männer, die sich illegal eine Waffe beschaffen, haben das Gefühl, dass sie gar keine Wahl haben. Und wenn wir sie alle immer nur wegsperren, zerstören wir ganze Gemeinschaften.«

Ihre Organisation fordert deshalb strengere Auflagen für Waffenhändler – am liebsten wäre es Liz, wenn jede Waffe mit einem Sensor ausgerüstet würde, damit man ihren Standort stets nachvollziehen kann.

Liz, die als Kind oft mit ihrem Vater auf der Jagd war, wehrt sich gegen die Unterstellung der Waffenlobby, dass sie allen Amerikanern ihr verfassungsmäßiges Recht eine Waffe zu tragen streitig machen will. Auch wenn sie dieses Recht auf Waffen letztlich für einen falsch verstandenen Mythos hält. Schließlich sei der betreffende Verfassungszusatz im späten 18. Jahrhundert verfasst worden, um Milizen das Recht auf Waffen zu sichern, um ihre Freiheit zu verteidigen. Waffen, glaubt Liz, hätten auch viel mit dem amerikanischen Verständnis von Männlichkeit zu tun, Stereotypen wie John Wayne, genährt durch unzählige Western. »Aber Dodge City gab es ja wirklich. Und am Ortseingang von Dodge City gab es ein Schild: ›Bevor Sie die Stadt betreten, müssen Sie Ihre Waffen beim Sheriff abgeben.‹ Weil die Leute damals eben verstanden haben, wie tödlich und gefährlich Waffen sind.«

IX

Weißer Glanz und schwarzes Elend, oder: Eine Zeitreise durch den »Deep South« der USA

SEBASTIAN HESSE-KASTEIN

Immer wenn Gouverneur William Aiken jr. und seine Frau Harriett in den 1830er Jahren eine Abendgesellschaft gaben, dann versammelte sich die Hautevolee von Charleston im Speisesaal ihres feudalen Stadtpalais' in der Elisabeth Street. Das »Aiken-Rhett House Museum«, wie es heute genannt wird, war damals, vor dem Bürgerkrieg, ein Zentrum des gesellschaftlichen Lebens in der schönen, wohlhabenden Kaufmannstadt an der Küste von South Carolina. Wenn die Gäste der Aikens aus dem Fenster des Speisesaals blickten, dann sahen sie wenige Meter entfernt zwei Nutzgebäude: die Ställe für das Vieh und nebendran das Sklavenquartier. Die armselige Unterkunft der Leibeigenen war buchstäblich zum Greifen nah von der feudalen Gouverneursvilla aus. Das schmucke Städtchen Charleston mit seinen prunkvollen Villen, lauschigen Gärten, uralten Laubbäumen, Gaslaternen und Kopfsteinpflastergassen verdankte seinen Vorkriegswohlstand vor allem einem Gewerbe: dem Sklavenhandel. William Aiken jr. allein hat 800 Leibeigene besessen, die größtenteils auf seinen Plantagen für ihn arbeiten mussten. An keinem anderen Ort in der Neuen Welt gab es ein derart kontrastreiches Nebeneinander von weißem Glanz und schwarzem Elend wie in Charleston.

Das »Aiken-Rhett House« steht heute noch unverändert an seinem angestammten Platz. Die dreistöckige, ockerfarbene Villa ist nie renoviert worden und noch genauso möbliert wie in den Tagen der Sklaverei. Nirgends im »Deep South«, im tiefen Süden der USA, bekommt man einen derart authentischen Einblick in das Alltagsleben vor dem Bürgerkrieg. Das »Aiken-Rhett House« ist eine Zeitkapsel. Wer es betritt, wird auf einem Zeitstrahl zurückkatapultiert ins Jahr 1858. Ich stehe im ersten Stockwerk am Fenster des Speisesaals, mit dem Rücken zum Original-Esstisch der Aikens. Wenn das Fenster offen wäre und ich mich richtig weit hinauslehnen könnte, dann wäre es ein Leichtes, das stallartige Backsteingebäude zu berühren, in dem vor 1865 die Leibeigenen untergebracht waren. Mindestens 14 Sklaven lebten dort auf engstem Raum, um der Familie Aiken das Leben leichter zu machen. Ihr restlicher menschlicher »Besitz« arbeitete auf den Reis-, Indigo- und Baumwollfeldern außerhalb Charlestons. Ich frage mich, wie einem die mehrgängigen Menüs munden konnten, wenn himmelschreiendes Unrecht und jammervolles Elend physisch so nahe waren. Ich versuche mir das Weltbild und das Selbstverständnis der herrschenden Klasse von Charleston vorzustellen. Neben dem Speisesaal befindet sich die Bibliothek der Aikens, mit rund 2000 Bänden. Belesen waren sie, literarisch bewandert. Im zweiten Stock kann man immer noch die Galerie bewundern, die Gemäldesammlung der Hausbewohner. Weitgereist waren sie zudem. Ihr Wohlstand ermöglichte die luxuriösen Reisen nach Europa, die in den Kreisen der Aikens so modisch waren. Wie konnte es sein, dass kultivierte Menschen wie diese Gouverneursfamilie ohne Reue grausames Unrecht für völlig selbstverständlich halten konnten? Sklavenhalter und Bildungsbürger zugleich sein?

Ich bin nach South Carolina gekommen, um einer Spätfolge von Sklaverei und Rassentrennung nachzuspüren: dem unterschiedlichen Wahlverhalten von Schwarz und Weiß in den USA. In wenigen Tagen werden die Wahlberechtigten von South Carolina abstimmen, welchen der demokratischen Kandidaten sie gegen Donald Trump ins Rennen schicken wollen. Diese Vorwahl gilt als sicherer Indikator dafür, wohin die schwarze Wählerschaft tendiert. South Carolina zählt zu den frühen Primaries. Achtzig Prozent der Demokraten sind hier Afroamerikaner. Wen sie auf den Schild heben werden, der hat beste Chancen, auch die anderen Staaten mit hohem afroamerikanischem Bevölkerungsanteil zu gewinnen. Vor allem die Südstaaten – Georgia, Alabama, Louisiana, Mississippi. Von der Debatte um Rassismus und Polizeigewalt nach dem Tod von George Floyd ahnt noch niemand etwas. Seit Wochen ist darüber spekuliert worden, ob die Stimmen der Schwarzen, die sogenannte »Black Vote«, bei dieser Wahl an Joe Biden geht. Bislang ist die Performance des früheren Vizepräsidenten eher enttäuschend. Bei allen vorausgegangenen Vorwahlen hat Biden dürftig abgeschnitten. Längst wird spekuliert, dass seine Kampagne am Ende ist, wenn er nicht in South Carolina den Rücken gestärkt bekommt. In der Woche vor dem Urnengang bekommt Biden die vielleicht wichtigste Wahlempfehlung: von Jim Clyburn, dem einflussreichen »Whip« im Repräsentantenhaus in Washington. Clyburn hat sich für Biden ausgesprochen. Ein »Whip« (»Einpeitscher«) ist in amerikanischen Parlamenten derjenige, der die Abgeordneten auf Kurs bringt, ihnen die Linie von Partei und Fraktion quasi »einpeitscht«. In Deutschland der Job des Fraktionschefs. Clyburns Stimme jedenfalls hat enormes Gewicht in der afroamerikanischen Community. Als ich nach South Carolina komme, hängt an jeder Plakatwand ein gewaltiges Billboard mit Clyburns Wahlaufruf für Biden.

Vor meiner Abreise nach South Carolina treffe ich mich mit einer wissenschaftlichen Koryphäe zum Thema »Black Vote«, also dem Wahlverhalten des schwarzen Amerikas. Dr. Ravi Perry lehrt Politikwissenschaften an der Howard University in Washington DC, Amerikas schwarzer Elite-Uni. Sozusagen dem Harvard der Afroamerikaner. Von Professor Perry will ich wissen, ob man tatsächlich von einem geschlossenen Wählerblock ausgehen kann bei der sogenannten »Black Vote«. »Unbedingt«, bestätigt Perry, »es gibt in der Politikwissenschaft eine Theorie, die sich ›linked fate‹ nennt.« Das könnte man mit »Schicksalsgemeinschaft« übersetzen. »Diese Theorie besagt, dass Afroamerikaner, unabhängig von ihren sozioökonomischen Umständen, unabhängig von ihrem Bildungsstand und anderer abweichender Umstände, dennoch beim Wählen und den politischen Vorlieben ihre Wahlentscheidung davon abhängig machen, wovon sie denken: Das ist das Beste für die Gruppe als Ganze. Und nicht nur für mich als Individuum!« Welche Missstände dem schwarzen Amerika in allen Landesteilen auf der Seele liegen, fasst Perry so zusammen: »Erschwerter Zugang zu Bildung, beschränkte Gesundheitsfürsorge. Wenige Afroamerikaner kommen je auf das Einkommensniveau, das sie bräuchten, um nicht von der Hand in den Mund zu leben. Und dann gibt es eine Reihe von Anliegen und Sorgen, die vor kurzem noch gar nicht im Bewusstsein waren.« Perrys Vermutung: »Schwarze LGBTQ-Leute in den Südstaaten sind mittlerweile die gefährdetste Gruppe, die unter ›hate crimes‹ zu leiden hat, unter Verbrechen aus Hass oder Vorurteilen.« LGBTQ, das steht in den USA für »Lesbisch, Gay, Bisexuell, Transgender, Queer« und meint Menschen mit einer sexuellen Orientierung, die von traditionellen Vorstellungen abweicht. Wie hoch in den USA das Risiko für Schwarze ist, Opfer von Polizeigewalt zu werden, illustrierte ein knappes Vierteljahr später der grausame Tod von George Floyd. Dass Trump immer wieder damit prahlt, sein »Jobwunder« sei vor allem Afroamerikanern zugutegekommen, bezweifelt der Politikprofessor: »In den letzten Jahren der Obama-Präsidentschaft ist die schwarze Arbeitslosigkeit nachweislich stärker zurückgegangen als später unter Trump. Im besten Fall kassiert Trump Lob für etwas, was die Politik der demokratischen Obama-Regierung auf den Weg gebracht hat.« Donald Trump ist für Perry ein rotes Tuch. Der Politologe glaubt, das gelte für die gesamte afroamerikanische Community: »Das ist ein Präsident, der ganz sicher kein Freund der Afroamerikaner ist!« Wer Trump aus dem Weißen Haus jagen will, so Perry, der muss den schwarzen Wählerblock mobilisieren.

Meine Vorwahl-Reise durch South Carolina beginnt nicht in Charleston, sondern auf der diagonal entgegengesetzt gelegenen Seite des Bundesstaates: in Greenville, einer mittelgroßen Industriestadt mit überdurchschnittlich hohem afroamerikanischem Bevölkerungsanteil. Treffpunkt ist das Gemeindezentrum »Phillis Wheatley Community Center« im Stadtteil Nicholtown. Hier bin ich verabredet mit Aktivisten der Initiative »Black Voters Matter«, die sich an die Bewegung »Black Lives Matter« anlehnt, die es ja bereits vor dem Tod von George Floyd gab. Im Eingangsbereich des Gemeindezentrums hängen die Porträts von drei Idolen der örtlichen Bevölkerung: Martin Luther King, Oprah Winfrey und Barack Obama. Ansonsten ähnelt der Flachdachbungalow Amerikas Schulturnhallen, die sich landauf, landab überwiegend gleichen. Tatsächlich nutzen die Schulen der Umgebung das Zentrum mit, etwa das professionell anmutende Basketball-Spielfeld.

Ein riesiger, pechschwarzer Reisebus mit dem Schriftzug »Black Voters Matter« fährt vor. Mit diesem unübersehbaren Gefährt sind Cliff Albright, der Mitbegründer der Initiative, und seine Mitstreiter im Wahljahr unermüdlich unterwegs, um die schwarze Bevölkerung zu ermutigen, von ihrem Wahlrecht Gebrauch zu machen. Cliffs Crew lebt in dem Bus, der rollendes Schlaf- und Arbeitszimmer zugleich ist und sogar eine Einbauküche bereitstellt. »Afroamerikaner sind immer noch schwer zu mobilisieren«, erklärt Cliff. »Sie gehen nur zur Wahl, wenn es sich auch lohnen könnte. So wie bei Barack Obama, als es um den ersten schwarzen Präsidenten der US-Geschichte ging.« Cliff und seine Crew reisen im Vorwahlkampf von Ort zu Ort, holen örtliche Unterstützer mit an Bord und bieten Informationsveranstaltungen an. In Greenville ist Kwadjo Campbell mit dabei, der in South Carolina für die demokratische Partei arbeitet. Kwadjo könnte einem Spike-Lee-Film entsprungen sein. Der hagere Mann in dem leicht schlabberigen grauen Anzug trägt einen gepflegten Spitzbart und eine intellektuell wirkende Hornbrille.

Das Programm von »Black Voters Matter« beginnt mit Canvassing, also von Haustür zu Haustür ziehen und möglichst viele Bewohner eines Viertels ins Gespräch verwickeln. Normalerweise werben Kandidaten auf diese Weise, die Wähler an ihrer Türschwelle um ihre Stimme bitten. Mika Gadsen und Cliff Albright von »Black Voters Matter« dagegen bewerben ihr Town-Hall-Meeting, das am Abend stattfinden soll. Nicholtown ist ein Wohnviertel aus einem Guss. Architektonisch einheitliche Mehrfamilienhäuser mit je sechs Wohneinheiten. Größtenteils sozialer Wohnungsbau. Die ausschließlich schwarze Bevölkerung gehört zur Lower Middle Class. Straßen, Grünflächen und die schmucklos-funktionalen Häuserfassaden sind gepflegt. Nicholtown ist zwar keine noble Wohngegend, aber sicher auch kein Elendsviertel.

Der Tourbus rollt im Schritttempo durch Nicholtown, wälzt sich wie ein prähistorisches Ungeheuer durch die unbelebten Straßen. Aus seinen Lautsprechern plärrt scheppernd und verzerrt ein alter James-Brown-Hit: »Say it loud – I'm black and I'm proud!« Cliff klopft an eine Haustür. Die öffnet sich einen Spalt. Der Bewohner im Halbdunkel hat längst den Lärm vernommen, den das monumentale Gefährt der Aktivisten in die ruhigen Wohnstraßen trägt. »Wollen Sie den schwarzen Bus sehen?«, fragt Cliff den leicht verdatterten Bewohner. »Es ist derzeit wohl der schwärzeste Bus in ganz Amerika!«

Auf dem Balkon eines der Häuser in Nicholtown sitzen zwei ältere Damen. »Werden Sie wählen gehen?«, rufe ich ihnen im Vorbeigehen zu. »Oh, ja!« – »Und wissen Sie schon wen?« – »Joe Biden«, rufen beide im Chor, »Joe Biden!«

Zum Town-Hall-Meeting am Abend kommen dann doch nicht so viele wie erhofft. Die Stühle in dem turnhallenartigen Raum werden flugs umarrangiert; nicht mehr Reihe für Reihe wie im Vortragssaal, sondern kreisförmig aufgestellt. Am Eingang stehen Unmengen an Pizzakartons und Colaflaschen. Viel zu viel für die rund dreißig Teilnehmer. Zunächst traut sich auch keiner so recht, sich ein Eckchen Salamipizza zu holen. Ganz allmählich lassen sich die Leute aus der Reserve locken. Eine hagere, leicht ausgemergelt wirkende Frau mit offensichtlicher Drogenvergangenheit erzählt von ihrer Familie. Von ihren Brüdern, die im Gefängnis sitzen. Die gedealt haben. Von denen sie nicht weiß, wie sie nach Verbüßen der Haftstrafe wieder in die Gesellschaft eingegliedert werden können. In den US-Gefängnissen schmoren überdurchschnittlich viele Afroamerikaner. Das Thema Resozialisation brennt wie kein anderes auf den Nägeln, nicht nur in Greenville. Das bekommen die Leute von »Black Voters Matter« überall zu hören. Kwadjo Campbell von der Landespartei spricht darüber, wie wichtig zweite Chancen im Leben vieler sind. Wie echte Jobperspektiven dabei helfen können, dem Teufelskreis aus Arbeitslosigkeit, Drogen, Kriminalität und Knast zu entkommen. Dann ergreift Tracy das Wort. Sie ist mit ihrer ballonartigen Lokomotivführermütze, ihrer schwarzen Motorradjacke, schwarzen Jeans und ihrem schweren Silberschmuck, darunter ein massives Kreuz, ein echter Blickfang. Die flamboyante Anwältin ermahnt die Anwesenden, ihr Leben selbst in die Hand zu nehmen und gleichzeitig im Schulterschluss gemeinschaftliche Interessen zu wahren. Und natürlich wählen zu gehen.

Bei dem Treffen lerne ich Paul Guy kennen, einen Bären von einem Mann. Paul ist 2,20 Meter groß, breit wie ein Schrank und trägt einen gewaltigen Cowboyhut. Paul Guy will Sheriff werden in Greenville. Er hat Vorerfahrung im Polizeidienst, war »Law Enforcement Officer«. Dann hat er eine NGO gegründet und geleitet. Die Organisation hat straffällig gewordene Jugendliche wieder zurück in die Gesellschaft begleitet. Die Themen Perspektivlosigkeit und Kriminalität sind in diesen Breiten allgegenwärtig. Ebenso das Grundgefühl, das politische Establishment interessiere sich nicht für das schwarze Amerika. Trump kann hier nicht punkten. Ihn halten sie hier für einen Rassisten. »Warum ist hier im Süden Biden so populär, der alte weiße Mann aus Delaware?«, will ich wissen. »Die Erfahrung«, meint Paul, »die Menschen kennen ihn und vertrauen ihm. Und sehen in ihm immer noch den loyalen Weggefährten von Barack Obama!« Die Frage nach dem Appeal von Joe Biden habe ich in Washington auch Professor Ravi Perry gestellt. Und der hat ganz ähnlich argumentiert wie jetzt Paul Guy. »Biden ist eine sichere Bank. Und Biden kennt man«, meint Perry, »Afroamerikaner sagen: ›Wir wollen denjenigen, von dem wir denken, dass er die besten Chancen hat, Trump zu schlagen!‹ Afroamerikaner wollen dieses Mal keine Spielchen. Sie wollen eine sichere Bank und kein Ausprobieren von jemandem, der zunächst attraktiv erscheint, aber vielleicht nicht die Stärke und die Ausdauer hat, einen brutalen Wahlkampf durchzustehen!« Gemeint sind charmante Neulinge auf der politischen Bühne wie der frühere Bürgermeister von South Bend, Indiana, Pete Buttigieg. Bei der Vorwahl in South Caroline ging der dann auch fast leer aus.

Auf meiner Vorwahl-Fahrt durch den Südstaat ließ mich der Gedanke nicht mehr los, warum nicht eher Bernie Sanders, der linke Senator aus Vermont, die schwarzen Stimmen zieht. Mit seinem Wahlprogramm sollte er eigentlich punkten hier im ländlich-ärmlichen South Carolina. Krankenversicherung für alle oder Abschaffung der Schul- und Studiengebühren: Alles Ideen, die Trump & Co. als sozialistisch abtun. Die aber im Leben gerade der schwarzen Bevölkerung von South Carolina für erheblich mehr Sicherheit und Chancengleichheit sorgen würden. Wenn schon ein Duell der alten weißen Männer, denke ich auf der Fahrt zu einer Sanders-Veranstaltung, warum ist das kein Selbstläufer für denjenigen, der sich am schärfsten von Donald Trump absetzt?

Bernie Sanders hat zum Frühstück eingeladen. In den Gemeindesaal der »Shady Grove Methodist Church« in dem Örtchen St. George. Hier schlägt das ländliche Herz des schwarzen South Carolina. Am Rand der endlosen schnurgeraden Landstraßen, die durch die sumpfigen Wälder des Staates gefräst wurden, finden sich Plakattafeln mit Aufschriften wie: »Faith can move Mountains!« Der Glaube verrückt Berge. Am Straßenrand werben selbstgemalte Schilder für »BBQ« oder für »Fireworks«. Die Menschen hier leben oft nicht in Häusern aus Stein und Mörtel, sondern in aufgebockten Wohnwagenanhängern, sogenannten Trailern. Das wohlsituierte Amerika hat diesen Menschen eine herablassende Bezeichnung verpasst: »trailer trash«, Wohnwagen-Abfall. Den Begriff hört man erschreckend oft in den USA. Er ist eine Art umgangssprachliche Variante von Hillary Clintons bösem Wort von den »deplorables«, den Bedauernswerten. Es gibt sie, diese elitäre Arroganz gegenüber Menschen, die nicht in schnieken Apartments in den Ostküsten-Metropolen leben. Trump, der Rechtspopulist, hat sie abgeholt, an die Wahlurne gebracht und so 2016 das Weiße Haus erobert. Ich frage mich bei der Fahrt durch South Carolina, ob nicht einem Linkspopulisten wie Bernie Sanders das Gleiche gelingen könnte. In der Nähe von St. George hat ein Freizeitkünstler aus Wrackteilen alter Autos ein überdimensionales UFO gebaut. Die monumentale fliegende Untertasse steht am Straßenrand und viele Autofahrer halten kurz an, um das Metallmonster zu fotografieren. Ich frage mich, ob der gebürtige New Yorker Sanders hier in den dünn besiedelten Wäldern mit dem UFO eingeschwebt ist.

Im Gemeindesaal der Methodistenkirche ist ein Frühstücksbuffet aufgebaut, an dem man sich ganz zwanglos bedienen kann. Über den Saal verteilt stehen Tische, an denen sechs bis acht Neugierige Platz finden. Am Stirnende des Saals steht ein Banner mit der minimalistischen Aufschrift »Bernie«. Und plötzlich dröhnt eine Stimme wie von einer Soulröhre durch das Gemeindezentrum: »Hello, somebody?«

Diesen Kampfruf kennen die meisten Teilnehmer. Er ist das Markenzeichen von Nina Turner, die Sanders quer durch die Südstaaten auf seiner Wahlkampftour begleitet. Nina Turner ist so etwas wie eine Ikone des schwarzen Amerikas. Die 52-jährige Afroamerikanerin war jahrelang Senatorin im Bundesstaat Ohio. Im Rampenlicht wird sie zum Wirbelwind: Turner tanzt, springt, singt. Sie verausgabt sich bei ihrer Wahlkampfrede wie eine feurige Baptistenpredigerin. Sie ist der maximale Kontrast zu dem eher steifen, weißhaarigen Sanders mit dem etwas putzigen Rumpelstilzchen-Charme.

»Hello, somebody?«

Nina Turner liefert so viel Körpereinsatz, dass man kaum mehr von einer Rede sprechen mag. Ihre Performance ist eine wilde Mischung aus Predigt, Lob für Bernie, Bibelsprüchen, Zitaten aus Reden legendärer Bürgerrechtler, allen voran natürlich Martin Luther King und Persönlichem. Turner erzählt von ihrer Mutter, die im Alter von 42 Jahren starb, von Sozialfürsorge abhängig war und sieben Kinder hinterließ. Turner war damals 22 Jahre alt, selbst Mutter eines Kleinkinds. Ihre jüngste Schwester war erst zwölf; sie wurde deren »second momma«.

»Hello, somebody?«

Nina Turner spielt nicht nur als Anheizerin eine wichtige Rolle für Bernie Sanders. Er verdankt ihr Einsichten darin, was es heißt, als Afroamerikaner in Armut aufzuwachsen. Und was es heißt, in Amerika die schwarze Mutter eines schwarzen Sohnes zu sein. Lebensgeschichten wie die von Nina Turner saugt Bernie Sanders auf. Seine Ansprache fällt überraschend kurz aus. Lieber nimmt er sich Zeit, mit den Menschen ins Gespräch zu kommen. Bei jeder Frage, die ihm gestellt wird, habe ich das Gefühl, dass er sich aufrichtig um eine befriedigende Antwort bemüht. Und immer stellt er Gegenfragen, will mehr wissen, scheint aufrichtig interessiert an den Lebenslagen der Menschen im Publikum. Diese Fähigkeit, Nähe herzustellen, eine Verbindung zu seinem Gegenüber aufzubauen, ist sicher entscheidender Grund dafür, warum sich der 78-jährige Sanders so lange in der politischen Arena halten konnte.

Joe Biden ist nur ein Jahr jünger als Sanders. Ich fahre in das Collegestädtchen Conway an der Küste, nahe dem Badeort Myrtle Beach, um zu sehen, was der ehemalige Vizepräsident im direkten Kontakt mit seinen Wählern anders macht als Sanders. In Conway fällt zunächst auf, dass wesentlich weniger Afroamerikaner im Publikum sind als im ländlichen St. George. Und es werden ganz andere Fragen gestellt: »Wird Michelle Obama Vizepräsidentin, wenn Sie gewählt werden?« Überhaupt Obama. Biden spielt die Obama-Karte offensiv. »An der Seite des ersten schwarzen Präsidenten der USA habe ich die besten Jahre meines Lebens verbracht«, bekräftig er unter tosendem Beifall. »Und während unserer achtjährigen Regierungszeit hat es nicht den Hauch eines Skandals gegeben!« Ich muss an den Politologen Ravi Perry und den angehenden Sheriff Paul Guy denken. Beide hatten den Appeal Bidens damit erklärt, dass der Weggefährte Obamas vertraut, berechenbar, erfahren und politisch nicht zu radikal ist. Und damit von allen Kandidaten die besten Chancen hätte, Trump zu entthronen.

Am Tag der Vorwahl, dem 29. Februar, vertreibe ich mir die Zeit des Wartens auf die Wahlergebnisse mit einem Ausflug an einen symbolträchtigen Ort. Ich fahre auf die Inseln, die der früheren

Sklavenhalterstadt Charleston vorgelagert sind. Und besuche die McLeod-Plantage, eine historische Baumwollfarm. Sozusagen das ländliche Gegenstück zum städtischen »Aiken-Rhett House«. Das Herrenhaus auf James Island wurde 1851 im viktorianischen Stil errichtet, vierzehn Jahre vor dem Ende des Bürgerkriegs. Die Plantage gehörte dem 1820 geborenen William Wallace McLeod, dessen Sklaven das Haus errichteten und die Felder auf dem dazugehörigen Land bewirtschafteten, dort Baumwolle, Indigo oder Reis anbauten. McLeod hatte ursprünglich einen Zaun rund um das Herrenhaus errichten lassen, um die Familiensphäre abzugrenzen von den Wohnquartieren der Leibeigenen. Die McLeod-Familie spielte finanziell nicht annähernd in der Liga der Aikens in Charleston. Sie verkörperte eher den gehobenen Mittelstand des alten Südens, den es einige Mühen kostete, sich trotz der Sklavenarbeit finanziell über Wasser zu halten. Die Plantage spiegelt wie ein Mikrokosmos die Wirren des Bürgerkriegs. Nach Ausbruch des Konflikts wurden alle Bewohner von James Island evakuiert. Die konföderierten Streitkräfte beschlagnahmten die McLeod-Plantage und brachten auf dem Gelände Truppenteile unter. 1865 eroberten die Unionisten James Island und schlugen ihr Hauptquartier im Herrenhaus der McLeods auf. Dann zog das »Bureau for Refugees, Freedmen, and Abandoned Lands« in das herrschaftliche Gebäude ein, eine Regierungsbehörde, die den Übergang von vier Millionen befreiten Sklaven in die Freiheit organisierte. Das Familienoberhaupt der McLeods kämpfte im Bürgerkrieg aufseiten der Südstaaten, gegen die Aufhebung der Sklaverei und für den Erhalt der Rassentrennung im »Old South«, und fiel in den letzten Kriegstagen wenige Meilen von seiner Plantage entfernt. 1868 zog die Familie McLeod wieder in ihren Familienbesitz und bewirtschaftete die Plantage auf ähnliche Weise wie vor dem Krieg. Mit dem Unterschied, dass die schwarzen Landarbeiter nominell freie Menschen waren und nicht mehr Leibeigene. Der letzte Nachfahre der McLeods verstarb im Jahre 1990.

Das heutige Freilichtmuseum auf dem Plantagengelände dokumentiert nicht nur die Perspektive der Besitzer, sondern auch ihres menschlichen »Eigentums«. Darunter die des Leibeigenen Charles (1813–1863). Charles wurde von William McLeod versklavt und galt als exzellenter Pflanzer, Bootsführer und Baumfäller. Er starb im Alter von fünfzig Jahren, als er während des Bürgerkriegs Verteidigungsanlagen für die konföderierten Streitkräfte bauen musste. Als Entschädigung für den Tod seines »Eigentums« kassierte William McLeod eine Kompensationszahlung von 2000 Dollar.

Ich schlendere durch die imposante Eichenallee, die zum alten Herrenhaus der McLeod-Plantage führt. Geschickte Gärtnerhände haben die gewaltigen Bäume so wachsen lassen, dass sie einen schattenspendenden Tunnel bilden. Von ihren Ästen hängt wie fauliges Lametta das grau-blaue Louisianamoos, das so landschaftsprägend ist im amerikanischen Süden. Auch auf James Island ist die ganze moderige Schwüle der Südstaaten zu spüren. Das Herrenhaus wäre die ideale Kulisse für eine Neuverfilmung von »Vom Winde verweht«. Wie Adelssitze wirken die prunkvollen Wohnhäuser der Vorkriegsdynastien. Die Architektur verschmilzt mit der üppigen Tropenvegetation des Südens, die immer etwas überreif und faulig wirkt. Die in schwüler Hitze zuwuchert und Geschichten vom Verfall dekadenter Dynastien illustriert. Verfall, Dekadenz, Fäulnis, Schwüle, Überreife, Fiebrigkeit, Ersticken – das sind auch die atmosphärischen Bausteine der »Southern Noir«-Romane von William Faulkner. Man könnte sie auf der McLeod-Plantage vor idealer Kulisse verfilmen. Auch wenn es ganz still ist im Marschland und auf den Baumwollfeldern, dann hört man auf unheimliche Weise doch immer die Klagegesänge derer, die hier Schwerstarbeit leisten mussten. Die amerikanische Ursünde lastet so schwer auf den Seelen, wie das Louisianamoos auf den Ästen und Zweigen der uralten Eichen.

Der traurigste Ort auf der Plantage ist der alte Gullah-Friedhof, mehr ein Heiliger Hain, ein Waldstück. Über hundert Angehörige der Gullah sind hier begraben, anonym, ohne Grabstein. Gullah, oder auch Gullah-Geechee, das ist eine der geheimnisvollsten Volksgruppen in den USA. Außerhalb des »Deep South« sind die Gullah den wenigsten Amerikanern ein Begriff. Das liegt auch daran, dass sich diese Nachfahren von Sklaven aus Westafrika bewusst aus dem Gesichtsfeld der Mehrheitsgesellschaft zurückgezogen haben. Der Gullah-Friedhof auf der McLeod-Plantage stammt noch aus den Tagen der Sklaverei. Die sterblichen Überreste der Leibeigenen wurden in dem wildwuchernden Hain abgelegt und vergessen. Nichts erinnert hier an ihre irdische Existenz. In 42 der Naturgräber sind Skelettteile von Kindern gefunden worden. Unter den harschen Lebensverhältnissen auf der Plantage durften sie nicht alt werden. Harte Arbeit, Mangelernährung, Malaria, fehlende medizinische Versorgung – alles nicht unbedingt lebensverlängernde Faktoren.

An dem alten Gullah-Friedhof auf der McLeod-Plantage würde man achtlos vorbeilaufen, wenn dort nicht ein Schild angebracht wäre mit der Aufschrift:

> Yo' see, suh, everybody got two kinds of
> spirits. One is der hebben goin' speerit
> ... Den dere is de trabblin' speerit ...
> De hebben-goin speerit don't gib you no
> trouble, be de trabblin'speerit, e be de
> one dat gib you worriment!

Ich versuche, mir den Text laut vorzulesen. Der Sinn der ungewohnten Worte erschließt sich allmählich, aber den Sound des Kreol-Englisch kriege ich natürlich nicht hin. Wie Gullah klingt, – der Name bezeichnet neben der Volksgruppe auch deren Sprache –, davon hatte ich mir sechzehn Jahre zuvor einen Eindruck verschaffen können. Auf einer der seltsamsten Reisen innerhalb der USA, die ich je gemacht habe.

»Welcome to Saint Helena Island, settled in 1670. Seat of the Gullah Culture, South Carolina Sea Islands«, steht auf einem Willkommensschild, wenn man vom Festland über eine Brücke auf die Insel der Heiligen Helena fährt. Bis in die 1960er Jahre war das nicht möglich. Die Sea Islands, also die Inselwelt vor den Küsten von

South Carolina und Georgia, waren jahrhundertelang nur schwer zu erreichen. Die Festlandbewohner hatten sie vergessen oder kein Interesse an ihnen gehabt. Und so konnte sich dort die homogene Gullah-Kultur bis zum heutigen Tag halten. Nach dem Ende des Bürgerkriegs sind die Inseln den Gullah als Entschädigung geschenkt worden. Vorher hatten sie dort in schwüler Hitze auf den malariaverseuchten Feldern schuften müssen. Ein lukratives Geschäft für die weißen Plantagenbesitzer auf dem Festland: Die Sklavenarbeit kostete nichts und durchbrennen konnten die billigen Arbeitskräfte auch nicht. Von den Inseln gab es kein Entkommen und entsprechend musste man die Versklavten auch nicht bewachen. Nach dem Untergang der Sklavenhaltergesellschaft lebten die Gullah, die sich in Georgia Geechee nennen, in Abgeschiedenheit unter sich. In tropischer Natur, ganz ähnlich den Marschlandschaften Afrikas.

Ich bin 2004 auf Einladung einer bemerkenswerten Frau nach Saint Helena Island gekommen, ins Herz von Gullah Country: Marquetta Goodwine, die sich »Queen Quet« nennt. Marquetta ist eine baumlange, gertenschlanke Schönheit. Ihre wilden Dreadlocks trägt sie hochgebunden. Sie kleidet sich in wallenden Gewändern mit afrikanischem Design in oft schrillen Farben. Wenn Marquetta einen Raum betritt, dann zieht sie alle Blicke auf sich. Auch wegen ihrer physischen Präsenz hat die Gullah-Geechee-Community sie zur Sprecherin und Interessenvertreterin gewählt. Der Titel »Queen« ist eher augenzwinkernd gemeint. »Head pun de boddee« nennt sie sich auf Gullah, »head of the body«. Marquetta Goodwine fasziniert wie eine afrikanische Sagengestalt. Aber neben Charisma verfügt sie auch über strategisches Geschick und diplomatisches Fingerspitzengefühl. Ich lerne sie in Washington kennen, wo sie den Senat über Existenz und Lebenslage der Gullah-Geechee informiert. 1999 wird sie von den Vereinten Nationen nach Genf eingeladen, um vor der UN-Menschenrechtskommission über ihr Volk zu sprechen, ihre »nation within a nation«, wie sie in Anlehnung an die Sprachregelung für Indianerstämme sagt. Zuletzt hat sie sich vor allem für den Kampf gegen den Klimawandel engagiert. Extreme Wetterlagen, vor allem Tropenstürme, nehmen zu an den Küsten von South Carolina und Georgia. Perspektivisch könnten sie das Inselparadies der Gullah bis zur Unkenntlichkeit verändern, fürchtet die Queen. Marquetta Goodwine ist auf Saint Helena Island aufgewachsen, der Hauptinsel der Sea Islands, die noch heute zu 90 Prozent von Gullah-Geechee bewohnt wird.

Damit das kulturelle Erbe der sonderbaren Volksgruppe nicht verlorengeht, unterrichtet Marquetta an Schulen. Sie erzählt den Kindern davon, wie ihre Vorfahren in Westafrika von Sklavenhändlern gefangen und verschleppt wurden. Dass der Gullah-Dialekt eine Mischsprache ist wie das Krio in Sierra Leone. Wie die Ahnen der Kids in Gefangenschaft eine Geheimsprache entwickelten, die ihre Peiniger nicht verstehen konnten. Wie sich das Gullah und das Geechee als Kreolsprache fügten aus westafrikanischem Spracherbe und dem viktorianischen Englisch der Kolonialherren. Wie sich damit Geheimbotschaften austauschen ließen, an den Sklavenhaltern vorbei. Wie sich zwischen dem 17. Jahrhundert und der Zeit kurz vor dem Ausbruch des Bürgerkriegs die Kultur der Gullah-Geechee ausbildete. Mit eigener Folklore, eigenen Liedern und Traditionen. Und Jenseitsvorstellungen, für die sich Elemente westafrikanischer Naturreligionen mit dem Christentum der Sklavenhalter mischten. Hier, auf den abgeschiedenen Inseln, hat ein Stück Afrika unbemerkt überlebt.

»Queen Quet« gibt in ihrem schrillen, aufsehenerregenden Outfit sprachliche Kostproben des Gullah-Kreol, das keine Schriftsprache ist. Marquetta berät eine Musiktruppe mit Namen »De Gullah Cunneckshun«, die CDs einspielt und häufig den Soundtrack für Filme liefert, die auf den Sea Islands spielen. Die Gullah-Königin wirbt für das lokale Kunsthandwerk. Noch kann man auf den Sea Islands die beeindruckenden Körbe kaufen, die aus Seegras und Sägepalmblättern geflochten werden. Die Flechttechniken findet man heute noch in ganz ähnlicher Form in Afrika, die gängigen Muster der Gullah-Kunsthandwerker gleichen auffällig denen, die man heute noch in Sierra Leone findet. In South Carolina ehrt das jährliche

»Black Lives Matter«-Demo, Washington DC

Proteste nach dem Tod von George Floyd in Washington DC

Hochsommer in Brooklyn, New York

Baltimore, Maryland

Walden Pond, Concord, Massachusetts

Aiken-Rhett House Museum, Charleston, South Carolina

McLeod-Plantage, Sea Islands, South Carolina

»Queen Quet« der Gullah / Geechee, Sea Islands, South Carolina

Town-Hall-Meeting von »Black Voters Matter«, Greenville, South Carolina

Zabriskie Point, Death Valley, Kalifonien

Außerhalb von Las Vegas, Nevada

Salt Flats, Death Valley, Kalifornien

Richard Wiener, 93 Jahre alt, Überlebender des Nazi-Terrors aus Wittenberg

»Seagrass Basket Festival« dieses Handwerk. Marquetta Goodwine liefert unermüdlich den kulturellen Kontext.

Zum Atoll der Sea Islands gehören hunderte von unterschiedlich großen Inseln, einige bewohnt, die meisten unbewohnt. Neben St. Helena sind die bekanntesten Hilton Head, St. Simons Island, Sapelo Island und Hog Hammock. Dreihundert Meilen lang zieht sich die Inselkette von Cape Hatteras bis in den Norden Floridas. Nur die wenigstens kann man mit dem Auto erreichen. Der Abenteuertourismus blüht: Kajak- und Kanutouren werden immer beliebter. Zudem ist das sandige Marschland der Inselwelt ein Paradies für Ornithologen. Auf den Sea Islands leben Fischadler, Weißkopfadler, Marschlandfalken, Ibisse, Regenpfeifer, Fischreiher und andere Reiherarten, Störche, Möwen und andere mehr. Die faszinierende Wasserwelt besteht nicht nur aus dem Atlantik, der die Inseln umbraust, sondern auch aus zahllosen Flüssen und Bächen an Land. Den Lebensadern der Gullah, sagt »Queen Quet«.

Es gibt im öffentlichen Leben der USA eine Handvoll prominenter Gullah-Nachfahren, aber davon erfährt man in aller Regel erst in deren Lebenserinnerungen. Ein gutes Beispiel ist der 1948 in Savannah, Georgia, geborene Richter am Obersten Gerichtshof, Clarence Thomas. Der Top-Jurist ist ein Nachfahre der befreiten Sklaven von den Sea Islands. In seinem Elternhaus wurde Gullah gesprochen, als der heutige »Supreme Court Judge« Thomas noch ein kleiner Junge war. Es steht zu befürchten, dass die Erinnerung an die afrikanische Enklave irgendwann erlischt, wenn sich niemand mehr in der Nachfolge der »Queen Quet«, Marquetta Goodwine, für das Weiterleben der Tradition engagiert. Oder sie findet nur noch auf Gedenktafeln statt – so wie auf der McLeod-Plantage auf James Island. Über anderthalb Jahrhunderte nach dem Ende der Sklaverei sind die Lebenswelten des schwarzen und des weißen Amerikas zwar nicht mehr so getrennt, wie das Inseldasein der Gullah abgekoppelt war vom Leben auf dem Festland, aber die Rassenschranken sind noch da – deutlich wahrnehmbar auch während der Corona-Krise.

Dazu ein paar Zahlen: Im Bundesstaat Illinois waren 43 Prozent aller Corona-Todesopfer Afroamerikaner, und 28 Prozent aller positiv Getesteten. Der schwarze Anteil an der Gesamtbevölkerung beträgt aber nur 15 Prozent. In Louisiana ein ganz ähnliches Bild: Der Staat hat einen schwarzen Bevölkerungsanteil von 33 Prozent, aber 70 Prozent der Corona-Toten waren schwarz. In Michigan, Kansas, Wisconsin und Washington DC kamen auf jeden weißen Corona-Toten sieben Schwarze, die ihre Covid-19-Erkrankung nicht überlebten. Diese Zahlen belegen eindeutig, dass das Infektionsrisiko unter Afroamerikanern deutlich höher ist als in allen anderen Bevölkerungsgruppen. Und dass Afroamerikaner weit überproportional an Covid-19 erkrankt sind. Bei ihnen verläuft die Krankheit schwerer und die Erkrankten sterben häufiger daran.

Die Hauptursache dafür: Armut! Deutlich mehr Schwarze als Weiße arbeiten in den USA im Servicesektor. Damit haben sie Jobs, die man nicht in Heimarbeit erledigen kann, sondern bei denen man unvermeidlich mit anderen Menschen in Berührung kommt. Sie besitzen weniger Autos und benutzen entsprechend häufiger öffentliche Verkehrsmittel. Wer das Glück hatte, seinen Job nicht Corona-bedingt zu verlieren, der hat ihn allen Risiken zum Trotz weiter ausgeübt. Wer den Job verlor, war auch seine Krankenversicherung los. Für Afroamerikaner ist der Zugang zum Gesundheitssystem ohnehin schwieriger. In schwarzen Wohnvierteln sind die Krankenhäuser oft weniger gut ausgestattet. Afroamerikaner sind häufiger arm, sie wohnen enger aufeinander, seltener in Einfamilienhäusern, und ernähren sich aus Geldgründen weniger gesund. Entsprechend sind in dieser Bevölkerungsgruppe überproportional viele Vorerkrankungen vorhanden: Diabetes, Bluthochdruck, Gefäßverschluss, Herz-Kreislauf-Erkrankungen und vor allem Übergewicht. Während der Corona-Krise tun sich vornehmlich jüngere Afroamerikaner schwer damit, in der Öffentlichkeit eine Maske zu tragen. Sie fürchten, die Polizei könne sie für Kriminelle halten. In den frühen Tagen der Pandemie kursierte das fatale Gerücht, dass sich hauptsächlich ältere und gesundheitlich angeschlagene Weiße das Virus einfangen. Dann hieß es sogar, Afroamerikaner seien immun gegen Corona. Dieser Irrglaube führte zu Leichtsinn und der wiederum zu erhöhten Infektionsraten.

Meine South-Carolina-Reise endet mit der versöhnlichen Erkenntnis, dass Afroamerikaner durchaus über politische Macht verfügen. Bei den Vorwahlen Ende Februar gewinnt Joe Biden haushoch. Die »Black Vote« hat ihm die Kandidatur gerettet. Ohne South Carolina hätte es seinen Durchmarsch in den übrigen Bundesstaaten nicht gegeben. Afroamerikaner sind ein gewichtiger Faktor im politischen System der USA. Dass sie diese Macht haben, macht Hoffnung. Oder, wie es Marquetta Goodwine auf Gullah ausdrücken würde: Schwarze Stimmen zählen auch in der Zukunft – »gwine een da fucha«.

X

Amerikas Wälder, oder:
Ein Ausritt mit Becky

JULIA KASTEIN

Der Weg in den Wald führt durch die Wüste. An einem grell-sonnigen Oktobertag lande ich in El Paso, der Millionenmetropole in der Chihuahua-Wüste, im westlichsten Zipfel von Texas. Die zackigen Gipfel der Franklin Mountains ragen überscharf konturiert in den fast unnatürlich blauen Himmel. Ich will in den »Gila National Forest« in New Mexico, einen der größten Staatsforste in den USA.

Die Beziehung der Amerikaner zum Wald ist komplex und ambivalent: Der Wald lieferte den Brenn- und Rohstoff für die Erschließung des Landes und seinen Wohlstand. Er ist Inspiration, Zufluchtsort, Tourismusziel. Und gleichzeitig ständig in Gefahr: durch Abholzung, Feuer, Klimawandel. Einerseits gelten die USA als Vorreiter bei der Wiederbewaldung – seit 2012 wurden 17 Millionen Hektar Wald aufgeforstet –, aber allein 2018 wurden durch Waldbrände 35 Millionen Hektar vernichtet; in einer Saison also doppelt so viel Fläche, wie in sieben Jahren mühsam wieder aufgepäppelt wurden.

Diesen Widerspruch – zwischen Vernichtung und Verklärung – will ich besser verstehen lernen. Und mache mich dazu auf die Reise in den abgelegenen »Gila National Forest«.

Von El Paso aus geht es zunächst viele Meilen in Richtung Norden, dann parallel zur mexikanischen Grenze in Richtung Westen. Rechts und links des Highways Staub und Steinwüste, unterbrochen von Weidezäunen. Alle paar Meilen drängen sich ausgemergelte Rinder im Schatten unter einem Metalldach oder um einen Wassertrog. Kein Baum weit und breit. So geht das über zwei Stunden. Ich frage mich, ob ich falsch gefahren bin. Aber das Navi versichert mir: Alles richtig.

Kurz vor meinem Etappenziel ändert sich die Landschaft: erst ein paar Hügel mit staubigen Büschen und krüppelige Kiefern. Dann schraubt sich der Highway in die Berge, es wird grüner. Und am Horizont sehe ich tatsächlich: Wald.

Ich erreiche die Kreisstadt Silver City. Oder vielmehr: ihre Gewerbegebiete. In den sogenannten »Strip Malls« sind die USA so homogen wie sonst kaum: die üblichen Fastfood-Ketten und Baumärkte, Billig-Supermärkte, Motels und Tankstellen. An einer Kreuzung sehe ich das Hinweisschild zum Gila. Ich gebe die Adresse meiner Unterkunft in das Navi ein. Und stelle fest: Ich bin noch lange nicht da. Die Ranch, auf der ich übernachten will, liegt genau am anderen Ende des Parks – 40 Meilen, 80 Minuten Fahrzeit, sagt das Navi.

Ich folge der schmalen Straße. Erst noch ein paar Weiden, Farmhäuser. Dann bin ich im Wald: Kiefern, dazwischen ein paar gelbe Farbkleckse: die verfärbten Blätter einzelner Birken, Buchen und Eichen. Am ersten unbefestigten Parkplatz halte ich an: Es riecht nach Nadeln und ein bisschen nach Harz. Und es ist sehr still. Kein Autoverkehr, selbst den Vögeln hat es offenbar die Sprache verschlagen. Nur der Wind rauscht leise.

Im Gila gibt es keinen Handyempfang und kaum Menschen. Aber es gibt Wildnis. Und zwar ganz offiziell: 1924 wurde hier vom US-Kongress die erste »Wilderness Area« der USA eingerichtet. Hier soll die Natur möglichst ungestört bleiben. Mitten in der »Gila Wilderness« liegt auch die Ranch von Becky Campbell. Eine Oase mit alten Eichen, üppig grünen Weiden und einer heißen Quelle, den Gila Hot Springs, die der Ranch den Namen geben.

Kurz vor der Dämmerung komme ich dort an. Ich will mich hier einquartieren, weil Becky nicht nur die Ranch mit Ferienwohnungen, einem Campingplatz und einem Freibad mit der heißen Quelle betreibt, sondern weil sie Ausritte in die Wildnis anbietet. Durch den Gila führt nur eine Handvoll Straßen. Wer ihn erkunden will, muss also entweder laufen oder reiten.

Aber so weit ist es noch nicht. Erst einmal will ich einchecken. Und endlich etwas Essen. Aber wo? Der »General Store«, der einzige Laden im Umkreis von zig Meilen, hat schon zu. Von Becky ist weit und breit nichts zu sehen. Ich ärgere mich über mich selbst: Hätte auch mal vorher recherchieren können, ob es hier auch Verpflegung gibt. Kein Abendessen und kein Frühstück. Toll.

Ich folge dem Schild in Richtung »Lodging«: ein zweigeschossiges Haus mit rotem Dach, mit je zwei Ferienwohnungen pro Etage. Auf dem Parkplatz dahinter steht schon ein Auto. Und kaum bin ich ausgestiegen, stürzt eine fröhliche blonde Frau Ende sechzig aus der einen Wohnung und winkt mir freundlich zu.

»Ich bin Marsha,« ruft sie und lacht, als ich frage, ob sie hier arbeitet. Sie und ihr Mann John sind Gäste wie ich. Die beiden sind mit einem befreundeten Ehepaar unterwegs, die nebenan mit ihrem RV, ihrem »recreational vehicle«, also ihrem Wohnmobil campieren. Marsha meint, ich solle es mir doch einfach in der einen Ferienwohnung gemütlich machen. Die Tür sei offen. Ich frage, ob sie weiß, ob es irgendwo hier was zu essen gibt. Sie lacht wieder und sagt: »Komm, iss mit uns! Unsere Freundin Diane hat Verpflegung für eine Kompanie dabei.«

Eine halbe Stunde später sitze ich mit den beiden Paaren an einem Campingtisch. Diane hat nicht nur Lasagne und Salat zubereitet, sondern auch den Tisch liebevoll mit einer karierten Tischdecke, Weingläsern aus Plastik und Servietten gedeckt. Immerhin habe ich in Silver City noch eine Flasche Wein und eine Tüte Chips gekauft. In der irrigen Annahme, den Abend vorm Fernseher im Hotelzimmer zu verbringen. Stattdessen wird es ein lustiges und merkwürdig vertrautes Abendessen mit vier völlig Fremden, die mich behandeln, als wäre ich eine alte Freundin. Oder die Tochter einer alten Freundin. Sie erzählen von sich: Die beiden Männer waren mal Piloten-Kollegen bei »Pan Am«, Marsha Stewardess, Diane leitete viele Jahre die Finanzabteilung einer Universität. Irgendwann geht es um Politik. Alle vier haben früher immer republikanisch gewählt. John und Marsha 2016 ihr Kreuzchen bei Donald

Trump gemacht. Diane und Jerry konnten sich nicht dazu durchringen und wollen es auch 2020 nicht. »Trump ist kein Konservativer«, sagt Jerry. »Seine Finanzpolitik ist verheerend. Wir leben auf Pump.« Aber wen stattdessen wählen? Mit Joe Biden hätten alle vier die wenigsten Probleme. Und bis auf Marsha finden auch alle, dass Trump keine zweite Amtszeit verdient. »Natürlich hasse ich seine Tweets, seine Art ist ganz furchtbar«, sagt sie. »Aber mir ist das Thema Abtreibung sehr wichtig. Ich habe Angst, dass die Regeln gelockert werden, wenn wieder ein Demokrat rankommt.« Diane und Jerry verdrehen die Augen, die Stimmung droht zu kippen. Wir wechseln das Thema. Trump, da sind sich alle einig, soll diesen Abend nicht verderben.

Am nächsten Morgen mache ich mich sehr früh wieder auf den Weg durch den Wald. Wie schon auf der Herfahrt bin ich scheinbar allein in dieser Welt: Auf der gesamten Fahrt kommt mir kein Auto entgegen. Dafür steht hinter einer engen Kurve am Berg auf einmal ein »Elk«, ein Wapiti auf der Straße. Im Gila leben deutlich mehr Wapitis als Menschen: 16 000 Exemplare des großen nordamerikanischen Verwandten unseres Rothirsches sind hier zu Hause, beliebte Beute von Jägern. Soweit ich das im dämmrigen Licht erkennen kann, habe ich eine Hirschkuh beim Morgenspaziergang gestört. Sie guckt mich einige Sekunden an und läuft dann gemächlich die Böschung hinauf und verschwindet in den Tiefen des Waldes.

Der »Gila National Forest« ist gut 12 000 Quadratkilometer groß – der Bayerische, der Thüringer und der Schwarzwald würden allesamt darin Platz haben. Wie ein Drittel aller Wälder in den USA wird der Gila vom »U.S. Forest Service« verwaltet.

Adam Mendoza ist der »Supervisor«, also quasi der Chefförster. In seinen Bergstiefeln, der grünen Outdoorhose und dem Dreitagebart sieht Adam zwar aus, als er ob er meistens im Wald unterwegs wäre. Tatsächlich verbringt er den Großteil seiner Arbeitstage im Büro, in einem bunkerähnlichen Flachbau im Gewerbegebiet der Kreisstadt Silver City. Adam ist hier im Gila aufgewachsen, war zum Studium und für die erste Karrierestation in anderen US-Wäldern unterwegs und ist seit ein paar Jahren wieder hier. »Viele Amerikaner denken, dass es hier im Südwesten nur Wüste gibt. Aber der Gila ist wirklich divers und wild. Es gibt ein paar riesige Berge, es gibt Flüsse. Es ist nicht das, was die Leute erwarten. Es ist eine wunderschöne Landschaft.«

Draußen sind es an diesem Herbstmorgen schon fast 30 Grad und schönster Sonnenschein. Drinnen erklärt Adam bei Kunstlicht und Klimaanlage, warum der Wald so lebenswichtig ist – und zwar für Millionen Menschen, die hunderte Meilen entfernt leben. Der Gila liegt auf der kontinentalen Wasserscheide. »Wir sind zuständig für das Wasser aus den Oberläufen. Denn dieses Wasser versorgt dann Phoenix, eine der größten Städte in den USA, die aber in der Wüste liegt. Und das macht die Arbeit unserer Behörde so wichtig.«

Es ist auch einer der Gründe, warum der »U. S. Forest Service« 1904 überhaupt gegründet wurde: Die Behörde soll die Ressourcen Wald und Wasser verwalten und schützen. »Wir managen den Wald so, dass immer genügend Vegetation den Boden hält. Denn wir kriegen hier im Sommer heftige Gewitter mit viel Regen. Es gibt Überflutungen. Wenn der Boden dann bloß liegt, ist die Erosion größer und mehr Erdreich wird in die Flussläufe gespielt. Die Wasserqualität wird schlechter. Das wollen wir verhindern. Indem wir darauf achten, dass der Wald gesund ist und solchen Störungen widerstehen kann.«

»Disturbances« – »Störungen«, sagt Adam – und meint damit vor allem auch: Feuer. Eine Bedrohung für fast alle Wälder in den USA, vor allem in Zeiten des Klimawandels – egal ob in Kalifornien, Alaska oder den Appalachen. In Kalifornien etwa gab es 2018 über 8000 Busch- und Waldbrände – es war die verheerendste Waldbrandsaison dort seit Beginn der Aufzeichnungen. Aber Feuer ist für Wälder wie den Gila nicht nur eine Bedrohung. Sondern auch eine Notwendigkeit. »Feuer ist ein normaler Teil des Ökosystems. Nehmen wir das Beispiel der Ponderosa-Kiefer. Wälder mit dieser Kiefernart sollten alle sieben bis zehn Jahre mal ein Feuer abbekommen. Dann verbrennen die abgefallenen Nadeln, das Gras, die kleinen Bäume. Aber die großen Bäume überleben.«

Das Problem, sagt Adam: Viel zu lange wurde Feuer nur als Feind des Waldes gesehen. Auch von seiner eigenen Behörde. »Früher hatten wir die sogenannte 10-Uhr-Richtlinie: Alle Feuer sollten bis 10 Uhr am nächsten Morgen gelöscht sein. Aber das hatte unbeabsichtigte Konsequenzen.«

Ohne reinigendes Feuer wird das Unterholz zum Dickicht. Und in trockenen Sommern zum gefährlichen Zunder. Wenn es dann brennt – dann heftig und nicht mehr kontrollierbar. 2014 verwüstete eines dieser Megafeuer 1200 Quadratmeter Wald – eine Fläche so groß wie Berlin und München zusammen. Und es war nur eines von vielen Feuern in den letzten zehn Jahren.

Genug Theorie, findet Adam nach einer guten Stunde und schickt mich mit einem seiner Mitarbeiter los in den Wald. Larry Smith, ein massiver Mittvierziger mit Glatze und Schnauzbart, ist der »Fire Prevention Officer« im Gila: Er besucht Schulklassen und Vereine und versucht dort durch Aufklärungsarbeit, die Waldbesucher im Gila dazu zu bringen, ihre Lagerfeuer richtig zu löschen. Damit sie nicht aus Versehen das nächste Megafeuer starten. Jetzt zerquetscht mir Larry zur Begrüßung fast die Hand und räumt dann sein Funkgerät, Handy und mehrere Trinkflaschen vom Beifahrersitz seines Dienstwagens: ein großer Pick-up mit mehreren Wassertanks und Löschgerät auf der Ladefläche. Fünfundzwanzig Jahre lang war Larry Feuerwehrmann, in 22 verschiedenen Staaten hat er schon Brände gelöscht, erzählt er mir auf der Fahrt. Wir folgen zunächst der schmalen Straße, die ich mittlerweile schon ziemlich gut kenne, und biegen schließlich auf einen Forstweg. Von hier rumpeln wir durch lichte Kiefernwälder in Serpentinen den Berg hinauf. Nach einer Kehre erreichen wir auf einmal einen weitgehend kahlen Hang, gespickt mit verkohlten Baumgerippen. Am Boden wächst dorniges Gebüsch und Gras. Larry deutet den Hang hinunter. »Dahinten, da haben Leute ihr Lagerfeuer nicht richtig gelöscht.« Er zuckt die Achseln. »Das passiert leider sehr häufig. Manchmal merken wir es rechtzeitig. Und manchmal eben leider nicht.« Lagerfeuer sind – neben Blitzeinschlägen – die Hauptursache für Waldbrände in den USA.

Ein Rotschwanzbussard sitzt auf einem der verbliebenen Stümpfe und hält nach Mäusen Ausschau. Anders als vor dem Feuer haben er und seine Artgenossen jetzt für viele Jahre freie Sicht. Bis die Ponderosa-Kiefern, die wegen einer Unachtsamkeit binnen zwei Tagen vom Feuer vernichtet wurden, nachgewachsen sind, werden Jahrzehnte vergehen.

Nach weiteren 40 Minuten haben wir unser Ziel erreicht: Den Signal Peak, einer der gewaltigsten Gipfel im »Gila National Forest«, über 2700 Meter hoch. Gekrönt wird der Berg durch eine Aussichtsplattform aus Metall, die entfernt an einen Miniatur-Eiffelturm erinnert.

Larry steigt die schmale, nicht wirklich stabil wirkende Treppe zügig hinauf. Ich klammere mich ans Geländer: Diese letzten Stufen sind nichts für Menschen mit schwacher Lunge oder schwachen Nerven. Larry nimmt den Weg mehrmals im Monat. Und bekommt ihn nie satt, wie er sagt. »Heute ist es ein bisschen diesig – aber trotzdem wunderschön.« Larry deutet nacheinander auf die Gipfel am Horizont. Im Süden ragt die zackige Silhouette der »Cedar Mountain Range« aus dem Dunst, hundert Kilometer entfernt. Dahinter beginnt schon Mexiko. Und davor, in allen vier Himmelsrichtungen: schroffe Berge, tiefe Schluchten, bizarre Felsformationen – und schier endlose dunkelgrüne Kiefernwälder.

Auch von hier oben auf dem Beobachtungsposten sind die Spuren vergangener Feuersbrünste noch gut zu sehen. Um Brandherde in diesem unzugänglichen, gewaltigen Gelände möglichst früh zu entdecken, verlässt sich die Forstbehörde schon seit Jahrzehnten auf eine sehr spezielle Art von Saisonarbeiter: sogenannte »Lookouts«, die von Frühjahr bis zum Spätsommer in luftiger Höhe nach Rauch Ausschau halten.

Lookout ist ein einsamer Job. Und einer, der die literarische Fantasie vieler Autoren beflügelt hat. Die Beat-Poeten Gary Snyder und

Jack Kerouac verbrachten in den 1950er Jahren lange Sommer in der Abgeschiedenheit der Regenwälder in den Cascade Mountains im Nordwesten der USA und verarbeiteten ihre Erfahrung in Essays und Gedichten.

Auch Larry von der Forstbehörde im Gila hat schon als Lookout gearbeitet. »Es ist sehr introspektiv. Aber du lernst auch sehr schnell, wenn sich in der Umwelt etwas verändert. Wenn sich der Wind dreht und du Rauch riechst. Oder wenn du auf einen Vogel hörst, der vorher nicht da war. Du wirst eins mit der Natur.«

Larry zeigt auf den rundum verglasten Raum in der Mitte der Beobachtungsplattform. »Hier gibt es alles an Komfort, was man braucht«, sagt er: ein mit Propangas betriebener Herd, ein Kühlschrank, zwei abgewetzte Sessel – und eine aus der Decke herunterklappbare Karte des Gila, die helfen soll, die Rauchsäulen möglichst genau zu lokalisieren. Ein erfahrener Lookout, erzählt Larry, erkennt schon an der Farbe und der Form der Rauchsäule, was genau im Wald brennt.

Beim Spaziergang am Fuße des Signal Peaks zeigt Larry auf eine Pfütze. Wapitis sind hier erst kürzlich durchgelaufen. Als ehemaliger Feuerwehrmann ist Larry eher nüchtern. Aber wenn er sein Verhältnis zum Wald beschreibt, klingt das fast poetisch. »Der Wald spricht zu mir. Wenn ich hier durchlaufe, kann ich fühlen, was sich von Tag zu Tag verändert hat. Man hört, wie der Wind ruft. Es ist irgendwie spirituell.«

An nächsten Morgen stehe ich um kurz vor 9 Uhr vor dem Pferdestall auf Beckys Ranch. Eine Staubwolke nähert sich mit ohrenbetäubendem Geknatter. Eine kleine Gestalt auf einem Quad kommt vor mir zu stehen. Becky. »Musste noch gucken, ob die Gäste die Ferienwohnungen ordentlich hinterlassen haben«, sagt sie und schiebt die Sonnenbrille auf die blaue Schiebermütze. Ich stelle mich vor, sie nickt anerkennend. »Du hast ja schön aufgeräumt«, meint sie dann. Ich bin erleichtert, diesen Test schon mal bestanden zu haben.

Der Nächste wird die größere Herausforderung: der Ausritt in die Wildnis. Becky überprüft erst, ob der Sattel bei der braunen

Stute, die ich reiten soll, richtig sitzt. Dann steigt sie erst auf einen Holzabsatz und schwingt sich von dort auf ihren Schecken Dashi. Auch ich habe es irgendwie aufs Pferd geschafft. Und los geht es. Für Becky sind die Touren zu Pferd ein wichtiger Teil ihres Einkommens: tagelange Trecks mit Jägern, die in den abgelegenen Wäldern Rehen, Wapitis und manchmal auch Bären nachstellen.

Jetzt führt der Weg erst einmal vorbei an ein paar großen alten Laubbäumen, unter denen sich das gepflegte Farmhaus aus Holzbohlen duckt. In den 1880er Jahren ließen sich hier die ersten europäischen Siedler nieder. Doch schon vor 2000 Jahren lebten in dem fruchtbaren Tal amerikanische Ureinwohner. Ein paar Kilometer von Beckys Farm entfernt zeugen Ruinen einer Felsensiedlung von dieser ersten Zivilisation.

Beckys Vater zog in den 1920er Jahren von der Ostküste in den Gila und öffnete einen »Trading Post«, bis heute der einzige Laden weit und breit. Die Campbells hielten Rinder. Damals hatten die Familie 160 Morgen Land, also etwa 60 Hektar. Inzwischen ist die Ranch nur noch halb so groß – und eigentlich zu klein, um davon zu leben, sagt Becky und deutet auf die steilen Hänge ringsherum, an denen zwischen vielen Steinen ein paar Krüppelkiefern und dürres Gras wächst. »Der Westen ist anders als der Osten oder auch Deutschland. Man braucht hier mehr als 160 Morgen. Uns gehören diese Berghänge, diese Klippen. Es ist unmöglich, davon zu leben.«

Becky gibt die Schuld der Bundesregierung. Weil dort beschlossen wurde, aus dem Wald hier im Südwesten ein Naturschutzgebiet zu machen. Das sei fast das Ende für die Familie gewesen, erzählt Becky. »Anfang der fünfziger Jahre wollte uns die Forstbehörde von hier vertreiben. Mein Vater hat dann ein bisschen Land verkauft, an Leute mit politischem Einfluss. Und nur deshalb konnten wir bleiben.«

Egal, ob die Geschichte genau so stimmt: Sie prägt bis heute Beckys Verhältnis zum »Forest Service« und zur Politik. »Die Forstbehörde kam, die Regierung kam – und auf einmal mussten wir Weidegebühren bezahlen. Aus dem Recht auf Weideland wurde ein

Privileg. Unsere Rechte sind uns Stück für Stück genommen worden.«

Auf dem beschwerlichen Ritt auf den Berg oberhalb der Farm erzählt Becky von ihrem Leben in der Wildnis. Sie und ihre drei Geschwister wurden von der Mutter zu Hause unterrichtet, weil der Schulweg in die 60 Kilometer entfernte Kreisstadt zu weit war. Mit 27 übernahm sie die Ranch und das Pferdetourengeschäft – mit 19 Dollar in der Tasche. Seit drei Jahren ist sie nun schuldenfrei.

Becky, die sich selbst als ultrakonservativ beschreibt und Donald Trump gewählt hat, besitzt keinen Fernseher. Sie hört Radio. Und zwar besonders gern die Übertragungen der meinungsfreudigen und faktenarmen Talkshows von *Fox News*.

Nicht alles, was die Regierung in Washington in Sachen Umweltschutz beschlossen habe, sei schlecht, sagt Becky. Aber vieles werde einseitig übertrieben. Beckys Lieblingsbeispiel ist der Artenschutz. Der werde von Umweltschützern missbraucht – etwa, wenn es um die »Spotted Owl« geht. Der mexikanische Fleckenkauz lebt vor allem in den Wäldern im Westen der USA. Der Bestand gilt offiziell als gefährdet – in den 1980er und 1990er Jahren durften deshalb beispielsweise Millionen Hektar alter Bäume in den großen Wäldern an der Westküste von der Holzindustrie nicht geschlagen werden. Und auch im »Gila National Forest« hat der Schutz des Fleckenkauzes unmittelbare Konsequenzen: Wegen eines laufenden Verfahrens darf die Behörde derzeit gar keine Bäume abholzen – nur für Privatnutzer gibt es Ausnahmen. Aber noch entscheidender: Die Forstbehörde darf auch keine kontrollierten Waldbrände durchführen. Becky kann das nicht nachvollziehen. »Der Fleckenkauz kann in einem völlig zugewachsenen Wald doch gar nicht jagen. Weil er seine Flügel nicht ausgebreitet kriegt. In einem völlig verwucherten Wald – da lebt irgendwann gar nichts mehr.«

Die Geschichte der Vereinigten Staaten ist eine Geschichte der Wälder Nordamerikas, schreibt der Historiker Erik Rutkow in seinem Buch »American Canopy«. Seine These: Ohne den Reichtum an Wald hätte die britische Krone vielleicht keine Kolonie etabliert.

Im Skype-Interview von seinem Büro an der University of Central Florida erzählt Rutkow, wie er zu Beginn seiner Recherche über den englischen Gelehrten Richard Hakluyt stolperte.

Hakluyt war Theologe – aber auch Botaniker und Geograf. Die Ostküste Nordamerikas bekam er nie selbst zu Gesicht. Er kannte sie nur aus den Berichten von Zeitzeugen. Trotzdem beschrieb Hakluyt schon in seinen ersten Büchern detailreich die Baumsorten Nordamerikas, die Qualität der Hölzer – und wie wichtig dieser Rohstoff für England werden könnte. Die britischen Inseln waren zu diesem Zeitpunkt schon weitgehend abgeholzt. Die Stämme für die Masten ihrer Kriegsschiffe musste London für viel Geld aus dem Baltikum importieren, erzählt Rutkow. »Schon 1584 hat Hakluyt ganz explizit gesagt: ›Selbst wenn es sich für keinen anderen Rohstoff lohnen würde: Allein das Holz wäre es wert.‹ Und so wird er der Gründer der Firma, die die Kolonialisierung Nordamerikas für die Briten initiiert.«

1607 gründen die ersten britischen Siedler Jamestown im heutigen Virginia, eine paar Jahre später dann Kolonien im heutigen Massachusetts. Und sie finden: Urwald, ein undurchdringbares, bedrohliches Dickicht mit riesigen Bäumen, darunter Arten, die die Männer in der alten Heimat nie gesehen haben. Und Hakluyt soll recht behalten: Das Holz ist in der Heimat begehrt. Vor allem eine Spezies ragt heraus, wird gefällt und nach Europa gebracht: die »White Pine«, auch Weymouth-Kiefer genannt, die größte Nadelbaumart Nordamerikas. »Diese Kiefern aus Neuengland hat dann schon bald andere Kiefernarten vom Markt gedrängt«, so Rutkow. »Weil die meisten Schiffsbauer sich damals einig waren, dass es weltweit die besten Bäume für Masten waren. Und so entwickelte sich ein schwunghafter Handel mit Masten aus weißer Kiefer aus Neuengland für die britische Marine.«

Holz sei aber nicht nur ein Grund für die Kolonialisierung gewesen, argumentiert Rutkow, sondern später auch für den Kampf um Unabhängigkeit. Und wieder geht es um Masten. Um sich den Nachschub zu sichern, erhebt die Krone Anspruch auf alle Kiefern in der

Kolonie, deren Stamm über 24 Inches, also gut 60 Zentimeter dick ist. »Heutzutage wäre das ein ziemlich dicker Baum. Aber damals gab es noch recht viele davon. Und für die Amerikaner hieß das, dass ihnen ihr Land nicht komplett gehörte. Das hat für viel Empörung und Ärger gesorgt in den Waldgebieten von Neuengland. Und als dann der Unabhängigkeitskrieg losging, da wurden fast als Erstes die Häfen in Maine dichtgemacht, damit keine Masten mehr exportiert werden konnten. Das war ein großes Problem für die britische Marine, weil sie vollständig von diesen Masten abhängig waren.«

Symbol für den Kampf um die Unabhängigkeit wird auch ein Baum: eine Ulme in Boston. Dort knüpft eine aufgebrachte Menge 1765 eine Strohpuppe auf, aus Protest gegen britische Steuern. Die Ulme wird »Liberty Tree« getauft, Freiheitsbaum; bald gibt es im ganzen Land solche Freiheitsbäume. Im Unabhängigkeitskrieg ist die Ulme eines der Opfer: Loyalisten fällen sie und verfeuern ihr Holz.

Amerikas Bäume sind nicht nur ein Zündstoff für die Revolution, sondern vor allem auch der Rohstoff für die Erschließung, die Industrialisierung und die Blüte der jungen Nation. Die Eisenbahn ist ein gutes Beispiel: die Bohlen, die Schienen, die Brücken, die Wagen: alles aus Holz. Auch beheizt werden die Lokomotiven mit Holz. »Es ist für uns heute kaum vorstellbar, wie gefährlich Zugfahren damals war. Es flogen viel mehr Funken. Die entfachten dann verheerende Brände – vor allem in den Gegenden, wo die Bäume schon alle abgeholzt worden waren, aber die Reste noch herumlagen, das ganze Unterholz«, erzählt Historiker Rutkow. »Die Städte waren ja auch aus Holz gebaut. Deshalb waren diese Feuer, wie der große Brand in Chicago und andere im 19. Jahrhundert. so verheerend: Weil fast alles aus Holz war.«

Der Holzbedarf war enorm – und der Kahlschlag auch: Ab 1850 wurden in den USA jeden Tag durchschnittlich 34 Quadratkilometer Wald gefällt. Jeden Tag, fünfzig Jahre lang. Ein Grund, warum heute nur noch ein Drittel der USA mit Wald bedeckt ist. Die Abholzung ganzer Landstriche macht einigen vorausschauenden Botanikern schon zu Beginn des 19. Jahrhunderts Kopfzerbrechen. Sie prägen sogar einen Begriff dafür »timber famine«, übersetzt so viel wie »Holz-Hungersnot«. Und in Concorde, Massachusetts, macht sich 1845 ein Mann auf den Weg in die Wildnis: Henry David Thoreau. Der exzentrische Essayist will allein im Wald zurück zu sich selbst und zur Natur finden:

»Ich zog in den Wald, weil ich den Wunsch hatte, mit Überlegung zu leben, dem eigentlichen, wirklichen Leben näherzutreten, zu sehen, ob ich nicht lernen konnte, was es zu lehren hatte, damit ich nicht, wenn es zum Sterben ginge, einsehen müsste, dass ich nicht gelebt hatte. (...) Ich wollte einen breiten Schwaden dicht am Boden mähen, das Leben in die Enge treiben und auf seine einfachste Formel reduzieren; und wenn es sich gemein erweise, dann wollte ich seiner ganzen unverfälschten Niedrigkeit auf den Grund kommen und sie der Welt verkünden.«

Thoreaus Suche nach Abgeschiedenheit in unberührter Natur ist schon damals nicht ganz einfach: Um seine Heimatstadt Concorde herum gibt es zwar viele Felder, aber fast keinen Wald mehr. Er findet einen kleinen Forst mit relativ jungen Bäumen in der Nähe eines Teiches: Walden Pond. Bis nach Concorde läuft man eine halbe Stunde. Die Zivilisation ist ständig präsent: Jeden Tag fährt die Eisenbahn nach Boston vorbei.

Thoreaus »Walden« ist bis heute Pflichtlektüre für Aussteiger wie Naturschützer und der Teich samt Ruine seiner Hütte Pilgerstätte für Touristen. Für nicht so schwärmerische Geister wie mich ist der Besuch eine Enttäuschung: der kurze Spaziergang auf dem rollstuhlgerechten Weg um den Teich, der in meiner Vorstellung viel größer war. Kein wilder Wald, sondern ein gepflegter Park. Und natürlich ein Geschenkartikelladen, in dem es T-Shirts mit den wichtigsten »Walden«-Zitaten, Tassen und Stofftiere zu kaufen gibt. Auch eine Variante des »eigentlich, wirklichen Lebens« – aber nicht die, mit der ich Thoreau verbinde.

Thoreau ist vielleicht der bekannteste, aber nicht der einzige Vertreter einer ganzen Garde von frühen Umweltschützern in den jungen Vereinigten Staaten. Sein Mentor Ralph Waldo Emerson, dem der Wald um Walden Pond gehört, zählt dazu. Und John Muir, der Gründer der Naturschutzorganisation »Sierra Club« und sogenannte Vater des »Yosemite National Park«, des ersten Nationalparks der USA. Für die Mehrheit der Amerikaner aber ist der Wald damals vor allem eins: Bau- und Treibstoff.

Zum Erholungsort, Tourismusziel für die breiten Massen wird der Wald erst sehr viel später: 1934, mit der Gründung des ersten Nationalparks an der Ostküste: der »Great Smoky Mountains National Park« in den Appalachen, mit 2100 Quadratkilometern annähernd so groß wie das Saarland. Bis heute sind die Smokys der meistbesuchte Nationalpark in den USA. Und damals wie heute genießen ihn die Amerikaner am liebsten mit dem Auto.

Ich fahre von Knoxville, Tennessee, aus zum südwestlichen Eingang des Parks. Der Kontrast zum »Gila National Forest« könnte größer nicht sein: kein schmales Sträßchen, sondern ein gut ausgebauter zweispuriger Highway mit regem Verkehr. Ich erwische einen leeren Parkplatz an einem Aussichtspunkt und genieße den Blick auf eine liebliche Berglandschaft mit bunt gefärbten Laubbäumen. Hinter mir rauscht der Verkehr, dann raschelt es: Eine Herde wilder Truthähne wandert erst über die Straße und dann gurrend und pickend über den Parkplatz – die Menschen, die Autos, das Geklicke der Kameras stört sie nicht. Anders als im Gila, wo sämtliche Vögel verstummten, sobald ein Mensch in der Nähe war, sind die Truthähne hier Publikum gewöhnt.

Ein paar Kilometer weiter gibt es Stau: Ein gutes Dutzend Autos steht mit laufenden Motoren am Straßenrand. Eine Frau mit blondem Pferdeschwanz ist mit ihrem roten SUV als Erste auf die Bremse getreten. Jetzt steht sie, die digitale Spiegelreflex im Anschlag, am Straßenrand und starrt gebannt die steile Böschung hinunter. Ich stelle mich dazu: Und siehe da, keine zehn Meter weiter unten, auf einem Baumstamm über dem felsigen Bachbett, turnen zwei junge Schwarzbären, während die Bärenmutter am Ufer Wache schiebt. Auch ich zücke mein Smartphone.

»Bear jam« heißt dieses Phänomen – in Anlehnung an das englische Wort für Stau, »traffic jam«. Und es ist in diesem Nationalpark zwischen Tennessee und North Carolina so alltäglich wie der Feierabendstau in jeder größeren Stadt. Etwa 1600 Schwarzbären, so die offizielle Schätzung der Parkverwaltung, leben in den dichten Mischwäldern der Smokys. Und so haben die meisten der über zwölf Millionen Besucher im Jahr eine gute Chance, wenigstens einen davon zu Gesicht zu bekommen. Sie müssen dafür noch nicht einmal das Auto verlassen.

Touristisches Zentrum des »Great Smoky Mountains National Park« ist die Kleinstadt Gatlinburg, in einem Talkessel am westlichen Rand gelegen. An diesem milden Spätnachmittag ist dort die Hölle los: Großfamilien, mit Kinderwagen und Waffeleis bewaffnet, drängen sich auf den Bürgersteigen, begutachten die Auslagen der unzähligen Souvenirshops, Klamottenläden, Süßwarengeschäfte und Pizzabuden. Eine Sesselbahn transportiert unaufhörlich Menschen in Shorts und Flipflops auf einen Aussichtspunkt. Es gibt Geisterbahnen, Spielhöllen, Tattoo-Studios. Aus jedem Laden schallt ein anderer 80er-Jahre-Countrysong. Es ist eine laute, grellbunte und komplett künstliche Welt, in der es selbst nachts nie dunkel wird. In Gatlinburg gibt es zwar zehntausende Hotelzimmer und Ferienwohnungen, aber nur rund 4500 reguläre Einwohner.

Eine davon ist Dana Soehn, die Sprecherin der Parkverwaltung. Ich treffe sie im Verwaltungsgebäude am Parkeingang. Der weitläufige Komplex mit Feldsteinverkleidung, Schieferdach und der großen Veranda erinnert an ein edles Landhotel. Im Eingangsbereich sind die Wände mit Kastanienholz getäfelt. Ein Relikt aus den ersten Jahren des Nationalparks, wie Dana mir erzählt. Damals war noch ein Drittel der Bäume riesige Kastanien. Inzwischen sind sie, wie überall in den USA, so gut wie ausgestorben: dahingerafft vom Kastanienrindenkrebs, einer Pilzkrankheit, die Anfang des Jahrhunderts versehentlich aus Asien eingeschleppt worden war. Kein Einzelfall: Auch die Bestände an Ulmen und Fraser-Tannen im Park wurden durch eingeschleppte Erreger in den vergangenen Jahrzehnten stark dezimiert.

Dana, eine kleine Frau mit lockigen dunklen Haaren und in der moosgrünen Parkuniform, kann die Vorzüge des Parks aus dem Kopf runterrattern: 815 Kilometer Wanderwege, neun vollausgestattete Campingplätze mit Übernachtungsmöglichkeiten für 6000 Gäste, noch mal über hundert Zeltplätze in den unzugänglicheren Teilen des Parks, vier Besucherzentren mit Shop und Infomaterial – und 384 Kilometer Straßen.

Rund 32 000 Besucher wälzen sich täglich durch die Smokys. »Wir versuchen, die Leute darauf vorzubereiten, bevor sie im Stau stehen und nicht mehr umdrehen können«, sagt Dana. »Manchen macht es auch gar nichts aus, zwei Stunden im Stau zu stehen, um eine besondere Aussicht zu genießen oder sich einen Wasserfall anzuschauen. Wir wollen nur, dass sie gut vorbereitet sind und genügend Benzin und Wasser dabeihaben.«

Der »Great Smoky Mountains National Park« wurde ganz bewusst als Freizeitattraktion für Autofahrer entwickelt. Nach dem Zweiten Weltkrieg konnten sich immer mehr Amerikaner ihren ersten eigenen Wagen leisten. Die Great Smokys sind von fast allen großen Metropolen im Osten der USA – Chicago, Boston, New York, Washington DC, Atlanta – binnen eines Tages zu erreichen. Im Besucherzentrum hängen Schwarz-weiß-Aufnahmen aus den vierziger und fünfziger Jahren: Fröhliche Familien sitzen auf der Kofferraumklappe ihrer Autos und machen ein Picknick. Viel hat sich daran nicht geändert: »Wir haben zuletzt 2008 eine Umfrage gemacht«, sagt Dana. »Da haben uns achtzig Prozent der Leute gesagt, dass sie aus dem Auto ausgestiegen sind und eine Wanderung gemacht haben. Aber das kann nur ein ganz kurzer Spaziergang gewesen sein oder vielleicht eine halbe Stunde zu einer besonders ikonischen Aussicht. Aber nur fünf Prozent machen richtige lange Wanderungen. Und nur drei Prozent übernachten auch mal draußen in der Wildnis.«

Ich fahre hinauf zum Clingman's Dome, mit 2000 Metern der höchste Punkt im Park. An diesem Herbstmorgen ist schon ordentlich Betrieb. Dutzende Touristen haben den letzten steilen Kilometer vom Parkplatz über einen asphaltierten Weg hier hoch geschafft, machen Selfies und versuchen etwas von der eigentlich spektakulären Aussicht zu erkennen. Doch die Great Smokys – von den Cherokees wegen des häufigen Dunsts und Nebels so genannt – machen ihrem Namen alle Ehre. Dina Pitzinger, in Sweatshirt und Sandalen, hat einen der wenigen Sitzplätze ergattert und ist begeistert: »Ich muss erst mal verschnaufen. Aber es ist wunderschön. Man kann so viel sehen. Der Nebel, die Wolken.«

Dreizehn Stunden mit dem Auto ist Dina mit ihrer Familie aus Texas bis in die Smokys gefahren. »Ich wollte unbedingt mal hierher. Es gibt so viele Geschichten über die Smokys. Außerdem ist meine Familie zum Teil Cherokee, wir stammen aus dieser Gegend. Und deshalb ist es toll zu sehen, wo wir herkommen.« Der kurze Spaziergang zum Aussichtspunkt ist der einzige Fußmarsch, den sich Dina für die Smokys vorgenommen hat. Ansonsten genießt sie die Natur vom Auto aus. Tiere hat sie trotzdem gesehen, erzählt sie. Einen Bären, einen Truthahn, ein paar Rehe.

Auch Michael und Diane haben heute den Gipfel der Smokys erklommen. Die beiden Rentner, sie in Pink, er mit Wanderstöcken und Fernglas bewaffnet, haben schon viele Nationalparks besucht. Aber die Smokys seien besonders schön – vor allem wenn sie ihrem Namen alle Ehre machen. Michael macht es auch gar nichts aus, dass er den Park mit so vielen Leute teilen muss. »Amerika bewahrt diese Natur auf für künftige Generationen. Und deshalb bin ich froh, dass die Parks auch genutzt werden. Sonst gäbe es sie bald nicht mehr.«

Kristine Johnson ist von den vielen Menschen nicht so begeistert. Auch wenn die hagere, zurückhaltende Frau, die mit ihrer Metallbrille ein kleines bisschen an eine weise Waldeule erinnert, das nie so deutlich sagen würde. Kristine ist die Chefökologin des Parks. Die Bedürfnisse von Menschen, Tieren und Pflanzen unter einen Hut zu bringen, ist die größte Herausforderung für die Parkverwaltung, sagt sie: »Wegen der schieren Zahl an Leuten gibt es auch immer mehr darunter, die einfach tun und lassen was sie wollen.«

Kristines Büro liegt in einem scheunenähnlichen Gebäude mit großen Fenstern am Waldrand. Vor dem Eingang stehen ein paar Picknickbänke. Wir machen einen Spaziergang in den Wald. Nach ein paar Metern begegnen uns ein paar Truthähne. »Die haben wir aufwachsen sehen. Jetzt sind sie Teenager, man erkennt das am grau an ihren Köpfen. Und daran, dass ihre Schwänze noch ein bisschen groß für sie sind.« Kristine schmunzelt: »Sie müssen in die Schwänze erst noch reinwachsen, wie richtige Teenager eben.«

Nach ein paar hundert Metern erreichen wir einen Eichenhain. Ein beliebter Futterplatz für Bären, auch wenn sich jetzt gerade keiner Blicken lässt: »Sie fressen sich jetzt an den Eicheln fett für den Winter«, erklärt Kristine. »Deshalb haben wir auch so viele Bear Jams an der Straße. Weil sie dasitzen und fressen und fressen und fressen.«

Viel zu häufig würden die Leute nicht genügend Sicherheitsabstand wahren. Und damit nicht nur sich selbst, sondern vor allem auch die Bären in Gefahr bringen. »Die Leute verstehen einfach nicht, dass sie es mit wilden Tieren zu tun haben, und das sie verletzt werden können. Und wenn ein Bär einen Menschen beißt oder zu dicht herankommt, dann wird er erschossen.«

Als Chefökologin soll Kristine den Wald mit seinen über 2.000 verschiedenen Pflanzenarten möglichst gesund halten. Ein knappes Fünftel des Parks, rund 400 Quadratkilometer, sind noch unberührter Primärwald. Beim Spaziergang erklärt Kristine, wie es zu dieser enormen Biodiversität kommt: eine sehr lange Wachstumssaison. Und große Höhenunterschiede. »In den Höhenlagen ist es wie in Kanada. Da wachsen Fraser-Tannen. Und dann die Walnüsse hier drüben, die sieht man nur an Bächen und nicht in den höheren trockeneren Lagen. Und hier unten gibt es auch nicht viele Kiefern. Aber die gedeihen oben, auf den Bergkämmen.«

Kristine arbeitet seit 1990 in den Great Smokys. Damals sei die Luftqualität häufig so schlecht und die Ozonkonzentration so hoch gewesen, dass Besucher gewarnt wurden, sich beim Wandern nicht zu überanstrengen. Im benachbarten Tennessee Valley wurde damals noch Kohle im großen Stil abgebaut und verstromt. Inzwischen ist die Luft deutlich besser. Wegen strengerer Auflagen. Weil die Kraftwerke auf Gas umgestellt wurden, aber auch wegen des wirtschaftlichen Niedergangs der Region westlich des Parks – ein Problem für den Staat Tennessee, der zu den zehn ärmsten der USA gehört. Aber gut für die Great Smokys, sagt Kristine. »Für unsere Besucher ist das ein Riesenvorteil, weil sie jetzt wieder richtig gute Fernsicht haben und keine Angst haben müssen, dass sie Halsweh kriegen, wenn sie wandern gehen. Also es hilft den Besuchern – aber es hilft natürlich auch dem Park.«

Kristine sorgt sich, weil die Umweltauflagen von der Trump-Regierung wieder gelockert oder ganz abgeschafft wurden. Und wegen des Klimawandels. Die heißeren trockenen Sommer würden zuerst den besonderen Nadelbäumen in den Hochlagen schaden.

Doch erst einmal hat sie andere Sorgen. Kristine zeigt auf den Zweig einer einsamen Schierlings- oder Hemlocktanne. Weiße Rückstände kleben zwischen den zarten Nadeln. Die Spuren des »hemlock wooly adelgid«, einer Blattlaus-Unterart aus Asien, die seit zwanzig Jahren in den Great Smokys wütet. Die Schierlingstanne machte hier früher fast ein Fünftel des Baumbestands aus. Jetzt sind nur noch ein paar hundert Exemplare übrig. Wie vorher bei der Amerikanischen Kastanie wurde auch dieser tödliche Erreger mit Zierpflanzen aus Asien eingeschleppt. »Es war herzzerreißend, das mit anzusehen und zu wissen, dass man es hätte verhindern können«, sagt Kristine. »Der Erreger wurde durch den Handel mit Zierpflanzen verbreitet, und weil die Hemlocktanne keine große Rolle spielt für die Holzindustrie, war es gar nicht auf dem Radar der Leute, die auf so was achten.«

Kristine, die Tochter eines Försters, hat fast ihr gesamtes Leben im Wald gebracht. Sie wuchs in den Regenwäldern im pazifischen Nordwesten auf. Sie liebt den Wald. »Ich habe in meinem Leben eine ganz ordentliche Dosis Bäume und Wald abbekommen. Und deshalb fühle ich mich immer in den Wäldern am wohlsten, egal wo auf der Welt ich gerade bin. Es gibt immer was zu lernen und zu entdecken. Hier bin ich zu Hause. Und hier komme ich zur Ruhe.«

Monate nach meiner Recherche im Wald veröffentlicht die Parkverwaltung stolz die Statistik für 2019: Wieder eine Million Besucher mehr, die sich samt ihren Autos durch die Great Smokys gewälzt haben. Ich bin gespannt auf die Statistik für 2020: Über zwei Monate im Frühjahr ist der Park wegen der Corona-Pandemie ganz geschlossen. Eine Ruhephase für Amerikas Wald. Verdient hat er sie.

XI

Toter als tot?, oder:
Klimawandel im Death Valley

SEBASTIAN HESSE-KASTEIN

Abby Wines ist vor 14 Jahren aus dem tropischen Miami ins Tal des Todes gekommen. Abby lebt und arbeitet als Parkrangerin im »Death Valley Nationalpark«. Wir treffen uns im »Furnace Creek Visitor Center«. Die stämmige Mittdreißigerin mit der blonden Rosshaarmähne trägt ihre Ranger-Uniform. Für meine Augen sieht sie aus wie eine Pfadfinderin. Mit entwaffnendem Lachen streckt sie mir die Hand entgegen: »Hi, I'm Abby!«

Ins Death Valley gereist bin ich, weil es in Amerika keine andere Landschaft gibt, die der Klimawandel zurückliegender Epochen derart dramatisch verändert und geprägt hat. Was heute eine felsige Wüstenlandschaft ist, in der Leben im Hochsommer wegen der mörderischen Hitze kaum vorstellbar ist, war einst ein Binnenmeer von der Größe des Bodensees. Fossile Spuren zeigen, dass es hier früher kleine Elefanten, Kamele und Säbelzahntiger gab. Von Las Vegas kommend öffnet sich das Tal des Todes am »Zabriskie Point« für den weiten Blick. Man schaut über ockerfarbene Felsformationen hinweg und erblickt dahinter den weiten Talgrund; ein erster Eindruck von der »Salt Flats«, der Salztonebene am Grund des Todestales.

Ich stehe an einem klaren Januartag am »Zabriskie Point«, also im Winter. Es ist angenehm frisch, die Luft ist glasklar und die phänomenale Weitsicht lässt einen leicht schwindeln. Kurz darauf lerne ich in Furnace Creek Abby Wines kennen. Und ich erfahre, wie unterschiedliche Kulturen ein und dieselbe Landschaft ganz anders lesen. »Die Ureinwohner des Tals, die Timbisha-Schoschonen, leben hier seit tausenden von Jahren«, erzählt Abby. »Sie hassen den Namen ›Tal des Todes‹! Für sie ist das hier heilige Erde und ein Ort des Lebens!« Timbisha, der Stammesname, bezeichnet einen rötlichen Sandstein, der nur im Death Valley vorkommt. Abby hat es nie bereut, dass sie ihren eigenen Lebensmittelpunkt von den tropischen Gefilden Floridas in das karge Wüstental am anderen Ende Amerikas verlagert hat. »Ich liebe das weite, offene Land«, sagt sie, »das verleiht einem das Gefühl von Freiheit!« Die üppige Vegetation ihres Heimatstaates vermisst sie nicht, ist vielmehr fasziniert davon, wie viel Leben es in diesem angeblich so toten Landstrich gibt. Es bedarf allerdings eines geschulten Blicks, um die Bewohner des Todestales zu Gesicht zu bekommen. »Es gibt hier Bighorn-Schafe, Berglöwen, Roadrunner, Coyoten, Schlangen, Eidechsen«, zählt Abby auf, »und sogar Fische. Den ›Pupfish‹.« Dieser Wüstenfisch im Death Valley ist tatsächlich legendär. Im Deutschen heißt er leicht bedrohlich Teufelskärpfling, oder auch Teufelsloch-Wüstenkärpfling. Der Teufelskärpfling ist geradezu ein Bilderbuchbeispiel dafür, wie sich das Leben jedem noch so dramatischen Klimawandel anpasst. Im Death Valley lebt er in einer Warmwasserquelle, dem Teufelsloch, zu dem man durch eine mehrere Meter lange Felsspalte gelangt. Im Winter dringt kein Sonnenlicht in den felsigen Schrund. Im Sommer wärmt sich das Wasser im Teufelsloch auf über 30 Grad auf. Die Vorfahren des bläulich schimmernden Fischleins sind vor Jahrmillionen über den Verbund aus Flüssen und Seen, den es hier damals gab, an diesen Ort gekommen. Als der Klimawandel einsetzte und das Wasser zurückging, zog sich der Teufelskärpfling in die felsige Nische zurück, in der er überleben konnte.

Den Namen Death Valley verdankt das Tal einer Legende aus den Pioniertagen Amerikas. »Es war im Jahre 1849. Zur Zeit des Goldrausches in Kalifornien«, klärt mich Abby Wines auf. »Damals strömten die Menschen aus dem Osten in Richtung Pazifik. Im Winter 1849 war ein Treck durch das Tal gezogen, um die gefahrvollere Route über die verschneiten Berge der Sierra Nevada zu vermeiden. Zweihundert Leute gehörten dem Treck an. Sie hatten

Mühe, Wasser zu finden. Ein Mann starb auf der Reise. Der war aber schon alt und krank, bevor sie das Tal erreicht hatten. Im Winter wohlgemerkt, nicht im mörderisch heißen Sommer!« Obwohl sich die Sterberate im Death Valley seit Mitte des 19. Jahrhunderts nicht nennenswert erhöht hat, blieb der Name hängen. Weil er so perfekt passt. Durch natürlichen Klimawandel ist hier ein Landstrich entstanden, der allen Lebewesen einiges abverlangt. Die Veränderungen, die das Überleben in der rauen Schönheit des Tales immer schwieriger machten, kann man an vielen Orten geradezu aus der Landschaft herauslesen.

Nach meinem Treffen mit Abby Wines begebe ich mich an einen der tiefsten Punkte der Erde. »Badwater« haben ihn einst durchreisende Siedler genannt, schlechtes Wasser. Was mir wegen der dünnen Salzkruste, die die Talsohle des Death Valley bedeckt, unmittelbar einleuchtet. Mein Blick wandert nach oben, in Richtung des schroffen Felshangs am Rande des Tals. Mit dem Kopf im Nacken sehe ich knapp 90 Meter über mir ein Schild an der Felswand hängen: »Sea Level« steht darauf, Meeresspiegel. Ich stelle mir vor, auf dem Meeresgrund zu stehen und nach oben, in Richtung Wasseroberfläche, zu schauen. Die Idee löst in mir ein sanftes Schaudern aus. Unter freiem Himmel in tiefere Tiefen hinabsteigen als in »Badwater« kann man nirgends in den USA. Abertausende Touristen lassen sich alljährlich neben dem Holzschild fotografieren, auf dem steht: »Badwater, tiefster Punkt der USA, 85 Meter unter dem Meeresspiegel.« Noch weiter unter Normalnull war ich zuvor nur am Toten Meer gewesen. Der Salzsee im Grenzgebiet zwischen Israel und Jordanien liegt 428 Meter unter dem Meeresspiegel. Das ist an Land die tiefst gelegene Stelle auf dem Globus. Das seltsame Gefühl, das einen an solchen Orten beschleicht, ist ganz ähnlich.

Tal des Todes – das klingt irgendwie endgültig. Aber die Salzwüste, die da unter den Sohlen meiner Wanderstiefel knirscht, hat ihre endgültige Erscheinungsform längst noch nicht erreicht. Die Transformation durch sich wandelnde klimatische Bedingungen geht weiter, auch wenn sie künftig nicht mehr ganz so dramatisch ausfallen dürfte. Neben den natürlichen Veränderungsprozessen ist jetzt auch noch der menschengemachte Klimawandel am Werk. Um herauszufinden, welche Prognosen es für das weitere Absterben des Todestales gibt, war ich vor meinem Trip ins Death Valley beim Nationalen Wetterdienst in Las Vegas.

Die Außenstelle des »Weather Service« in der schrillen Zocker-Metropole dokumentiert seit 1911 die Wetterveränderungen in der Grenzregion zwischen Nevada und Kalifornien. Ich bin mit dem Meteorologen Daniel Berc verabredet. Er erzählt mir von dem absoluten Hitzerekord, den Death Valley im Jahre 2013 erlebt hat: 54 Grad im Schatten! »In den letzten zwanzig bis dreißig Jahren ist es immer heißer geworden«, weiß Dan. »Durch den Klimawandel wird die extreme Hitze auch noch weiter zunehmen!« Wie an so vielen Orten auf der Erde dürften auch hier die extremen Wetterlagen häufiger werden: Gewitter, Stürme, andauernde Regenfälle. Im Oktober 2015 erlebte das Tal sein bisher heftigstes Unwetter. Die Touristenattraktion »Scotty's Castle« ist dabei so in Mitleidenschaft gezogen worden, dass die Restaurierungsarbeiten bis heute andauern.

»Scotty's Castle« ist weder ein Schloss, noch hat es jemals dem namensgebenden Scotty gehört. Von der malerischen Ranch im spanischen Kolonialstil erzählt auch Abby Wines: »Das ist eine richtige Wildwest-Geschichte. Scottys voller Name war Walter Scott. Ein Gauner. Scotty behauptete, er habe im Death Valley eine Goldmine entdeckt. Doch das war frei erfunden. Er wollte Investoren überreden, ihm Geld für das Erschließen der Mine, die es gar nicht gab, zu schicken. So erschwindelte sich Scotty erstaunliche Summen. Im Jahre 1902 wurde ein Investor misstrauisch, der Inhaber einer Versicherungsgesellschaft in Chicago. Dieser Albert Johnson reiste ins Death Valley, um die Mine zu inspizieren. Damals gab es hier keine Infrastruktur, keinen Tourismus. Scotty, der ja nichts vorzuweisen hatte, ließ sich ein Ablenkungsmanöver einfallen. Er inszenierte für den Besucher aus der Großstadt ein westernmäßiges Feuergefecht. Er ließ die blauen Bohnen fliegen. Damit das echt wirkte, engagierte er für die Ballerei ein paar Kumpels. Das ging leider schief und

Scottys Bruder, der auch mitgemacht hat, wurde angeschossen. Der Schwindel flog auf. Doch Johnson war Scotty nicht böse. Er, der Großstädter aus dem Osten, hatte als Kind die Geschichten von Cowboys und Indianern geliebt. Und jetzt war, mit dem inszenierten Wildwest-Abenteuer, ein Kindheitstraum in Erfüllung gegangen!« So begann die ungewöhnliche Freundschaft zwischen dem Millionär und dem Gauner. Johnson jedenfalls kam von da an jedes Jahr ins Death Valley: der Anfang des Tourismus in der Region. Das prunkvolle Feriendomizil, das der Unternehmer aus Chicago errichten ließ, taufte er »Scotty's Castle«. Rund ein Jahrhundert nach seiner Errichtung wurde es Opfer des Klimawandels.

Bei meiner Winterwanderung durch die Salztonebene stelle ich mir vor, wie es sich hier im Hochsommer bei über 50 Grad Hitze anfühlt. Ich versuche mir auszumalen, wie sich das Leben im Todestal verändern wird, wenn der Klimawandel voranschreitet und die Lebensbedingungen weiter verändern wird. Dass Erderwärmung und Extremwetterlagen in diesen Breiten bereits spürbare Folgen haben, konnte der Biologieprofessor Steven Beissinger von der Uni Berkeley in San Francisco nachweisen. Beissinger beobachtet die Artenvielfalt und die Verbreitung einzelner Spezies in den Wüstenlandschaften des amerikanischen Westens, vor allem im Death Valley. Es ist nicht nur die geografische Nähe zu San Francisco, die ihn gerade in diese Landstriche bringt. Auch nicht die Extremtemperaturen, sondern der Umstand, dass die US-Nationalparks allesamt unter Naturschutz stehen. »Die menschliche Nutzung hat sich hier nicht gewandelt«, erklärt mir Beissinger. »Hier bleibt die Natur sich selbst überlassen. Der Mensch verändert sie nicht. Alles, was sich wandelt, wandelt sich aus anderen Gründen. Vor allem durch den Klimawandel!« Der hat zwar in arktischen Regionen die stärksten Veränderungen bewirkt, aufgrund des schmelzenden Eises. Die heißen Wüstenregionen, wo die Lebensbedingungen ohnehin harsch sind, kommen unmittelbar danach.

Professor Beissingers Studien zu den Klimawandelfolgen im Death Valley bauen auf einer umfangreichen Datenerhebung aus dem frühen 20. Jahrhundert auf. Damals hatte ein Team um den Biologen Joseph Grinnell Flora und Fauna des Todestals und anderer Wüstenregionen systematisch dokumentiert. Die Vergleichsdaten, die Steven Beissinger ein Jahrhundert später im Rahmen seines »Grinnell Resurvey Projects« erhoben hat, haben den Wissenschaftler erschreckt. »Im Vergleich zu damals hat sich die Anzahl der Vogelarten fast halbiert«, konnte Beissinger nachweisen, »43 Prozent sind völlig verschwunden! Und 39 der verbliebenen 135 Arten droht das gleiche Schicksal! Das sind 29 Prozent!« Die Tiere leben heute schon am physiologischen Limit.

Der charakteristischste Vogel des Death Valley ist der legendäre Roadrunner, der Rennkuckuck. Dem europäischen Reisenden vertraut sind all die Finken und Spatzen, die Drosseln und Gemeinen Stare. Darüber hinaus treffen Ornithologen, je nach Jahreszeit, auf den Zaunkönig, die Spottdrossel, das Rubingoldhähnchen, den Berghüttensänger, das Rotkehlchen, den Schwarzhalstaucher, den Haussperling, die Pfeifente, die Krickente, die Stockente, den Rotschwanzbussard, den Truthahngeier, die Wachtel, das Blesshuhn, den Keilschwanzregenpfeifer, die Taube, den Weißbrustsegler, den Fliegenschnäpper, die Amerikanische Meise, den Rotschulterstärling, den Kuhstärling und andere Stärlinge. Es ließen sich noch viele andere hinzufügen. Sie alle sind von der natürlichen Auslese, die die Klimaveränderung nach sich zieht, bedroht. Einen Überlebenskünstler gibt es jedoch im Death Valley: den Raben. Die Rabenpopulation ist im vergangenen Jahrhundert entgegen dem Trend gestiegen. Raben können sich leichter als ihre gefiederten Verwandten den unterschiedlichsten Klimabedingungen anpassen. Die evolutionären Wundertiere überleben auch extreme Kälte, sind Aas- und Allesfresser, haben kaum natürliche Feinde und können sehr alt werden: 17 Jahre in freier Natur, bis zu vierzig in Gefangenschaft.

Der Grund für den Artenschwund bei den Vögeln des Death Valley ist jedenfalls eindeutig, meint der Professor: »Wassermangel! Vor allem der Rückgang beim Niederschlag!« Als nächstes wird der Wissenschaftler sich mit den Populationen kleiner Säugetiere beschäftigen. Die sind, anders als die Vögel, zumeist nachtaktiv. Und könnten daher etwas weniger stark betroffen sein.

Einfacher wird das Überleben keinesfalls: Trotz zunehmender Unwetter werden im Death Valley Regenintensität und Niederschlagsmengen durch den Klimawandel noch weiter zurückgehen. Das hatte mir in Las Vegas der Meteorologe Daniel Berc erklärt. Sommertemperaturen über 50 Grad sind zwar längst normal in dem Wüstental, »aber durch den Klimawandel werden die Hitzeperioden insgesamt länger«, prognostiziert Berc. Keine guten Aussichten für den Überlebenskampf der Todestalbewohner.

Es hat etwas Kontemplatives, allein durch die silbrig-gleißende Weite der Salzwüste im Death Valley zu wandern. Die Salzkristalle knirschen unter den Fußsohlen. Trotz Sonnenbrille muss man immer wieder die Augen zusammenkneifen: So viel Blendkraft hat das Licht der intensiven Wüstensonne, dass sich in der Reflektion durch den quecksilberartigen feuchten Film, der über der Salzschicht liegt, noch verstärkt. Es ist Anfang Januar und recht frisch. Ich kann mir kaum vorstellen, wie mörderisch heiß es hier in wenigen Monaten sein wird. Der Salzgrund ist hart wie Eis. Sobald sich Wolken vor die Sonne schieben, schimmert er nicht mehr silbrig-blau, sondern nimmt eine blütenweiße Farbe an. Die Salztonebene sieht nicht mehr wie ein zugefrorener See aus, sondern wie eine frisch verschneite Talsohle. Wer die Einsamkeit fernab jeder Zivilisation sucht, und betörend schöne Natur, der lebt auf im Tal des Todes. Die Luft ist so hell, klar und transparent, dass man sich schnell einbildet, in dieser Landschaft alles durchschauen zu können. Hier entgeht einem nichts. Das Wandern ist Reinigung, Entschlackung und Bereicherung zugleich. Der perfekte Ort für innere Einkehr und äußeres Einswerden mit der Landschaft. Mein Blick schweift über die Bergkette am Rande des weit ausgeschnittenen Tals. Und es leuchtet mir ein, warum die »School of Lost Borders«, die »Schule der überwundenen Grenzen«, das Death Valley als Kulisse für ihre Visionssuchen gewählt hat, ihre Selbsterfahrungsseminare in ungezähmter Natur.

Auf Visionssuche gehen – das heißt, sich für vier Tage und vier Nächte allein in die Wildnis zurückziehen. Um in einer radikalen Konfrontation mit sich selbst herauszufinden, wo man gerade auf seinem Lebensweg steht. Das klingt zunächst esoterisch, nach Indianer-Romantik, ist aber eine uralte, tradierte Methode, um Menschen an Lebensübergängen oder in Lebenskrisen Orientierung zu verleihen. Die Visionssuchen der »School of Lost Borders« sind moderne Nachfahren von Übergangs- und Schwellenritualen, die in vielen traditionellen Kulturen fester Bestandteil eines jeden Lebenswegs waren. Diese heiligen Zeremonien helfen Menschen an Scheidewegen, die sich mit gravierenden Veränderungen in ihrem Leben arrangieren müssen. Von jeher haben indigene Völker diese Methode genutzt, um sich selbst zu finden und ihren Platz in der Gemeinschaft neu zu justieren.

Vor bald fünfzig Jahren haben Meredith Little und ihr inzwischen verstorbener Mann Steven Foster die »School of Lost Borders« ins Leben gerufen. Die grandiosen Wüstenlandschaften des amerikanischen Südwestens, speziell das Death Valley, waren der ideale geografische Raum, um die uralte Tradition der »vision quest«, der Sinnsuche in der Wildnis, wiederzubeleben. Ich habe Meredith Little in Deutschland kennengelernt und bei verschiedenen Gelegenheiten wiedergetroffen. Sie erzählte mir ausführlich von den Anfängen, wie die beiden begonnen haben, sich mit den uralten Selbstfindungsritualen zu beschäftigen. »So um 1970, 1971 war Steven Foster, mein Mann, Hochschullehrer für englische Literaturwissenschaft, für Anglistik«, erinnert sich Meredith. »Besonders faszinierten ihn alte Mythen, Märchen, frühe Texte wie die Odyssee, die Übergangsrituale beschrieben haben.« Übergangsrituale sind Zeremonien, die einschneidende Veränderungen im Leben kenntlich machen, habe ich gelernt. Neben der Mythologie vieler Kulturkreise studierten Foster und Little die Rituale von Naturvölkern, um daraus eine zeitgemäße Methode des Heilfastens in der Wildnis zu entwickeln. Die Bausteine dafür stammen aus den unterschiedlichsten Quellen, denn rund um den Globus pflegen die unterschiedlichsten Kulturen eine Variante dieser Selbsterfahrungsmethodik: Suchende in die Natur schicken, um ihnen eine Auszeit in der Wildnis zu verschaffen. Damit sie sich fastend auf sich selbst konzentrieren können. Auch in den großen Weltreligionen kommt dieser Weg zu sich selbst vor. Man denke an die vierzig Tage und vierzig Nächte, die Jesus von Nazareth allein fastend in der Wüste verbrachte. Auch Mohammed hatte sich vor seiner Berufung zum Propheten zu Fasten und Meditation in die Wüste zurückgezogen. Auch Buddha suchte Erleuchtung in einsamer Natur.

So entstand in Big Pine, Kalifornien, nordwestlich vom Death Valley die »School of Lost Borders«, deren Konzepte von der Sinnsuche in der Wildnis rund um die Welt Nachahmer fanden. Anfangs stießen Foster und Little jedoch auf Misstrauen und Skepsis. »Als Steven und ich damals, Anfang der 1970er Jahre, angefangen haben, da dachten die Leute, wir wären vollkommen durchgeknallt«, lacht Meredith heute. »Die dachten, wir hätten eine Sekte gegründet! Die hatten Angst vor uns! Und der Begriff ›Übergangsritual‹ wurde mit Ritualmorden in Verbindung gebracht. Das war ein Tabu!« Erst allmählich wurde einer wachsenden Gemeinde bewusst, dass jeder Lebensweg sich in Abschnitte unterteilt, zwischen denen Übergänge liegen. Da gibt es die natürlichen: Kindheit, Pubertät, Jugend, Erwachsensein, Alter, Tod. Und es gibt die gesellschaftlichen: Schulstart, Schulabschluss, Ausbildung, Eheschließung, Elternschaft, Ruhestand. Und dann die vielen, vielen individuellen Veränderungen im Leben, die bewältigt werden wollen. Schon die ältesten Kulturen wussten um diese Herausforderung. Hier lässt sich aus frühester Vergangenheit lernen. »Übergangsrituale waren Zeremonien, die die Ältesten rund um den Globus in allen frühen Kulturen konzipiert und abgehalten haben«, erklärt Meredith, »sie wiesen dabei einen Weg, den Wandel in den Gemeinschaften zu begleiten und zu gestalten.« Es scheint eine Urerfahrung zu sein, dass es leichter fällt, das Ende des Alten und den Beginn des Neuen zu akzeptieren, wenn man die Übergänge mit einem Ritual markiert. Um sich zu erden und orientieren, muss man nicht unbedingt die vier Tage und Nächte durchstehen. Die »School of Lost Borders« kennt auch das Konzept der »Medizinwanderungen«. Das sind kürzere, weniger anspruchsvolle Erfahrungen von Einsamkeit in der Wildnis. Mir hat besonders die Idee gefallen, mir auf Medizinwanderung vorzustellen, ich sei ein wildes Tier. Und müsse mich vor menschlichem Leben verbergen, ihm ungesehen aus dem Weg zu gehen. In den Tagen der Pandemie, wo der größtmögliche Abstand zum Mitmenschen das Gebot der Stunde war, habe ich die Medizinwanderung in meinen Alltag integriert. Das Konzept vom Gesunden der Seele in Harmonie mit intakter Natur lässt sich in Zeiten der Besorgnis und Beunruhigung besonders intensiv erfahren.

Am 4. April 2020 ist das Death Valley, wie die anderen US-Nationalparks auch, wegen Covid-19 für den Besucherverkehr geschlossen worden. Der Durchgangsverkehr von Nevada nach Kalifornien floss weiter. Aber alle Einrichtungen des Parks, wie das »Furnace Creek Visitor Center« oder »Stovepipe Wells«, die Aussichtspunkte wie etwa »Dante's View« und die Wanderwege, waren bis auf weiteres dicht. Visionssuchende und Medizinwanderer mochten sich unbemerkt einschleichen können in das gewaltige Wüstenareal. Gruppenveranstaltungen jedoch, wie die Seminare der »School of Lost Borders«, wären zu auffällig gewesen, um den wachsamen Augen von Rangern wie Abby Wines zu entgehen. Es lag eine gewisse Ironie darin, dass man sich wegen Ansteckungsgefahr nicht mehr einsam und allein in die Wildnis zurückziehen konnte. Der lange Arm des Staates reicht auch in die entlegensten Wüstenregionen. Immerhin: Ohne Touristenströme und Blechlawinen auf den Durchfahrtstraßen konnte das Leben im Tal des Todes eine Zeit lang zur Ruhe kommen.

Während der Corona-Krise hatte ich Gelegenheit, Meredith Little danach zu befragen, wie sie den Ausnahmezustand in den USA erlebt. »Ich liebe es, all diese Geschichten zu hören, wie die Natur wieder gesundet, jetzt wo es ruhiger geworden ist, wo weniger verschmutzt wird«, schrieb sie. Aber was von diesen erfreulichen Nebenwirkungen können wir erhalten, wenn wir die Zumutungen und unerfreulichen Einschränkungen überwunden haben werden? »Ich hoffe, dass die Leute wahrhaft die Unterstützung bekommen, und auch die Fähigkeit haben, die vielen Wahrheiten zu verinnerlichen, die jetzt ›in our face‹ sind, so offensichtlich«, schrieb Meredith mir auf dem Höhepunkt der Corona-Krise, »universelle Wahrheiten, die so viele verdrängen wollten. Oder vor denen sie sich geschützt haben.« In Krisenzeiten greifen die üblichen Verdrängungsmechanismen, die ja auch Bequemlichkeit schaffen, nicht mehr. Urplötzlich bekommen Erkenntnisse klare Konturen, die zuvor von einem Nebel der Verdrängung verschleiert waren. »Dass wir eine Welt sind und das, was wir als Individuen und auch als Nationen tun, unser aller Gesundheit betrifft«, gibt Meredith zu bedenken, »dass das Leben ungewiss ist und nicht kontrolliert werden kann. Wir müssen lernen, mit Unsicherheiten zu leben und die Lehren daraus zu ziehen. Dass wir sterblich sind.« Die Übergangsrituale, die dem Fluss des Lebens Struktur geben, verweisen ja immer auch auf das Ende des Wegs. Sie helfen, sich mit der Idee der eigenen Vergänglichkeit zu arrangieren. Die Sinnsuchen im Death Valley schärfen die Sinne für dieses menschliche Dilemma. Und auf eine ganz seltsame Art kann das auch Krisenerfahrung leisten. »Es fühlt sich an, als ob wir jetzt am eigenen Leib erfahren, was wir der Erde angetan haben«, sagt sie, »nicht atmen können, in Käfige eingesperrt zu sein, überwältigt, zusammengepfercht, raffend, von der Natur abgetrennt zu sein, auch von unserer eigenen Natur … und so viel mehr!« Ein Erfahrungsschatz ließe sich da heben. Doch Merediths Fazit liest sich eher resigniert: »Werden wir das kapieren? Keine Ahnung!«

Nicht nur die Naturphilosophin Meredith Little, viele Umweltaktivisten in den USA knüpfen allerhand Hoffnung an die Corona-Erfahrung, die Hoffnung auf bleibende Lehren angesichts von CO_2-Rückgang, sauberer Flüsse, reinerer Luft, weniger Schadstoffe, klarerer Sicht, rückkehrenden Lebens und eines ruhigeren Flusses der Dinge. In einem langen Gespräch habe ich mit John Horning darüber gesprochen. John ist kein romantischer »eco-warrior«, kein »tree-hugger«, sondern ein hochprofessioneller Organisator von

Umweltkampagnen. Der Kampf gegen den Klimawandel ist nur ein Aspekt seiner Arbeit. Dass konsequente Einschränkungen im Lebensstil, wie die Bewältigung der Corona-Krise sie den Menschen abverlangt hat, eine Blaupause sein könnte für Maßnahmen zur Verlangsamung des Klimawandels, ist Umweltaktivisten rund um den Globus schnell in den Sinn gekommen. Doch mit welcher Strategie kann man Verhaltensmaßregeln verstetigen, die die allermeisten als Zumutung empfinden? Oder sogar als existenzbedrohend?

John Horning sitzt an seinem Schreibtisch bei der Umweltinitiative »Wild Earth Guardians« in Santa Fe, New Mexico. John ist Geschäftsführer der 1989 gegründeten NGO, die vor allem aus Anwälten und Wissenschaftlern besteht. Und die gerade erst, ihr jüngster Erfolg, das Abholzen von sechs Waldgebieten in Arizona und New Mexico verhindert hat. Im Skype-Interview bekräftigt John, dass er der Corona-Krise auch etwas Gutes abgewinnen kann: »Was diese Pandemie doch zeigt, ist, dass die Welt durchaus zusammenkommen und einer kollektiven Bedrohung entgegentreten kann! Genauso bedrohlich sind die Klimakrise und die Krise des Artensterbens!« Das konnte gelingen, weil die meisten Menschen die Notwendigkeit einsahen, sich vorübergehend dramatisch einzuschränken. Immer in der Hoffnung, die Bedrohung möge baldmöglichst vorbei sein. Solange es diese Sehnsucht nach Rückkehr zum Status quo ante gibt: Wie soll die Erfahrung, ein notwendiges Opfer gebracht zu haben, zu dauerhaftem, systemischen Wandel ermutigen? »Wissen Sie, ich bin ein Optimist!«, lacht John, »und glaube, dass diese Zeit des tiefergehenden Nachdenkens – denn zum tiefergehenden Nachdenken besteht ja jetzt die Gelegenheit –, die Menschen veranlasst, ihr Leben zu ändern. Sosehr die Leute wieder arbeiten wollen, zurückkehren zum fieberhaften Tempo und zum Wahnsinn unserer modernen Gesellschaft, hoffe ich dennoch, dass sie weniger reisen werden, weniger konsumieren. Und dafür umso achtsamer handeln. Aber das bleibt abzuwarten!« Welchen enormen Effekt die ganze Wucht gemeinschaftlichen Handelns haben kann, das hat die Corona-Erfahrung jedenfalls gelehrt. Aber viele halten die ökologischen

Fortschritte für zu teuer erkauft. John hält dem entgegen, dass Krisenerfahrung das Potenzial hat, Menschen grundlegend zu verändern:»Die Menschen verstehen, dass es hier eine kollektive Verantwortung gibt. Dass wir alle verletzlich sind! Und wie wichtig soziale und ökologische Sicherheitsnetze sind. Das hat sich gewandelt in den letzten drei Monaten!«

Die »Wild Earth Guardians« sind seit Ende der 1980er Jahre vor allem im Westen der USA aktiv. Sie haben primär ein Auge auf unberührte Landstriche, die sich in staatlichem Besitz befinden und von Behörden wie dem »U.S. Forest Service« und dem »Bureau of Land Management« verwaltet werden. Sie schauen der Kohleindustrie auf die Finger, stellen sich dem Kahlschlag der Wälder entgegen und schützen bedrohte Tierarten wie den Wolf. Auch bei ihrem Erfolg, das Abholzen von sechs Waldgebieten in Arizona und New Mexico zu verhindern, ging es um Artenschutz. Der »U.S. Forest Service« hatte es versäumt, bei seinen Rodungsplänen den Schutz einer bedrohten Vogelart zu berücksichtigen. Auf Betreiben der »Wild Earth Guardians« stoppte ein Gericht den Holzschlag, um den Mexikanischen Fleckenkauz zu schützen. Bei Erfolgen wie diesem geht es zumeist darum, sich als kleine Initiative mit dem Staat oder einem mächtigen Unternehmen anzulegen. David gegen Goliath. Die Corona-Schutzmaßnahmen seien jedoch ein Lehrbuchbeispiel dafür, wie unter staatlicher Führung eine Gesellschaft als Ganzes, als Einheit, gemeinschaftlich handeln kann. Und auf einmal problemlos enorme Summen zur Verfügung stehen, um damit Schlimmeres zu verhindern. »Ich glaube, es gibt einen größeren Appetit auf mutiges Regierungshandeln, um Probleme zu lösen!«, ist John Horning überzeugt. »Schauen Sie sich nur den ›Green New Deal‹ an! Da wurde gejammert: ›Das wird uns Millionen kosten!‹ Republikaner befürchten Milliarden! Keine Chance, dass je eine Regierung so etwas machen wird! Und jetzt werden Hilfspakete in Billionenhöhe geschnürt!«

Der ›Green New Deal‹ – das ist ein umfangreiches Maßnahmenpaket, mithilfe dessen der Klimawandel verlangsamt werden soll. Ein Aktionsbündnis aus linken Demokraten und externen Beratern hat den Masterplan für eine ökologische Wende der US-Industriegesellschaft ausgearbeitet. Weite Teile des Konzepts stammen aus der Feder der Journalistin und Aktivistin Naomi Klein.

Im September 2019 war ich auf einer Lesung von Naomi Klein im »Sidwell Friends Meeting House« in Washington. Die Journalistin stellte ihr aktuelles Buch »The (burning) Case for a Green New Deal« vor. Ursprünglich war als Veranstaltungsort die legendäre Buchhandlung »Politics & Prose« angedacht, doch wegen der gewaltigen Nachfrage mussten die Veranstalter an einen geräumigeren Ort ausweichen. Was als Lesung angekündigt war, entpuppte sich als Happening, als geradezu sakrale Zusammenkunft. Das Meeting-House an der Wisconsin Avenue gleicht einem modernen Kirchenbau. Die Gemeinde der intellektuellen, urbanen Progressiven traf sich zur Heldenverehrung. Als Überraschungsgast versetzte zunächst Jane Fonda den Saal in Verzückung. Die Inszenierung begann mit einer Video-Grußbotschaft von Alexandria Ocasio-Cortez. Die linke Abgeordnete aus der New Yorker Bronx gehört zu den treibenden Kräften beim Werben für den ›Green New Deal‹. Jane Fonda, die große alte Dame unter den linken Aktivisten, der man ihre 82 Jahre nicht ansieht, gesellte sich zu Naomi Klein auf die Bühne. Ich ließ meinen Blick über die Besuchermenge schweifen: Studenten, Akademiker, Künstler, Lehrer, Leute aus dem Politik- und Lobbybetrieb der Hauptstadt. Eine Blase. Hier wird von einer Vision für Amerika geträumt, die den Anhängern Trumps Angst macht. Ich befand mich im Herzen des anderen Lagers im amerikanischen Kulturkampf. Das Bewusstsein, sich bei den entscheidenden Dingen im Leben einig zu sein, schaffte auch hier ein wohliges Gemeinschaftsgefühl. Drei Frauen – Klein, Fonda und Ocasio-Cortez – skizzierten die Vision eines Amerikas, das sich radikal unterscheidet von dem, was das andere Lager im Kulturkampf so verbissen zu erhalten versucht. Oder zu restaurieren. Denn darum geht es, wenn ihr Hoffnungsträger Donald Trump verspricht, Amerika wieder »great« zu machen.

Aus europäischer Perspektive ist der ›Green New Deal‹ alles andere als radikal. Im Kern sieht er das Aus für fossile Brennstoffe und ein Jobwunder im Sektor der sauberen Energiegewinnung vor. Er schreibt Amerika eine Führungsrolle zu bei dem globalen Ziel, die Erde bis Mitte des Jahrhunderts klimaneutral zu bekommen. Der Energiebedarf der USA soll perspektivisch vollständig aus erneuerbaren Energien oder zumindest emissionsfrei gedeckt werden. Der Begriff lehnt sich an den »New Deal« an, den ökonomischen Masterplan aus den 1930er Jahren, mithilfe dessen die USA den Weg aus der »Großen Depression« – vor Corona die härteste Wirtschaftskrise ihrer Geschichte – fanden. Das Label »Green New Deal« war so catchy und sexy, dass bald noch weitere linke Anliegen in das dynamische Konzept integriert wurden. Der Plan sollte nun nicht mehr nur klimafreundliche Technologien fördern, sondern gleichzeitig gesellschaftliche Missstände wie Armut, ungleich verteilten Wohlstand, Einkommensunterschiede und Rassendiskriminierung angehen. Politisch mehrheitsfähig war das Konzept nie. Aber seine Symbolwirkung in den USA ist enorm. Je mehr es wuchs, je populärer es unter Progressiven wurde, desto mehr brachte es, als rotes Tuch, die Konservativen in Rage. »Linke wollen den Amerikanern das Fliegen und das Hamburger-Essen verbieten«, spottete das Trump-Lager. »Sozialistischer Wahnsinn«, befand der Präsident, dessen Idee von wiedererlangter »greatness« vorsieht, den »War on Coal« (Trump), den Krieg gegen die Kohle, zu beenden und die USA mithilfe von Fracking unabhängig zu machen von Energieimporten aus dem Ausland. Der Klimawandel, so ein legendäres Bonmot von Trump, sei eine Erfindung der Chinesen, um der amerikanischen Wirtschaft zu schaden.

Während des Corona-Lockdowns blieben die Flugzeuge am Boden und die SUVs in den Garagen. Und siehe da, wie überall auf der Welt geschah, was aus der Freiwilligkeit heraus undenkbar ist: In den USA sank der Ausstoß an Treibhausgasen um 17 Prozent. Wenig überraschend, dass sich auch Naomi Klein, wie John Horning, die Corona-Restriktionen als Blaupause für konsequenten Klimaschutz vorstellen kann. »Vor dieser Pandemie war das für die meisten Leute eine ziemlich abstrakte Idee: Was soll das heißen, die Klimakrise wie einen Katastrophenfall zu behandeln?«, argumentierte Klein in einem Podcast zur Corona-Krise. »Jetzt sind wir auf den Geschmack gekommen, dass eine Menge getan werden kann, um die größten Klimasünder zu regulieren. Im Moment sind kaum Flugzeuge am Himmel: So wollten wir die natürlich nicht stoppen. Aber es ist möglich!« Aber auf diesen Geschmack gekommen ist eben nur *ein* Lager im Kulturkampf. Von der anderen Seite des Risses durch Amerika ist kein Applaus zu erwarten für Klein-Wünsche wie diesen. »Offen gesagt, das Beste, was aus dieser Krise entstehen könnte, wäre, dass wir im Katastrophenmodus bleiben! Auch nach dem Ende der Pandemie. Wir könnten unsere Wirtschaft mit dem ›Green New Deal‹ gesunden.« Es wird interessant werden zu beobachten, ob die Zeit des Lockdowns tatsächlich einmal als entscheidende Testphase für nachhaltigen Wandel gewertet wird. In diesem sonderbaren Frühjahr des Jahres 2020 jedenfalls waren Amerikas Grüne voller Aufbruchstimmung. Und ermutigt, wenn Galionsfiguren wie Naomi Klein uramerikanischen Optimismus verbreiten. »Der stärkste Gegenwind, den ich von Journalisten und anderen bekommen habe, lautete: ›Amerikaner werden solch dramatischen Wandel nie akzeptieren zu Zeiten, in denen die Wirtschaft brummt!‹«, erzählt Klein. »Jetzt stehen die Chancen also besser, während der Nachwehen dieser Krise. Sicher nicht unter Trump. Aber es wird ja gewählt im Herbst!«

Aber wie realistisch ist die Utopie, die Amerikas Klimaschützer während der Corona-Krise so elektrisiert hat? Bei einer auf Skype übertragenen Diskussionsrunde, die das Washingtoner »Foreign Press Center«, die Organisation der Auslandskorrespondenten in den USA, veranstaltet hat, ist auch Todd Stern dabei. Stern ist ein alter Hase der amerikanischen Umweltpolitik. Er war unter Präsident Obama im Außenministerium für das Thema Klimawandel zuständig und hat für die USA das Pariser Klimaschutzabkommen mitverhandelt. In der Debatte ernüchtert er mit einer eher resignierenden Prognose. »Der Klimawandel wird auf absehbare Zeit nicht im Zentrum der Aufmerksamkeit stehen«, glaubt Todd Stern, »die

Priorität der Regierungen wird sein: Wie kriegen wir die Leute wieder in Lohn und Brot? Und nicht irgendwelche abgefahrenen, grünen Anliegen. Das muss erst einmal warten!« Sterns Pessimismus speist sich auch daraus, dass die Trump-Regierung die Corona-Krise bislang zum Anlass nimmt, Umweltauflagen zu lockern. Die angeschlagene Wirtschaft dürfe nicht zusätzlich unnötig belastet werden, heißt es aus dem Weißen Haus. Und sämtliche Umfragen der Pandemie-Tage ergaben, dass die Befragten schnellstmöglich in ihr altes, vertrautes Vor-Corona-Leben zurückkehren wollten. Das sollte alle Utopisten desillusionieren. Deshalb frage ich noch einmal bei dem nach, der sich voller Elan selbst als Optimisten bezeichnet hatte, bei John Horning von den »Wild Earth Guardians« in Santa Fe. Was tun, John?»Was jeder Einzelne und Organisationen machen können, ist, unsere politische Führung auf der kommunalen Ebene, der Ebene der Bundesstaaten und in Washington dazu drängen, die Muskeln immer wieder spielen zu lassen. Es wäre tragisch, wenn wir in diese schläfrige Selbstzufriedenheit von vorher zurückfallen würden.«

Auf meiner Reise ins Tal des Todes, nur wenige Wochen zuvor, ahne ich nichts von Lockdown,»Stay-at-home« und Öko-Utopien infolge der Corona-Krise. Ich verlasse das Death Valley wie in einem John-Ford-Western: mit dem Sonnenuntergang im Rücken. Zurück in Las Vegas bleibt mein Blick kurz am dortigen Trump-Hotel hängen. Dass der Casino-Betreiber Donald Trump mit seinem Faible für Bling-Bling-Glamour auch in Vegas mitmischt, passt. Das goldschimmernde Monstrum aus Stahlbeton und Glas sieht aus wie ein aufrechtstehender Goldbarren. Ich denke daran, dass die ersten Glücksritter, die durch das Death Valley gen Westen zogen, im Goldrausch waren.»The pursuit of happiness«, das Streben nach Glück, ist als Grundrecht in der amerikanischen Verfassung verankert. Die Glücksritter des 19. Jahrhunderts strebten nach schnellem Reichtum. Das tun auch die Zocker in den Casinos von Las Vegas. Donald Trumps Vorstellung von Glück ist vermutlich eine andere als die von Meredith Little oder Naomi Klein. Oder die der Timbisha-Schoschonen, die in der monumentalen Naturschönheit des Todestals einen heiligen Ort des Lebens sahen. Wahrscheinlich ist es das, was Amerika »great« macht: das Nebeneinander so unterschiedlicher Konzepte von Glück. Ich schaue zu, wie sich das letzte Sonnenlicht im Trump-Hotel von Las Vegas spiegelt. Und bin überzeugter denn je, dass niemand diesem Land seine »greatness« zurückgeben muss.

XII

Corona auf dem Land, oder:
Die Praxis von Karen Kinsell

JULIA KASTEIN

Clay County, ganz im Südwesten von Georgia, zieht sich entlang des Chattahoochee River, dem Grenzfluss zu Alabama. Mit 560 Quadratkilometern ist der Landkreis fast so groß wie Hamburg. Aber statt zwei Millionen leben in diesem entlegenen Landstrich nur knapp 3000 Menschen. Die nächste Autobahn ist über einhundert Kilometer entfernt. In Clay County gibt es kein Kaufhaus, kein Krankenhaus, keine Apotheke und nur eine Ärztin: Karen Kinsell.

Ich werde Mitte März durch einen Fernsehbeitrag auf Karen aufmerksam. Es sind Bilder wie aus einem Entwicklungsland: Ihre Praxis in der Kreisstadt Fort Gaines betreibt Karen in einer heruntergekommenen ehemaligen Eisdiele. Das Pappdach ist undicht, in den Ecken unter der Decke blüht der Schimmel, Medikamente werden in einer der originalen Tiefkühltruhen aufbewahrt.

Schon unter normalen Bedingungen ist das Praktizieren hier eine Herausforderung. Jetzt, während der Corona-Pandemie, zeigen sich alle Probleme des amerikanischen Gesundheitssystems wie im Brennglas.

Im Skype-Interview ein paar Tage später erzählt Karen, dass sie ihre Praxis wegen der Corona-Pandemie erst einmal geschlossen hat: »Wir haben festgestellt, dass wir keinerlei Schutzausrüstung hatten und deshalb gar nicht erst versuchen sollten, Leute zu testen. Ich bin selber in der Hochrisikogruppe. Und deshalb arbeiten wir jetzt seit vergangener Woche von zu Hause.«

Karen, eine rundliche, hemdsärmelige Frau mit kurzen braunen Haaren, praktiziert nun so gut es geht aus ihrem Büro: Sprechstunde per Telefon oder sogar per Videokonferenz, wenn ihre Patienten ein Smartphone oder einen Computer besitzen. Doch die wenigsten seien so gut ausgerüstet, sagt Karen. In Clay County leben vierzig Prozent der Menschen unter der Armutsgrenze. »Seit dem Wochenende melden sich immer mehr Menschen mit offensichtlichen Covid-19-Symptomen. Heute habe ich den ganzen Vormittag mit Patienten mit möglichen Anzeichen telefoniert«, erzählt mir Karen bei diesem ersten Gespräch Ende März.

Viel tun könne sie ohnehin nicht für ihre Patienten. Außer täglich wenigstens telefonisch Kontakt zu halten. »Oft geht es Leuten in der zweiten Woche schlechter. Und deshalb ist es mir wichtig, in Verbindung zu bleiben, damit sie nicht denken: ›Ach, ist schon okay‹, auch wenn sie eigentlich was unternehmen müssten, weil sich ihr Zustand verschlimmert.«

Das nächste große Krankenhaus mit Beatmungsgeräten ist rund neunzig Kilometer entfernt und gleich zu Beginn der Pandemie mit Corona-Fällen überlastet. Die Klinik in Albany, Georgia, macht damals sogar landesweit Schlagzeilen. Denn angesteckt haben sich die ersten Infizierten, so rekonstruieren es später die Gesundheitsbehörden, bei einer Beerdigung Ende Februar. Einer der Trauergäste, der schon während der Feier um Luft ringt und hustet, wird ein paar Tage später positiv getestet. So wie bald zwei Dutzend weitere Teilnehmer. Zwischenzeitlich ist die Todesrate durch das Coronavirus in Dougherty County in Georgia die höchste in den gesamten USA.

In Clay County gibt es zu diesem Zeitpunkt offiziell zumindest noch keine Fälle. Wohl auch, weil erst getestet wird, wenn die Symptome so schwer sind, dass die Patienten ins Krankenhaus müssen. »Keine Ahnung, wie viele es wirklich sind«, sagt Karen. »Aber sicher viel mehr, als wir erst dachten.«

Anderswo in den USA sorgen sich Ärzte und Lokalpolitiker zu Beginn der Pandemie vor allem, wie sie den drohenden Zusammenbruch des Gesundheitssystems verhindern können. Karen macht sich diese Gedanken nicht. In ihren Augen ist das System schon lange gescheitert: »Wir geben pro Kopf doppelt so viel für Gesundheit aus wie alle anderen Länder. Aber warum ist es dann so beschissen? Die Ergebnisse sind beschissen, der Zugang zu Versorgung ist für viele Leute furchtbar. Es gibt eigentlich keinen Grund, warum wir so rückständig sind. Aber wir sind es. Wir sollen doch eigentlich die schlauen, reichen Leute sein. Ist schon erstaunlich. Allein wenn man sieht, wie wenig Schutzkleidung es gibt. Schockierend, dass unser Land so elend unvorbereitet ist.«

Insgesamt gut drei Billionen US-Dollar flossen 2017 ins US-Gesundheitssystem, rund 18 Prozent des Bruttoinlandprodukts. In Deutschland waren es nicht einmal 400 Milliarden Euro, rund elf Prozent des Bruttoinlandprodukts. Doch obwohl die Amerikaner individuell und der Staat insgesamt so viel Geld ausgeben, ist die Bevölkerung nicht gesünder. Im Gegenteil. Die Lebenserwartung ist niedriger, die Geburten- und Müttersterblichkeit höher als in den übrigen Industrienationen. In den USA leiden mehr Menschen an Fettleibigkeit und Diabetes und es sterben auch mehr an Herzkrankheiten.

Hunderttausende Amerikaner können sich die Kosten für die Behandlung chronischer Krankheiten schlicht nicht leisten. Die Preise für Medikamente sind kaum reguliert und entsprechend hoch. Pro Kopf geben US-Bürger knapp 1400 Euro im Jahr für Arzneimittel aus, die Deutschen nur gut 500 Euro.

Dazu kommt: Das System mit seinem kaum durchdringbaren Geflecht von verschiedenen Anbietern, mit privaten und staatlichen Versicherungsprogrammen und Trägern, verursacht enorme Verwaltungskosten. Wir erleben das, als wir mit unserem Sohn wegen einer kleinen Platzwunde am Kopf in die Notaufnahme müssen: Fünf verschiedene Mitarbeiter stellen fünfmal die gleichen Fragen. Anschließend rechnen das Krankenhaus, die Ärztin und das Röntgenlabor alle einzeln ab. Kostenpunkt insgesamt fast 3000 Dollar. Obwohl die kleine Wunde am Ende nur geklebt wurde.

US-Ärzte gelten als besonders gut ausgebildet. Sie müssen auch viel in ihr Studium investieren. Ein Grundstudium zum Bachelor kostet schon an einer staatlichen Universität durchschnittlich 9000 Euro im Jahr. Das Medizinstudium selbst dann noch mal 32000 Euro per annum. An Privatuniversitäten sind die Studiengebühren meist dreimal so hoch. Entsprechend besser verdienen Mediziner am Ende auch: ein Hausarzt durchschnittlich etwa 180000 Euro im Jahr.

Karen Kinsell verdient mit ihrer Praxis gerade genug, um die zweieinhalb Stellen für ihre Helferinnen zu finanzieren. »Eigentlich bin ich hier Ehrenamtlerin in Vollzeit«, sagt sie. Die meisten ihrer Patienten sind über die staatlichen Krankenversicherungen für Arme oder Senioren versichert, die Honorarsätze entsprechend niedrig. »Ein Drittel meiner Patienten ist überhaupt nicht krankenversichert. Wenn sie können, dann bezahlen sie mir zehn Dollar«, sagt Karen. »Wirtschaftlich gesehen gibt es keinen Grund, warum wir hier im County überhaupt Gesundheitsversorgung anbieten sollten. Die paar Leute, die bezahlen können, reichen lange nicht, damit sich die Praxis trägt.«

Karen stammt aus Indiana, ihr Vater betrieb dort einen Großhandel mit Saatgut. Außerdem gehört der Großfamilie eine Farm. Sie selbst lebt vor allem von ihrer Erbschaft und den Einkünften aus der familiären Landwirtschaft.

Die Mittwestlerin hat sich ganz bewusst für ein Arztleben im Südwesten von Georgia entschieden: »Ich habe lange in New York City gelebt und dort mit Obdachlosen und psychisch Kranken gearbeitet«, erzählt sie. »Ich hatte es mit lauter Schizophrenen zu tun, die immerzu das Haus anzünden wollten. Und irgendwann dachte ich, es muss auch noch was Besseres geben.« Sie studierte Medizin und wollte danach raus aus der Großstadt. »Ich bin in die Uni-Bibliothek gegangen und habe mir die Gegenden mit den schlechtesten Gesundheitsstatistiken rausgesucht. Und das hier war so ziemlich der traurigste Ort, den ich finden konnte.«

Der Anfang war nicht einfach. Als Karen die Praxis übernahm, gab es noch einen zweiten Arzt im Ort, der gleichzeitig auch Bürgermeister war. »Er hat mich nur DYB, Damn Yankee Bitch, genannt und sich geweigert, mit mir zu reden«, erzählt Karen. Doch die Patienten kamen trotzdem. Auch weil sich schnell herumsprach, dass Karen sie zur Not auch gratis behandelte. »Das ist unheimlich gute PR. Du bekommst quasi einen Heiligenschein.« Karen muss selbst schmunzeln. »Na ja, du versuchst eben, eine gute Ärztin zu sein.«

Zwei Drittel der Bewohner von Clay County sind Afroamerikaner. Der größte Arbeitgeber im Landkreis ist eine Ranch, die sich auf die nachhaltige Produktion von Biofleisch spezialisiert hat. Dann gibt es noch ein größeres Bauunternehmen und ein Alten- und Pflegeheim. Schon vor Beginn der Corona-Krise, als Woche für Woche Millionen Amerikaner ihren Job verloren, lag die Arbeitslosenquote hier bei fast acht Prozent, mehr als doppelt so hoch wie der US-Durchschnitt.

Ironischerweise könnten viele ihrer Patienten wirtschaftlich kurzfristig von der Krise sogar profitieren, erklärt Karen mir in unserem ersten Gespräch. Noch im März verabschiedet der US-Kongress ein Milliarden-Hilfspaket, mit dem die Arbeitslosenunterstützung von maximal 26 auf bis zu 39 Wochen verlängert und pauschal um 600 Dollar erhöht wurde. Die Höhe der Hilfe ist in jedem Bundesstaat anders. In Georgia sind es vor Corona maximal 365 US-Dollar pro Woche. Auch die Berufsunfähigkeitsrenten und die Beträge für Essensmarken wurden aufgestockt. Außerdem gibt es für jeden Amerikaner eine einmalige Soforthilfe von 1200 Dollar. Sehr viel Geld für die Bewohner von Clay County, sagt Karen. »Die Mieten hier sind nicht hoch. Und den meisten Leuten ist es auch egal, ob man sich ordentlich anzieht, um wenigstens den Anschein zu wahren. Also manchen Leuten geht es jetzt wirtschaftlich kurzfristig besser dank dieser Bundeshilfen, weil es ihnen sonst eben so furchtbar schlecht geht.«

Etwa drei Wochen später, Ende April, rufe ich Karen noch einmal an. Es ist ein Dienstag. Der Gouverneur von Georgia, Brian Kemp, hat gerade verkündet, dass er schon am Freitag dieser Woche einen Teil der Lockdown-Bestimmungen wieder aufheben will: Ausgerechnet Friseurläden, Barbiere, Tattoo-Studios sollen wieder öffnen dürfen – wie genau er sich das vorstellt, verrät der Republikaner nicht. Karen ist entgeistert. »Das ist doch verrückt«, sagt sie. »Das ist eine furchtbare Idee.«

Allein in ihrem Mini-County sind inzwischen zwanzig Leute positiv getestet worden und zwei Menschen an Covid-19 gestorben. In den umliegenden Landkreisen sind die Zahlen noch höher. Und Karen fürchtet: »Wir sind doch nicht annähernd am Höhepunkt der Kurve angelangt.«

Doch der Gouverneur sieht das anders. Kemp beruft sich bei seiner Entscheidung auf die Richtlinien der Trump-Regierung und ein Modell, wonach die Infektionsraten in Georgia angeblich schon wieder rückläufig sind.

Unter den fünfzig Gouverneuren ist der Republikaner Kemp zwar der erste, aber nicht der einzige, der Ausgangssperren lockert und Geschäftsschließungen aufhebt, um die Wirtschaft wieder in Gang zu bringen. Auch in anderen Staaten wie South Carolina und Tennessee haben es die Gouverneure sehr eilig damit. Sie sind alle Republikaner. Aber es wäre wohl zu einfach, ihre Politik nur mit Parteizughörigkeit zu erklären. Schließlich werden auch Ohio und unser »Heimatstaat« Maryland von Republikanern regiert – und beide verlängern zu diesem Zeitpunkt die strikten Ausgangssperren noch einmal um mehrere Wochen.

Georgias Regierungschef Brian Kemp ist auch unter republikanischen Gouverneuren eine Ausnahme: Erst Anfang 2019 wurde der ehemalige Bauunternehmer nach einer bis heute umstrittenen Wahl inthronisiert. Offiziell gewonnen hatte Kemp mit einem Vorsprung von nur 50 000 Stimmen gegenüber seiner Konkurrentin Stacey Abrams. Die Afroamerikanerin war lange Oppositionsführerin im Landesparlament von Georgia und gilt als eine der Hoffnungsträgerinnen der demokratischen Partei.

Abrams rechnete sich bei der Wahl durchaus Chancen aus. Obwohl Georgia zu den »Red States« gehört. Rot ist die Farbe der Republikaner, Blau die der Demokraten. Seit 1996 stimmt der Staat bei Präsidentschaftswahlen stets rot. Auch die Gouverneure sind seit 2003 Republikaner. Vor allem in den ländlichen Regionen mit mehrheitlich weißer Bevölkerung wird stramm konservativ gewählt. In den urbanen Zentren und in den Counties, in den vor allem Afroamerikaner leben, ist es genau andersherum: Clay County etwa wählt seit Jahrzehnten demokratisch. Insgesamt ist der Vorsprung der Republikaner in den letzten Jahren immer stärker geschrumpft.

Das Pikante an der Wahl: Kemp war von 2010 bis 2018 »Secretary of State« in Georgia, also eine Art Innenminister und als solcher auch zuständig für die Wahlen. In seiner Amtszeit wurden die Wählerverzeichnisse immer wieder überarbeitet – laut Kemps Ministerium, um verstorbene oder verzogene Wähler zu entfernen. 500000 Menschen verschwanden so aus den Verzeichnissen, die meisten davon Afroamerikaner und Latinos.

Abrams und ihre Anhänger werfen Kemp und der republikanisch dominierten Regierung von Georgia vor, die Stimmen von Afroamerikaner unterdrücken zu wollen. Zumal es auch am Wahltag selbst offenbar Unregelmäßigkeiten gab: Bürger, die eigentlich im Wählerverzeichnis stehen sollten, waren dort nicht aufgeführt und durften deshalb zunächst nur provisorische Stimmzettel ausfüllen. Wenn – was vor allem bei Wählern mit hispanischen Namen öfter passierte – die Schreibweise nicht exakt mit der auf den mitgeführten Identifikationspapieren übereinstimmte, durften sie gar nicht wählen. 50000 Menschen wurden so noch am Wahltag aussortiert. Ironischerweise also genau die Zahl an Stimmen, die Kemp schließlich zum Sieg verhalf. In demokratisch geprägten Wahlbezirken waren die Wahllokale unterbesetzt – manche Wähler gaben nach stundenlangem Warten frustriert auf. Und auch mit den Wahlcomputern soll es bizarre Probleme gegeben haben: für Frauen mit langen Fingernägeln. Einige Wählerinnen beklagten, sie hätten auf dem Touchscreen versehentlich für Kemp statt für Abrams gestimmt, weil dessen Name oben gestanden habe und sie mit ihren überlangen Krallen deshalb versehentlich auf dessen Feld gekommen seien.

Wegen all dieser Vorwürfe hat die Lobbyorganisation »Fair Fight«, von Demokratin Abrams nach der Wahl gegründet, die Regierung nun verklagt. Noch läuft das Verfahren. Kemp weist alle

Vorwürfe zurück. Allerdings: eines der Beweismittel der Anklage ist der Audiomitschnitt einer Veranstaltung, bei der Kemp davor warnt, dass die Republikaner die Wahl verlieren würden, wenn zu viele Afroamerikaner mitwählen.

Schon bei den Vorwahlen 2018 konnte sich Kemp nur mit Mühe gegen die innerparteiliche Konkurrenz durchsetzen. Und nur dank Hilfe von ganz oben: US-Präsident Trump rief seine Anhänger per Tweet auf für den ehemaligen Bauunternehmer zu stimmen.

Für die Demokraten ist Georgia seither ein weiteres Beispiel für eine gestohlene Wahl. Ein beliebtes Narrativ, dass den Hass vieler Demokraten auf Donald Trump erklärt: Auch er hat aus ihrer Sicht die Wahl gestohlen – weil fast drei Millionen mehr Amerikaner für Hillary Clinton stimmten, Trump sich aber durch seine Siege in einigen sogenannten »Swing States« die nötige Mehrheit der Wahlmänner-Versammlung sichern konnte.

Auch bei der voreiligen Wiederöffnung seines Staates in der Corona-Krise wähnt sich Gouverneur Kemp Ende April offenbar auf der richtigen Seite: Schließlich hatte US-Präsident Trump in den Tagen zuvor immer wieder auf eine schnelle Rückkehr zur Normalität gedrängt. Per Tweet rief er beispielsweise dazu auf, demokratisch geführte Staaten wie Michigan oder Virginia zu »befreien«.

Doch Kemps Öffnungsmaßnahmen stehen in so offensichtlichem Widerspruch zu den Richtlinien, die Trumps Task-Force kurz zuvor für die Wiederöffnung herausgegeben hatte, dass der Präsident den Gouverneur deutlich kritisiert: »Ich habe dem Gouverneur von Georgia, Brian Kemp, gesagt, dass ich mit seiner Entscheidung, einige Einrichtungen wieder zu öffnen, nicht einverstanden bin.« Kemp verstoße damit gegen die Bundesrichtlinien, die doch auch »für die wunderbaren Menschen von Georgia« erlassen worden seien.

»Das ist das erste Mal, dass ich mit dem Präsidenten einer Meinung bin!«, sagt die Landärztin Karen Kinsell. »Das ist wirklich eine richtig schlechte Idee.«

Karen erzählt von einem Telefonat mit einer Patientin. Drei ihrer Angehörigen hätten sich schon angesteckt mit dem Virus, ein Verwandter ist bereits an Covid-19 gestorben. Nun sei die Frau aufgefordert worden, wieder zur Arbeit zurückzukehren: als Fahrerin von Krankentransporten. »Sie lebt mit ihrer alten Mutter zusammen und hat gesagt: ›Ich kann das nicht machen, ich habe jetzt schon ständig Albträume, dass ich mich anstecke.‹ Ich werde versuchen, ihr ein Attest auszustellen.«

Die wenigsten ihrer Nachbarn im County würden der verordneten Rückkehr zur Normalität nachkommen, glaubt Karen: »Die meisten unserer Geschäfte hier gelten sowieso als systemrelevant, hatten also ohnehin die ganze Zeit offen. Und ich habe noch von niemandem gehört, der sich jetzt unbedingt ein Tattoo stechen oder die Haare schneiden lassen will.«

In der zweiten Maihälfte haben fast alle Bundesstaaten wenigstens erste Schritte in Richtung Wiederöffnung unternommen. Georgia macht auch wieder Schlagzeilen: Diesmal, weil der Gouverneur einräumen muss, bei Grafiken über den Verlauf der Pandemie getrickst zu haben: Um einen Rückgang der Neuinfektionen zu suggerieren, wurden in einem Diagramm einfach die Tage nicht in chronologischer Reihenfolge, sondern nach Fallzahlen sortiert. »Wo gibt es zwei Sonntage pro Woche? Und wo kommt der 2. Mai vor dem 26. April? In Georgia«, ätzt die *Atlanta Journal-Constitution*, Georgias größte Tageszeitung.

Karen, mit der ich wieder skype, sieht in der »Panne« nur ein weiteres Beispiel für die Überforderung der Gesundheitsbehörden in ihrem Staat. Eine einzige Gemeindeschwester ist für gleich drei Landkreise mit 15 000 Bewohnern zuständig. Ihr Hauptjob in Corona-Zeiten: Testproben einsammeln. Nach langen Anlaufschwierigkeiten und vielen Pannen läuft die Testmaschinerie in den gesamten USA inzwischen besser. Fast 400 000 Menschen werden täglich getestet. US-Präsident Trump brüstet sich damit, dass die USA Weltmeister im Testen seien. Was nur in absoluten Zahlen stimmt. Pro Kopf wird weniger getestet als beispielsweise in Deutschland. Und es sind nach wie vor zu wenig Tests, um ein genaues Bild vom Verlauf der Pandemie zu bekommen, beklagen Experten.

Karen ist schon froh, dass ihre Patienten sich inzwischen auf Wunsch überhaupt testen lassen können. Und das ihr die Gemeindeschwester diese Arbeit abnimmt: »Wir haben nach wie vor einfach nicht genügend Schutzkleidung, um selbst in unserer Praxis Tests durchzuführen.«

Inzwischen ist die Zahl der positiven Fälle in Clay County auf dreißig geklettert. Klingt wenig, ist aber viel: Pro Kopf der Bevölkerung liegt der kleine Clay County damit unter den zehn am schwersten betroffenen Landkreisen in Georgia. »Ich glaube, die Zahlen steigen wieder«, sagt Karen. »Die Leute sind nicht mehr ganz so vorsichtig. Und ich bekomme deutlich mehr Anrufe von Patienten, die Symptome haben.« Oder schlicht Angst vor einer Infektion. »Am traurigsten ist die Situation in den Seniorenheimen. Da müssen die Pfleger jetzt die Familien ersetzen. Sie sehen die Leute vor ihren Augen sterben. Ihre Kollegen werden krank oder kommen einfach nicht mehr, sie schieben Überstunden ohne Ende. Die meisten Nachfragen nach Beruhigungsmitteln bekomme ich gerade von Mitarbeitern aus Pflegeheimen.«

Während wir sprechen, bimmelt Karens Wecker. »Das ist die Erinnerung, dass ich jetzt bald ins Bett muss.« Die Ärztin hat seit ein paar Wochen einen neuen Nebenjob. Die Frühschicht in einer Drogenklinik in der nächstgelegenen Großstadt, Columbus. »Ich arbeite da von 6 bis 8 Uhr. Es sind eine Stunde und zwanzig Minuten zu fahren. Also muss ich um 4.30 Uhr hier los.« Karen zuckt mit den Achseln und grinst: »Aber so verdiene ich 50 000 Euro im Jahr. Ich bin jetzt richtig im Geldverdienmodus.«

Im April 2020 ist Karen 65 Jahre alt geworden. »Das ist ja so eine Zeit, in der man über das Leben nachdenkt. Und ich verdiene mit meiner Praxis eben überhaupt kein Geld. Also dachte ich, ich muss was ändern.« Auch bei der staatlichen Krankenversicherung für Senioren hat sie sich angemeldet.

Trotz Corona gibt es zu Karens Geschichte fast eine Art Happy End: Nach dem Fernsehbeitrag über ihre Praxis, der auch mich so berührt hatte, schickten ihr Menschen aus dem ganzen Land ungefragt Geld. »Wir hatten auf einmal lauter Schecks im Briefkasten, insgesamt über 30000 US-Dollar.« Für 5000 Dollar hat Karen nun die ehemalige Eisdiele gekauft, in der sie seit 1998 praktiziert. »Da haben sich die Besitzer aus Schuldgefühlen drauf eingelassen. Weil ich ihnen in den letzten 22 Jahren über 200000 Dollar Miete für ein eigentlich wertloses Gebäude bezahlt habe.«

Jetzt wird renoviert: ein neues Dach, neue Türen und Fenster. Neue Decke, ein neuer Fußboden. Neue Möbel. Und gestrichen wird auch.

Konkurrenz wird Karen auch bald bekommen: Im Ort will die Mercer University, eine private methodistische Hochschule, ein kleines Lehrkrankenhaus einrichten: mit Labor, Ultraschall und Röntgengeräten – eine technische Ausstattung, die sich Karen auch weiterhin nicht leisten kann.

Aber die Landärztin aus Clay County will weiter für ihre Patienten da sein. »Es gibt hier so viele Leute, die wirklich einen Arzt brauchen, aber nicht richtig für sich selbst sorgen und sprechen können.«

Karen hält kurz inne, weil wieder das Telefon klingelt. »Hier, die Frau versucht gerade schon zum zweiten Mal, mich zu erreichen. Sie sorgt für ihren Mann und ihren Sohn, die beide ziemlich krank sind. Sie hat eine leichte geistige Behinderung. Deshalb stellt sie mir ständig die gleiche Frage zweimal. Jetzt will sie sicher noch mal wegen ihrem Sohn fragen.« Karen überlegt kurz: »Solche Leute gibt es überall. Und hier bin ich eben für sie da. Ich glaube, ich kann hier wirklich etwas für die Menschen tun.«

XIII

Lieben lernen, oder:
Der 93-Jährige, der drei Treppenstufen
auf einmal nimmt

SEBASTIAN HESSE-KASTEIN

»Früher habe ich immer vier auf einmal genommen«, grinst Richard Wiener, »aber seit ich die neunzig überschritten habe, bin ich vorsichtiger geworden.« Richard holt mich an der Metro-Station Grosvenor-Strathmore ab, in Rockville, einem Vorort von Washington. Wir fahren zu ihm nach Hause. Im Treppenhaus nimmt er dann beherzt die untersten drei Treppenstufen mit einem einzigen Satz. Was mich für einen Moment sprachlos macht. Denn Richard Wiener ist 93 Jahre alt! Und blickt auf eine bemerkenswerte Lebensgeschichte zurück.

Es grenzt an ein Wunder, dass wir uns überhaupt kennenlernen durften. Richard Wiener ist deutscher Jude. Er wurde am 7. August 1927 in der Lutherstadt Wittenberg geboren, im heutigen Sachsen-Anhalt. Nach der sogenannten »Reichskristallnacht« gelang ihm und seiner Familie die Flucht über London in die USA. In Amerika konnte Richard studieren, als Patentanwalt Karriere machen, eine Familie gründen. Nach der Pensionierung widmete er sein Leben der Aussöhnung mit dem Land seiner Peiniger, mit Deutschland. Über die Größe, die ein solcher Schritt erfordert, und über seinen außergewöhnlichen Lebensweg, haben wir ein langes Gespräch geführt.

Richard, Ihr kühner Sprung über drei Treppenstufen hinweg, mit über neunzig, hat mich sehr beeindruckt. Verraten Sie mir Ihr Erfolgsgeheimnis? Wie bleibt man so jung und dynamisch?

»Ich sage immer: Die Kunst des Lebens ist, dass man etwas durchgemacht hat. Wenn man nichts durchgemacht hat, dann schätzt man das Leben nicht so. Ich glaube, ich habe viel von meiner Vergangenheit gelernt, wie ich am besten durchs Leben komme. Und ich war lange Zeit in meiner Jugend auf mich selbst angewiesen, habe niemandem vertraut. Ich wurde sozusagen verraten von meinen Spielkameraden. Ich war der einzige Jude im Gymnasium. Es gab damals eine Quote. Ich war der einzige Jude da, und die anderen waren so langsam alle im Jungvolk. Das war der Vorgänger von der Hitlerjugend. Die Pause war immer peinlich für mich. Niemand hat mit mir geredet. Ich war ganz isoliert, und ich dachte, ich bin auf mich selbst angewiesen. Im ersten Teil meines Lebens habe ich auch weiterhin so gelebt. Ich bin allein gereist. Ich bin durch die ganzen USA getrampt, habe mich mit Jobs durchgeschlagen. So langsam habe ich mit der Zeit gelernt, dass man besser vorankommt mit anderen. Ich habe mich erst mit 39 verheiratet und habe zwei Kinder und Enkelkinder. Ich habe Lieben gelernt, sozusagen die Nächstenliebe gelernt, die ich früher nicht kannte. Ich habe den anderen nicht vertraut, und jetzt bin ich für alle da. Ich weiß das. Da ich jetzt geschieden bin und allein lebe, bin ich auch darauf aus, dass ich meine Gesundheit so lange wie möglich erhalten will. Deshalb habe ich auch einen Personal-Trainer, und ich versuche, gut zu essen und viel Sport zu treiben. Ja, früher bin ich die vier Stufen auf einmal raufgesprungen. Und das könnte ich vielleicht noch immer. Aber ich will es nicht riskieren. Wegen meiner Knie.«

Ich würde gerne ein paar Etappen Ihres Lebensweges genauer beleuchten. Sie sind ja in Wittenberg geboren, wo Ihre Familie eine Schuhfabrik hatte. Also in großbürgerlichem Milieu. Wie würden Sie die Welt Ihrer Kindheit beschreiben?

»Damals lebten ungefähr 25000 Leute in Wittenberg. Und wir waren sehr bekannt. Es gab ja nicht so viele Juden. Ich glaube, da waren 700 Juden, nach Nazi-Rechnung. Die Schuhfabrik meines Großvaters Baruch Wiener, das war das das größte Geschäft in Wittenberg, am Arsenalplatz. Und wir waren sehr bekannt. Aber meine Eltern haben nicht viel mit Nicht-Juden verkehrt. Ich hatte eine Tante und einen Onkel, die lebten auf derselben Straße. Der Lutherstraße. Nur ein paar Häuser weg eigentlich, wenn man so drüber nachdenkt. Und dann hatten meine Eltern noch Freunde, mit denen sie Doppelkopf gespielt haben. Jede Woche. Und dann war da ein jüdischer Zahnarzt, Dr. Erwin Gold, der hatte in Dietrichsdorf seine kleine Villa, ein kleines Häuschen auf dem Dorf. Im Sommer wurden dann die Juden eingeladen, dort einen Sonntag zu verbringen. Das war auch sehr schön.«

Bis sich 1933 auf einen Schlag alles änderte?

»Als die Nazis ans Ruder kamen, wurde es schwierig für uns. Alle Geschäfte hatten Schilder ›Juden unerwünscht‹. Wenn ich zum Einkaufen ging für meine Mutter, musste ich immer fürchten, dass sie mich nicht bedienen würden. Das ist nie passiert. Sie haben mich immer bedient.«

Aber dann kam die sogenannte »Reichskristallnacht«, im November 1938. Sie waren elf Jahre alt. Und Sie sagen, es war die schlimmste Nacht Ihres Lebens. Wie haben Sie die in Erinnerung?

»Wir wohnten gegenüber vom Gymnasium, in der Lutherstraße 22 a. Ich bin immer über die Straße nach Hause gekommen zum Mittagessen. Das saß meine Mutter am Küchentisch und weinte. ›Mutti, was ist denn los?‹, fragte ich. ›Dein Vater wurde verhaftet.‹ Und sie haben uns Strom und Gas abgedreht. Wir sind dann zu meiner Tante am anderen Ende der Straße gegangen. Lutherstraße 17. Ungefähr 200 Meter weit weg. Mein Onkel war auch verhaftet worden. Wir saßen am Abend bei Kerzenlicht mit meiner Tante, meinem gleichaltrigen Cousin Manfred und zwei alten Großeltern zusammen. Meine Tante hatte eine sehr schöne U-förmige Wohnung im ersten Stock.

Plötzlich fliegt ein Stein durchs Fenster. Und wir sehen, dass ein Fackelzug vor der Tür steht. ›Eure letzte Stunde hat geschlagen, Ihr dreckigen Juden!‹, wurde gebrüllt. Dann klingelte es an der Tür. Ein Mann sagte, er müsse die Wohnung nach Waffen durchsuchen. Der hat alles durchwühlt, unter die Matratzen geguckt. Und plötzlich kam dann noch ein Dutzend junger Leute. Wahrscheinlich 17- oder 18-Jährige. Einige kannten wir: Da war der Sohn des Bäckers dabei. Oder der, der immer die Milch brachte. Die hatten ihre ›Blut und Ehre‹-Messer dabei, haben alle Möbel zerschlagen und uns die ganze Zeit beleidigt. ›Eure Stunde hat geschlagen‹, haben auch die gerufen. Einer schwang eine Axt über meinem Kopf. Ich war elf Jahre alt. Das Ganze hat wahrscheinlich nicht länger als eine Stunde gedauert, aber für mich als Kind war es eine Ewigkeit. Ich dachte wirklich, unsere letzte Stunde hat geschlagen. Am nächsten Tag bin ich dann aus der Schule geflogen. Unsere Wohnung wurde beschlagnahmt. Wir waren vogelfrei, vogelfrei. Verstehen Sie? Man könnte getötet werden, ohne, ohne irgendeine Strafe.«

Glücklicherweise haben Sie und Ihre Eltern es geschafft, heil aus Nazi-Deutschland rauszukommen, über England in die Freiheit, und dann in den sicheren Hafen Amerika. Wie konnte das gelingen?

»Nur weil wir zufällig einen Onkel und eine Tante hatten, die erst in Berlin gelebt haben. Die sind dann vor der Nazi-Zeit nach England übergesiedelt und haben uns aufgenommen. Zusammen mit etlichen anderen Flüchtlingen. Ohne die wäre das nicht gegangen. Mein Cousin Manfred und ich sind ja mit dem berühmten Kindertransport nach London gekommen. Anfang 1939. Und ich erinnere mich noch, wie ich auf dem Zug saß und die letzten Dächer von Wittenberg hinter mir verschwunden sind. Da kamen mir die Tränen, dass ich nie wieder meine Heimatstadt sehen werde. Und mir kommen sogar jetzt die Tränen, wenn ich daran denke. Es war so eine traurige Reise nach Berlin. Und dann mussten wir umsteigen in den Zug nach Hamburg. Unsere Mütter durften nicht mit uns gehen, an den Bahnsteig. Ich hätte sie gerne noch mal umarmt, aber dafür war es zu spät. Von den Kindern im Kindertransport haben die meisten ihre Eltern nie wiedergesehen. Mein Vater war damals noch in Buchenwald inhaftiert. Die beiden haben es später dann auch geschafft.«

Als Ihre Familie dann in London wieder beieinander war, sind Sie gemeinsam in die USA. Weshalb sind Sie weitergezogen und nicht bei Ihren englischen Verwandten geblieben?

»Man wusste ja nicht, ob Hitler in England einmarschieren würde. Wir hatten schon 1936 in den USA und in Palästina einen Einbürgerungsantrag gestellt. Wir dachten, woher das erste Visum kommt, da ziehen wir hin. Das war dann Amerika. Im Sommer 1940. Meine Mutter war vorher schon einmal da gewesen, bei ihrem geschiedenen Vater. Der hat da gelebt.«

Amerika war, so gesehen, tatsächlich ein gelobtes Land für Sie. Sie haben Jura studiert, haben eine beeindruckende Karriere als Anwalt machen können. Wie haben Sie die USA am Anfang erlebt?

»Das war damals das Paradies. Ich meine, man dachte, es sei das perfekte Land. Heute denke ich das nicht mehr. Ich meine, es hat sich sehr verändert.«

Nachdem Ihre Familie in Brooklyn Fuß gefasst hatte und Sie durch die Schule waren, haben Sie sich die USA ja systematisch erschlossen. So wie Jack Kerouac oder Jack London per Anhalter oder auf Güterzügen durchs Land?

»Das ging damals in Amerika! Per Autostopp auf Wanderschaft nach Westen! Wie man auf Deutsch so schön sagt: Da habe ich gelebt! In einem Eisenbahnwaggon habe ich gearbeitet, als Schaffner. Für einen Monat, dann habe ich mit den Mexikanern auf einer Plantage gearbeitet. Dann habe ich in einer Schmelzerei geschuftet. Das habe ich drei Sommer lang gemacht und wirklich viel gelernt über das Leben in Amerika.«

Anschließend haben Sie Jura studiert, wurden Anwalt und Familienvater. Sie haben den Großteil Ihres Lebens in den USA verbracht und nur den kleinsten Teil in Deutschland. Würden Sie sich als Amerikaner bezeichnen?

»Nein, nie. Warum? Natürlich bin ich amerikanischer Bürger. Aber ich denke nicht amerikanisch. Wahrscheinlich nehme ich mir immer das Beste von beiden. Nehmen Sie die deutschen Werte. Die Deutschen haben manche Sachen, die ich nicht mehr habe. Pünktlichkeit und Sauberkeit, und dass alles so akkurat ist, das ist für mich ein bisschen spießig. Da bin ich dann eher amerikanisch. Die Amerikaner sind so ein bisschen schlampiger.«

Sie sind 1990, nach der Wende, das erste Mal nach all den Jahrzehnten wieder nach Wittenberg gereist. Das war sicher ein sehr aufwühlendes Erlebnis?

»Ich bin ja erst nach Berlin. Ich war gerade da, als die Mauer fiel. Es war unglaublich, wie Berlin aussah. Da habe ich meinen Jugendfreund Wolfgang wiedergetroffen. Ihn nach 51 Jahren das erste Mal wiedergesehen. Der hat mich dann mit meiner Frau und meiner Tochter in einem kleinen Wartburg nach Wittenberg gefahren. Es war unglaublich, als wir ankamen. Ich sah die Türme von Wittenberg, die Kirchtürme, und da hatte ich Herzklopfen. Ich dachte: Was hat sich hier geändert? Das war doch das Maul des Löwen, sagte ich mir. Ist das noch immer sicher, wieder zurückzukommen? Das war es, und dann kamen wir vor Nr. 22a an, in der Straße meiner Kindheit, da hat das Auto haltgemacht. Ich sagte: ›Das war mein Haus, und das war mein Kinderzimmer.‹ Es war unglaublich. Das Haus stand noch. Mein Kinderzimmer war auch noch da, nach 51 Jahren.

Und dann war da eine alte Frau, die hat sich an meine Mutter erinnert. Und die hat einen Kuchen gebacken. Wir sollten heraufkommen, haben Sekt getrunken. Und dann kam ich so gerade in meine alte Wohnung, in mein altes Kinderzimmer. Das sah noch genauso aus wie früher. Unglaublich.«

Und dann sind Sie sogar Ehrenbürger Ihrer Geburtsstadt geworden. Was bedeutet das für Sie?

»Die Ehrenbürgerwürde bekam ich dafür, dass ich mich einsetze für das Vergeben, die Wiedergutmachung, die Aussöhnung. Darüber habe ich ja nicht nur geschrieben, sondern viele Vorträge gehalten, an Schulen, in Kirchen. Dafür wurde ich zum Ehrenbürger gemacht!«

Was hat Ihnen denn die Kraft gegeben zu verzeihen? Nach all dem Leid, das man Ihnen angetan hatte. Wie haben Sie es geschafft, den Deutschen gegenüber doch wieder eine positive Grundeinstellung zu entwickeln?

»Ich sage immer in meinen Reden, dass ich auch Mitleid mit den Deutschen habe. Für das, was die durchgemacht haben. Am Ende der Hitler-Zeit lag das Land in Trümmern und Millionen sind gestorben. Da haben auch die Deutschen erfahren, wie das ist, wenn man alles verliert. Jetzt ist Deutschland ein Vorbild geworden. Gerade das Gegenteil von dem, was es früher war. Darum habe ich ein bisschen Mitleid mit ihnen. Schließlich sind die Enkelkinder ja nicht die Verbrecher. Das ist eine andere Generation. Schon die Bibel sagt, man soll nicht die Kinder für schuldig halten für das, was die Väter und Großväter getan haben.«

Man hofft, dass die Deutschen aus der Vergangenheit gelernt haben. Trotzdem passieren Dinge wie unlängst erst der Anschlag auf die Synagoge in Halle an der Saale, gar nicht weit von Wittenberg. Was ist Ihnen da durch den Kopf gegangen?

»Ja, natürlich ist es sehr erregend für uns, was da passiert ist. Aber es gibt Neonazis auch hier in Amerika, in ganz Europa, Frankreich. Ich mache mir durchaus Sorgen. Man hat den Eindruck, dass der Antisemitismus wieder stärker geworden ist. Das ist eigentlich kein Wunder mit einem Hetzer wie Trump als Präsident.«

Wenn Sie mal das Sicherheitsgefühl vergleichen: Sie sind ja seit 1990 immer wieder in Deutschland gewesen. Wo fühlen Sie sich sicherer, geschützter: in Wittenberg, in Berlin oder hier in den USA?

»In Deutschland! Ich fühle mich jetzt sicherer in Berlin als in Washington. Jedenfalls als in Amerika. Früher war das: Wittenberg, das ist die Furcht. Das Maul des Löwen. Heute gibt es fast jeden Tag eine Schießerei in den USA. Was ist das für ein Land geworden! Deshalb fühle ich mich in Deutschland sicherer. Das ist doch erstaunlich!«

Sie arbeiten mit 93 Jahren immer noch unermüdlich an Ihrem Lebenswerk. Sie schreiben Bücher, haben eine Autobiografie verfasst, zwei Gedichtbände veröffentlicht. Sie gehen in Schulen, Sie suchen den Kontakt. Was ist denn Ihre Botschaft an junge Menschen, gerade junge Menschen in Deutschland?

»Sie sollen, wenn sie Hass hören, etwas sagen. Ich glaube, das tun die auch. Die Deutschen machen das besser im Vergleich zu den Japanern, die es alles verleugnen wollen. Erst haben die Deutschen das auch gemacht. Alles verleugnet. Aber jetzt sind sie sehr offen. Man kann die Vergangenheit nicht wiedergutmachen, aber man kann sein Bestes tun für die Leute, die gelitten haben. Da kann Deutschland sogar ein Vorbild sein für die Welt. Das habe ich auch schon in meinen Reden gesagt. Früher war Deutschland das schlimmste Vorbild für andere Länder. Die Lehre, die ich aus meinem Erfahrungsschatz gezogen habe, ist zu sagen: ›Man muss die Vergangenheit gehen lassen, wenn man sie auch nicht vergessen darf.‹ Man muss sie gehen lassen, denn wir haben alle schlimme Sachen getan.

Ja, wir haben alle schlimme Geschichten in der historischen Vergangenheit. Und wenn man sich immer wieder rächen will, dann werden die Kriege nie ein Ende nehmen. Der Weg zum Frieden ist eben das loszulassen und zu sagen: ›Okay, heute ist der erste Tag unseres neuen Lebens!‹«

Richard Wieners Sprachbegabung ist beeindruckend. Nachdem er über fünfzig Jahre nicht in Deutschland war, ist sein Deutsch noch wie zu Kindeszeiten. Ich kann nicht den Hauch eines amerikanischen Akzentes hören. Manchmal deutscht er englische Redewendungen Wort für Wort ein, was dann etwas putzig klingt. Aber das passiert nur selten. Und seinem Amerikanisch hört man an, dass er es in Brooklyn gelernt hat. New Yorkisch, irgendwie. Richard wollte eigentlich Schriftsteller werden. Und tatsächlich ist er ein ganz ähnlicher Typ wie Louis Begley, Saul Bellow oder auch Philip Roth. Dieser Archetyp des jüdischen New Yorker Großstadtintellektuellen. Gerade Begley. Auch so ein Anwalt, dessen Liebe eigentlich dem Schreiben gilt. Der die Jurisprudenz schließlich an den Nagel hängt. Und Romane schreibt, die wunderbare Porträts seiner New Yorker Lebenswelt sind. Begleys Durchbruch jedoch war die bedrückende Lebensgeschichte seiner Familie, die es schaffte, vor den Nazis aus Polen in die USA zu fliehen. Richard Wiener gelang die Flucht aus Wittenberg. Auch er hat mit dem Schreiben erst wirklich beginnen können, als sich seine Karriere als Patentanwalt dem Ende neigte. Und seine Kinder auf eigenen Beinen standen. »Meine Reise ins Überleben« heißt Richards Autobiografie. Er hat auch Prosatexte und Lyrik veröffentlicht.

Während der Corona-Krise habe ich mit Richard nur telefonieren können. Es gehe ihm gut, versicherte er mir, schließlich könne er sein Lieblingssauerkraut noch bekommen. Es gäbe nur einen Anbieter in den USA, bei dem das Sauerkraut wie in Deutschland schmeckt. Und der mache weiterhin Versandhandel. Richard erzählt mir einen Witz: »Springt ein Mann in New York vom Empire State Building. Als er am 15. Stockwerk vorbeifliegt, ruft ein Bewohner aus dem Fenster: ›Wie geht's?‹ Die Antwort: ›So far, so good‹«, sagt Richard, und lacht sich scheckig.

»So weit, so gut«, das bezog der 93-Jährige auch auf sein Leben während des Corona-Lockdowns. Ja, er habe Klavierstunden, den Personal-Trainer und seine Massage stornieren müssen. Aber immerhin gibt's ja noch das Sauerkraut. »So far, so good!«

Zum Abschluss dieses Buches möchte ich noch von Richard Wiener wissen, wie er die Frage beantworten würde, die diesem Buch seinen Titel gab. Die Frage nach der »greatness« Amerikas. Des Landes, dem er so viel zu verdanken hat. Das ihm Schutz gewährte, Sicherheit, eine Karriere ermöglichte und Wohlstand.

Was macht Amerika »great« für Sie, Herr Wiener?

»Ich würde die Frage lieber so stellen: ›Was machte Amerika *great* bis 2016?‹ Meines Erachtens ist das jetzige Amerika nicht mehr das Land, in welches ich 1940 immigrierte. Natürlich hatte das Amerika auch damals seine schwachen Seiten – Rassismus, unmäßige Arbeitslosigkeit, Xenophobie usw. Aber der Hass, den der jetzige Präsident in den letzten Jahren im Lande gefördert hat – der überschreitet die damaligen Grenzen. Und sein Kampf gegen die Gedankenfreiheit vergiftet das Land.«

Die Anschlussfrage traue ich mich kaum mehr zu stellen: Hat Trump Amerika »great again« gemacht?

»Die Frage beantwortet sich selbst. Are you kidding?«

Und was müsste geschehen, damit Amerika »great again« wird?

»Als Erstes müssten der Präsident und die Kriecher um ihn herum so eindeutig abgewählt werden, dass seine Versuche, die Wahl als illegal zu bezeichnen, keinen Fuß fassen können. Noch besser wäre es, wenn er und seine Anhänger für ihre Verbrechen verklagt und danach verhaftet werden. So wie in Nachkriegsdeutschland muss jeder Zweifel über deren Unschuld vernichtet werden. Es geht ja nicht nur um Trump, sondern auch um die Massen, die ihm zugejubelt haben.

Als Zweites müsste Amerika zurückkehren zu den internationalen Verhältnissen und Pakten, die Trump systematisch zerstört hat. Seine diktatorischen Genossen müssen erfahren, dass ein neuer Wind in Washington weht.

Als Drittes müssen wir endlich unser Sozialsystem modernisieren. Jeder Bewohner des Landes muss wissen, dass ihm oder ihr Erste-Welt-Lebensstandards zustehen, inklusive Ernährung, Wohnung, Krankenpflege usw. In dieser Hinsicht hinkt Amerika ja noch immer den anderen Industrieländern hinterher.

Und sollten alle diese Maßnahmen wahrhaftig stattfinden, dann könnte Amerika, wegen seiner Macht und seines Reichtums, wieder eine führende Stellung einnehmen und somit wieder als ›great‹ angesehen werden.«

JULIA KASTEIN (geb. 1968 in Hamburg) und **SEBASTIAN HESSE-KASTEIN** (geb. 1963 nahe Hamburg) haben 2019 in Washington DC berufliches Neuland betreten. Zum ersten Mal teilt sich ein Ehepaar eine USA-Korrespondentenstelle für die ARD. Beide hatten bereits von 2000 bis 2005 als Korrespondenten aus den USA berichtet. In dem Zeitraum haben sie auch den 11. September vor Ort erlebt und journalistisch begleitet. Seither hat das Journalisten-Paar unter anderem in London gelebt, aus Großbritannien und Irland, aber auch in Deutschland berichtet, zuletzt für den MDR in Leipzig.

Sebastian Hesse-Kastein hat bereits zwei Bild-Text-Bände im Mitteldeutschen Verlag veröffentlicht: »Reise ins Ungewisse – Irlands Landfahrer am Scheideweg« (2014) und »Sieben – Geschichten vom Glauben« (2017). Seine Fotografien illustrieren auch diesen Amerika-Band.

Bibliografische Information der Deutschen Nationalbibliothek
Die Deutsche Nationalbibliothek registriert diese Publikation
in der Deutschen Nationalbibliografie; detaillierte bibliografische Daten
im Internet unter: https://d-nb.de.

1. Auflage
© 2020 mdv Mitteldeutscher Verlag GmbH, Halle (Saale)
www.mitteldeutscherverlag.de

Gesamtherstellung: Mitteldeutscher Verlag, Halle (Saale)
Layout und Satz: Stefanie Bader, Leipzig
© Fotografien: Sebastian Hesse-Kastein

ISBN 978-3-96311-406-9 (Buchhandelsausgabe)

Printed in the EU